グローバル化の光と影

日本の経済と働き方はどう変わったのか

高橋 信弘 [編著]

How did the Japanese Economy and
Ways of Working Change?

晃洋書房

序　文

ユニクロのビジネスモデル
　経済のグローバル化が急速に進んでいる。例えば、インターネットの発達により、海外へ電話やメールをすることが日本国内でやり取りをするのと同じような便利さや費用でできるようになった。そこでユニクロは、商品販売時にバーコードを読み取るポス（POS）システムによって各店舗の売れ行き状況を瞬時に把握し、それに基づいて生産計画を立てる。そして、人件費の低い中国や東南アジアなどの工場へ設計図を送って生産する。これにより、高品質の衣類を日本の流行に合わせて短期間で製造・流通させている。さらに、製品に不具合が出れば、どこの工場で生産されたものかをすぐに特定し、翌日には、海外に常駐する日本人技術者をその工場に派遣する。
　このように、技術の発展は、経済のグローバル化を進展させる。その結果、私たちは、海外で作られた安価な製品を大量に消費できるようになったのである。

外国人社員による職場の活性化
　経済のグローバル化は、財の生産や消費だけの話ではない。私たちの働き方にも影響を与えている。以下は、そのことを説明する実話である。
　あるとき、日本を代表する大手コンビニエンスストア企業が、ある地域において正月のおせち料理を販売することになった。そこで10月末、予約受付を開始した。ところが、1週間が経過しても、売り上げがさっぱり伸びない。
　この企業の新入社員は、入社1～2年目にコンビニエンスストアの店舗において店長をするが、入社3～4年目になると、店舗ではなくその企業の本部に勤務し、1人が約10店舗のコンビニの運営を担当するようになる。つまり、店長を支援する側に回る。
　そうした若手社員の1人に、中国人の女性がいた。年齢は26歳。彼女は、おせち料理の売り上げを伸ばすために、どうすればいいのか考えを巡らせた。そして、あるアイディアが浮かんだ。それは、訪問販売である。彼女は、コンビニの店長を店から連れ出し、近所の家へ訪問販売をさせた。

コンビニの店長は、店舗においてお客さんが来るのを待つのが仕事なので、店から出て、自分から顧客の家を訪問するという発想がなかった。しかし彼女は、そうした固定観念を持っていなかった。そして、強い熱意を持って働いていた。それゆえ、新しい発想を得て、それを実行することができたのである。訪問販売の結果、おせち料理の注文が徐々に取れるようになった。

　1週間後、彼女の担当するコンビニは、売り上げが大幅に伸びていた。一方、ほかのコンビニの売り上げは、相変わらず伸びていなかった。よって、彼女の業績と、他の社員の業績に、明確な差が表れたのである。

　その直後、コンビニの運営担当者が集まる会議が開かれた。その会議で、彼女は言った。

「こう言ったら失礼ですけど、先輩方は、ちょっとだらしないんじゃないですか。」

　そのように言われて、皆、下を向くばかりであった。

　その1週間後、ほとんどのコンビニにおいて、売り上げが大幅に伸びた。彼女の言葉に触発され、コンビニの運営担当者全員が、店長に訪問販売をさせたのである。

　このように、1人の中国人社員の存在が、会社の売り上げの大幅な増加をもたらした。こうしたことが起こるのは、外国人社員の中に、日本人以上の熱意を持って働く人が少なくないからである。それゆえ、日本企業の中には、外国人社員がいると職場を活性化するという理由で外国人社員を採用するところが増えている。つまり、社内のグローバル化が進展しているのである。

為替レートの変動が経営に与える影響

　一方で、グローバル化した社会においては、為替レートの変動や世界市場の価格変動が、国内の経済活動と強く関連するようになる。このことが、企業の経営や私たちの働き方に大きな悪影響を与えるときがある。

　最近、その影響を受けた企業の1つが、大手電機メーカーのシャープである。シャープは、日本企業の中でも比較的早く液晶テレビの生産に特化し、2004年に稼働開始した三重県の亀山工場で生産した液晶テレビの亀山モデルが、日本でヒット商品となった。

　この成功がゆえに、シャープは、海外ではなく、日本国内に工場を建設することを選択する。そこで、民間銀行から巨額の借金をして、大阪府堺市に、液

晶パネルと太陽電池の巨大な工場を建設した。この工場は2009年に稼働開始する。ところが、ちょうどそのころ円高ドル安が進んでいたため、海外から輸入した安価な液晶パネルを用いたテレビが日本で発売され、国内のテレビ価格が低下していく。それゆえ、生産しても利益が上がらず、銀行への債務返済が進まなかった。

2012年末から円安ドル高となる。だが、韓国企業のサムスン電子とLG電子などが液晶テレビを、また中国企業が太陽電池パネルを、大量に生産したため、世界市場における価格が低下していた。この影響を受けて、国内の市場価格も低下し続けた。さらに、円安により、シャープが海外の工場で生産した家電製品を輸入する際の費用が高まった。このため、トヨタ自動車が円安によって過去最高益となったのとは対照的に、シャープは巨額の最終赤字を計上した。

その結果、シャープは倒産の危機に陥った。このため国内において、希望退職という形で2012年に2960人、2015年に3234人の人員削減を行ったほか、海外でも従業員数を削減した。それにもかかわらず、経営状態は好転しない。

そこで、台湾の企業である鴻海精密工業が、シャープの買収を提案した。すると、鴻海の買収によりシャープの持つ技術が海外へ流出してしまうことを恐れて、産業革新機構がシャープの買収を申し入れた。その際、産業革新機構は、民間銀行に対し、民間銀行が保有するシャープの優先株式の実質放棄を求めた。一方、鴻海は、その巨大な資金力をもとに、産業革新機構の支援額を上回る金額を提示したほか、民間銀行が保有するシャープの優先株式を買い取るという条件を出した。さらに、鴻海の会長は、シャープの「経営陣は残す。雇用も守る」と言っていた。このため民間銀行は、シャープに対し、鴻海の買収案を受け入れるよう強く迫った。またシャープにとっても、雇用を守るという点で、鴻海の案の方が好ましいように思えた。その結果、2016年にシャープは、鴻海による買収を選択したのである。

このように、シャープは、為替レートの変動や世界市場における価格変動といった市場の行方を見誤った。それが大きな原因となり、経営状態が悪化し、多くの社員が会社を去った。つまり、経営者がグローバル経済の動きを見通すことができなかったために、多くの社員が犠牲となったのである。

異なる労働環境の国々との競争

経済のグローバル化による外国製品との競争とは、見方を変えれば、日本と

は異なる労働環境の国々との競争とも言える。

　2015年12月、日本を代表する大手広告代理店の新入社員である東京大学卒の女性が、長時間の過重労働が原因でうつ病を発症し、自殺する事件が起きた。彼女はその年の4月に入社したばかりであったが、10月以降は激務が与えられ、1カ月の残業時間が多いとき100時間を超えており、1日2時間睡眠が続いたこともあった。2016年9月に労働基準監督署は過労によるものと判断して労災認定し、12月に厚生労働省東京労働局が、この会社と、自殺した社員の上司を東京地検に書類送検した。これにより社長が引責辞任した。この会社では、1991年にも入社2年目だった男性社員が自殺し、最高裁が長時間労働によるものと認定したほか、2013年に30歳の男性社員が長時間労働が原因で過労死するなど、過酷な長時間労働が常態化していた。

　この事件が示すように、日本社会は、人々が安心して働ける社会であるとは言えない。それゆえ、政府が長時間労働を規制する必要がある。政府は、各企業が労働時間のルールを遵守しているかどうかを監視し、違反した企業に罰則を与えることにより、公正な競争環境を確保しなければならない。それが実現して労働者が健康に過ごせる社会こそが、本当の先進国と言えるだろう。

　一方、アジアの多くの国々では、そのような考え方はまだまだ浸透していない。そのため、極度の長時間労働の企業が珍しくない。

　例えば、韓国のサムスン電子は、スマートフォンのヒット商品を販売するなど日本でもよく知られている企業だが、ソウルにある本社では、オフィスに泊まり込んで仕事をすることがあるほか、土日に働くこともよくある。韓国の法定労働時間は、週40時間または44時間以内である。しかし、「サムスンマンに法定労働時間の話をしたら、10人中10人が、そんな法律が韓国にあったのかと聞き返すはずだ。それほどサムスンマンは多忙」なのである[1]。

　また、台湾の鴻海精密工業は、アップルのiPhoneの製造を委託されている。実際にiPhoneを製造していた、鴻海の中国子会社が運営する中国国内の工場では、連日15時間にも及ぶという労働環境のもとで労働者が働いていた。この工場では、2010年に5カ月間で12人の自殺者が出るなど、過酷な労働環境が大きな問題となった。

　こういった厳しい労働環境の下で作られた製品が、日本に輸入されて国内製品と競合している。この状態は、市場において公正な競争が実現していないと解釈できる。しかしながら、その輸入を阻止することは難しい。なぜなら、日

本は、自国の輸出を拡大させるため、長年にわたり、国際社会において工業製品の貿易自由化の促進を主張してきたからである。加えて、特定の国の輸入を規制すれば、その国が日本へ報復措置をとる可能性がある。例えば、2001年に日本はねぎ、生しいたけ、畳表（いぐさ）の3種類の農産物に関して、200日間における輸入量がある一定量を超えるとその時点から高い関税を課すというセーフガードを実施した。セーフガードは、国内産業を保護するため、WTO（世界貿易機関）において正当に認められた措置である。それにもかかわらず、中国は報復措置として、日本からの自動車、エアコン、携帯電話に対する関税率を引き上げた。結局、中国産農産物3品目の対日輸出が6億円減少したのに対し、日本製3品目の対中輸出は60億円の減少になった。その後日本は、セーフガードを延長することもできたが、しなかった。

　したがって、日本国内であれば確実に違法となるような長時間労働の外国企業と、日本企業は競争しなければならない。その結果、日本国内の工場は、安価な輸入品に対抗するため、低賃金の契約社員などを多用せざるを得なくなる。そして、海外との競争に負ければ、労働者が解雇され、あるいは企業自身が倒産する。これが、グローバル化した社会なのである。

経済のグローバル化とは

　経済のグローバル化とは、財・サービス、資本、労働者、情報、技術、制度などについて国境を越える移動が可能になる、あるいは容易になることである。その結果、私たちは、国内でほとんど採れない原油や天然ガス、そして衣服や家電製品など海外で作られた安価な製品を消費できる。また自動車や機械などを海外へ販売できる。さらに、外国人社員が日本の会社で働くことは、上述のように、会社のなかに新しい刺激を生む。

　一方で、経済のグローバル化は、経済活動において、厳しい競争圧力をもたらす。例えば、日本では農産物の輸入が拡大したため、消費者は海外の安価な農産物を消費する機会が増えた。これが大きな原因となり、国内産の農産物は販売量が減少し、価格も低下した。その結果、農家の収入が低下し、若者が農家の仕事を継がない。2017年における農業就業者の平均年齢は66.7歳となり、高齢化が進んでいる。さらに、食品の輸入増加に伴い、食品への残留農薬などによる健康被害もときおり発生するようになっている。

本書の目的

このように、経済のグローバル化は、私たちの生活や仕事に恩恵をもたらすが、その一方で、悪影響を与える。よって、経済のグローバル化は、必ずしも歓迎すべきものではない。とはいえ、先に述べたように、技術の発展は経済のグローバル化を進展させる。それゆえ、時間の経過とともにグローバル化が進んでいく傾向にある。したがって、私たちは、グローバル化を好むと好まざるとにかかわらず、グローバル化に適応しなければならないのである。

そこで本書は、経済のグローバル化が日本や各国にもたらした正と負の両方の影響を、様々なトピックスを通じて描き出す。これにより、グローバル化によってその国の経済や人々の働き方がどのように変化したのかを理解することができるとともに、日本が今後どうあるべきかについて教訓を得られる。

私たちは、グローバル化に対しどう向き合い、その利点をどう活用し、その問題点を克服していくべきなのか。それを考えることを通じて、読者の皆さんが自分の生き方や働き方を見つける手助けになるのが、本書の目的である。

本書の構成

第1章は、本書の総論となる章である。グローバル化が一国に対し正と負の様々な影響を与えることを、アメリカと日本を例に挙げて検討する。さらに、グローバル化が私たちの働き方をどう変えるのか、そして、その変化のなかで私たちはどのような働き方をするべきなのかを論じる。

第2章は、サービス産業において、海外へのアウトソーシングが起きていることが私たちの働き方にどのような変化をもたらすのかを論じる。また、ソフトウェア産業のグローバル化がどのように進んでいったのかを明らかにする。日本企業は、中国ソフトウェア企業へ技術指導をすることにより、将来の自分のライバルを育てることとなったのである。

第3章は、1980年代後半の日本のバブル経済の発生過程を取り上げる。現代の日本経済の成長に力強さが欠けるのは、バブル経済の発生と崩壊がその一因である。そして、バブル経済が発生した大きな原因は、アメリカの圧力である。アメリカに翻弄された日本の姿を描き出し、日本はどうすべきだったのかを考える。

第4章は、日本の農業が、グローバル化によって弱体化していく過程を明らかにする。安価な外国産農産物の輸入の拡大は、国産農産物の価格を低下させ

たことで、農家の経営を悪化させた。そして、外国産農産物の輸入が拡大した究極的な原因は、日本の工業の発展にある。

第5章は、日本で働く介護労働者の実態を明らかにする。外国人介護福祉士が働くことで、日本の多くの介護の現場において、施設入居者へのサービスが向上する、職場が明るくなるなどの改善が見られる。一方で、日本の介護施設は、従来の日本的雇用慣行を変えていくことが必要である。そうでなければ、外国人労働者がその職場に定着しないこととなる。

第6章は、日本企業が外国人を専門職や営業職などにおいて雇用することのメリットとデメリットを分析するとともに、メリットを高め、デメリットを克服するための具体的方法を提示する。外国人社員の雇用は、人材不足を補うだけでなく、経営課題の解決の鍵となる。ただし、外国人社員が活躍できる社内環境作りは容易ではない。日本企業がもっている強みを残し強化し、弱みを改善していく必要がある。

第7章は、金型を生産する日本企業が、ベトナムに子会社を作ることで、日本国内の事業を継続発展させている事例を分析する。金型とは、金属やプラスチックなどで作る製品を生産するために使う、金属製の型である。ベトナムに子会社を設立し、日本では採用できない優秀な技術系人材を採用して、日本で生産する金型の設計を任せる。こうしてグローバル化を活用することで事業を存続している中堅企業や中小企業の実態を明らかにする。

第8章は、1997年に東南アジアなどで起こったアジア通貨危機を取り上げる。東南アジア諸国や韓国は厳しい不況に陥った。そして、そこに進出していた日本企業も、大きな損失を被った。ただし、すべての日本企業が損失を出したわけではなく、ほとんど影響を受けなかった日本企業もある。何がその違いを生み出したのかを分析する。

第9章は、韓国の外国人労働者受け入れ政策を分析する。韓国の政策は、受け入れプロセスの透明性や人権擁護などの理由により、外国から高い評価を受けている。ただし、外国人労働者による犯罪の増加などの問題点も生じている。世界的に外国人労働者の受け入れ競争が起きている今日、その経験に学び、日本の制度をどう改善すべきかを検討する。

第10章は、ヨーロッパの移民政策について論じる。ヨーロッパ諸国は、1960年代にアフリカや中東などから多くの移民を受け入れた。その子孫である2世、3世のなかには、ヨーロッパ諸国で生まれその国籍を持っているが、

社会に受け入れらず，貧困や差別の問題に直面している人が多数いる。この問題に苦しむヨーロッパ諸国の経験を学ぶ。

　第11章は，ヨーロッパの農業と食品産業を事例にして，経済のグローバル化がもたらした正と負の影響を検討する。食品の生産や加工に関するサプライチェーンがグローバル化した結果，英国などにおいて，牛肉が原料であると表示されたハンバーガーなどが，実は馬肉から作られていたという事件が起こった。このように，グローバル化によって生じるサプライチェーンの広域化・複雑化は，食の安全性を脅かす危険性を有するのである。

　第12章は，世界貿易機関（WTO）が果たしている役割を学ぶ。WTOは，貿易自由化の実現に大きな役割を果たしてきたと評価される一方で，環境保護に反している，食の安全性を軽視しているなどと批判されている。また，2018年3月頃から本格化した，アメリカと各国との貿易摩擦について考察する。

謝辞

　本書は，公益財団法人 村田学術振興財団の研究助成「アジア諸国のICT産業の発展を利用した日本のICT産業の成長メカニズムに関する研究」（平成28年度，研究代表者：髙橋信弘）による研究成果の一部である。また出版に際して，大阪市立大学大学院経営学研究科から出版助成金の交付を受けた。記して謝意を表したい。

　最後に，晃洋書房の丸井清泰氏と福地成文氏には，本書の作成に当たり大変お世話になった。深く感謝申し上げる。

　　2018年7月
　　　盛夏の大阪にて

　　　　　　　　　　　　　　　　　　　　　　　　　　　　髙 橋 信 弘

注
　1）ペ・ドクサン著，吉原育子訳『なぜサムスンの社員は一流大卒でなくてもすごいのか？』東洋経済新報社，2013年，75頁．

目　次

序　文

第1章　グローバル化と働き方のゆくえ………… 1
　　1　アメリカにおけるグローバル化の影響　(1)
　　2　日本におけるグローバル化の影響　(6)
　　3　経済のグローバル化が進む要因　(10)
　　4　どのような働き方をすべきか　(14)
　　おわりに　(18)
　　　コラム　裁定取引　(19)

第2章　サービスの海外アウトソーシング………… 23
　　1　日本から中国へのアウトソーシング　(24)
　　　コラム　外国の労働者と代替不可能な仕事　(28)
　　2　ソフトウェアのオフショア開発　(29)
　　3　日本企業の技術力低下　(34)
　　4　中国企業の技術力上昇　(37)
　　5　オフショア開発のもたらす影響　(41)

第3章　バブル経済の発生とアメリカの圧力………… 45
　　1　バブル経済の発生に対するアメリカの影響　(46)
　　2　アメリカによる内需拡大要求　(48)
　　3　バブルの発生と崩壊　(50)
　　4　日米経済協議　(53)
　　付論　経常収支の値はどうやって決まるのか　(60)

第4章　日本農業へのグローバル化の影響………… 63
　　1　日本の農業の現状　(63)
　　2　農業弱体化をもたらした国内要因　(66)

3　グローバル化の影響その1：工業製品の輸出拡大　(68)
　　4　グローバル化の影響その2：円高　(71)
　　5　グローバル化の影響その3：地域貿易協定　(74)
　　6　今後の農業政策に向けて　(78)
　　コラム　日本の農家の所得　(80)

第5章　介護に従事する外国人　……………………………………83
　　はじめに　(83)
　　1　介護労働の特性と多様性　(85)
　　2　海外人材導入の経緯と現状　(87)
　　3　EPA候補者の業務の内容　(92)
　　4　就労に対する評価　(97)
　　5　社会コストという誤解　(99)
　　おわりに　(101)

第6章　外国人社員が活躍するための経営改革　………………105
　　　　　　──内なるグローバル化への処方箋──
　　1　日本企業による外国人社員の雇用　(105)
　　2　日本企業が外国人社員を採用する狙い　(107)
　　3　日本企業が変革すべき3つのシステム　(109)
　　4　外国人社員の存在が日本人社員へ与える影響　(116)
　　5　外国人社員と働く日本人社員への処方箋　(118)
　　　　　　──身につけるべき能力と働き方の変革──
　　おわりに　(123)
　　コラム　グローバル組織のための異文化理解について　(124)

第7章　中堅・中小製造企業における
　　　　　　　設計業務のオフショアリング　………………………127
　　　　　　──「包括的オフショアリング」の進化──
　　はじめに　(127)
　　1　4社の日系金型製造企業への調査　(129)
　　2　考察と結語：「包括的オフショアリング」の進展　(142)

第 8 章　アジア通貨危機　……………………………………… 149

　　1　東南アジア諸国の好景気　*(149)*
　　2　通貨危機の発生　*(155)*
　　3　通貨危機の影響　*(160)*
　　4　現地日系企業の対応　*(162)*

第 9 章　韓国の外国人労働者受け入れ政策　………………… 169
　　　　　　―― 日本への示唆点 ――

　　はじめに　*(169)*
　　1　韓国における外国人労働者の現状　*(170)*
　　2　基本原則からみた雇用許可制の評価　*(174)*
　　3　韓国の外国人労働者政策の課題　*(181)*
　　4　韓国の経験から日本が学ぶべきこと　*(183)*

第 10 章　欧州の移民政策に見るパラドクス　……………… 191

　　1　閉じる欧州、開く日本　*(191)*
　　2　欧州の移民政策　*(195)*
　　　コラム　社会保障ツーリズム　*(200)*
　　3　社会統合政策　*(200)*
　　おわりに　*(203)*

第 11 章　EU の東方拡大と農業・食品産業　………………… 207

　　はじめに　*(207)*
　　1　EU における市場統合の進展　*(207)*
　　　コラム　国外にポストされた労働者　*(210)*
　　2　東方拡大は農業と食品産業に何をもたらしたか　*(211)*
　　3　2013 年の馬肉スキャンダル　*(216)*
　　おわりに　*(218)*

第 12 章　世界貿易機関　………………………………………… 223

　　1　GATT の成立とその成果　*(224)*
　　2　WTO の原則　*(226)*

3　貿易と環境　　（228）
　　4　貿易と食の安全性　　（230）
　　5　反ダンピング措置　　（232）
　　6　アメリカと各国の貿易摩擦　　（234）
　　　コラム　WTOへの反対運動で大混乱となったシアトル　　（244）

索　　引　（247）

第1章
グローバル化と働き方のゆくえ

高橋信弘・櫻井公人

1　アメリカにおけるグローバル化の影響

　アメリカは、グローバル化の恩恵を最も享受してきた国の1つである。グローバル化は、アメリカ経済が持続的な成長をするための原動力となってきた。だが同時に、アメリカは、グローバル化の悪影響も大きく被っている。

(1)　グローバルな人材移動
　アメリカが得た恩恵の1つは、グローバルな人材移動によってもたらされた。アメリカは移民によって建国された国であり、建国後も外国から大量の移民を受け入れてきた。
　このことがアメリカにもたらした第1の影響は、人口の持続的な増加である。宗教的な自由と経済的な繁栄の見通しは、多数の移民を引き寄せた。よって人口が拡大し、同時に平均所得が上昇していったことにより、アメリカの国内総生産（GDP）は世界最大となった。
　すると、アメリカ経済が巨大であるため、国内企業だけでなく、多数の外国企業がアメリカでビジネスをする。よって巨額の投資がなされ、さらなる経済成長が起こる。また、厳しい競争が起きることにより、新しい製品が開発され、最先端の科学技術が生み出されていく。
　第2の影響は、世界中の優秀な人材がアメリカに集まることである。アメリカで最先端の科学技術を学びたい、アメリカ企業で働き高い所得を得たい、アメリカという巨大市場で成功したいなどの理由により、世界の優秀な人々が、アメリカの大学や大学院で学び、アメリカ企業で働き、またはアメリカでビジネスを始める。その結果、科学技術が進歩する。さらに、企業が次々と設立さ

れ、新たな財やサービスが生み出される。これは、日本のプロ野球のトップ選手がアメリカへ行くことで、メジャーリーグのチームがますます強くなるのと同じ原理である。

　2017年2月、イスラム圏7カ国の国民の入国を一時禁止する大統領令に対して、アップルやグーグルなどアメリカ企業127社は、サンフランシスコの連邦控訴裁へ意見書を提出した。その意見書は、トランプ大統領の措置が「米国の企業、イノベーション、そして成長に著しい損害を与える」、「大統領令は米企業が世界で最も優秀な人材を採用し、引き留めるのを難しくし、コストを増す」と述べている。また1月下旬、アップルのクックCEOは、「移民なくして今日のアップルは存在しない」とコメントしていた。

　このようにアメリカには、世界中の優秀な人々を利用して自国の学問や産業を発展させるという、極めてよくできたシステムが存在している。このことだけをとっても、アメリカがグローバル化によって多大な恩恵を得ていることが分かる。

　これに加えて、世界から集まる優秀な人材は、雇用拡大と経済成長に大きく貢献する。アメリカのミシガン大学ミシガン経済センター所長のジョン・オースティンによると、ミシガン州において、移民は全人口の6％を占めるに過ぎないが、この20年間のハイテク分野において起業した人々の4分の1を移民が占めており、彼らが創業した企業は15万人の雇用を生んだ。よって同氏は、「移民を受け入れる多様な地域ほど経済的に繁栄する傾向がある」と論じている。

　また、次に挙げる企業の創設にかかわった人たちが、移民か移民2世であることを考えれば、移民の雇用創出力を過小評価できないことは明らかだろう。例えば、Appleのスティーブ・ジョブズ、Oracleのラリー・エリソンとボブ・マイナー、IBMのハーマン・ホレリス、Googleのセルゲイ・ブリン、Facebookのエドゥアルド・サベリン、eBayのピエール・オミダイア、Qualcommのアンドリュー・ヴィタビ、Teslaのイーロン・マスク、Uberのギャレット・キャンプ、YouTubeのスティーブ・チェン、Instagramのマイク・クリーガー、NVIDIAのジェン・スン・ファンである。ちなみに、移民規制に熱心なアメリカのドナルド・トランプ大統領は移民3世である。

　第3の影響は、多数の不法移民が、重要な非熟練労働力となっていることである。彼らは、メキシコとの国境を越えたり、ボートに乗って海を渡ったりす

るなどの手段でアメリカにやってくる。2017年初頭の時点で、アメリカにいる不法移民の数は1000万人を超えていた。灼熱の太陽の下で長時間農作業をするといった低賃金の重労働を担っているのは、ほとんどが不法移民である。また建設現場などでも多くの不法移民が働いている。もしもアメリカから不法移民がいなくなれば、アメリカの各地で農産物の生産や建設工事が停止することとなる。さらに、不法移民は年間100億ドルを超える税金を支払っていると推定される。このように、不法移民は、アメリカ経済にとって必要不可欠な存在となっている。加えて、不法移民がアメリカ国内で生んだ子供はアメリカ国籍を持つので、不法移民の存在は人口拡大の一要因である。

(2) グローバルな生産体制

生産においても、アメリカはグローバル化の恩恵を受けている。アップルのiPhoneは、アメリカで設計され、部品は日本、韓国、台湾、ドイツなどで生産され、それが中国に集められて台湾企業の工場で組み立てられる。2014年に発売されたiPhone6においては、カメラをソニーなどが、液晶パネルをジャパンディスプレイ、シャープ、韓国のLG電子が、高周波部品を村田製作所、TDK、太陽誘電などが生産した[3]。このように現代の企業は、生産過程における各段階が別々の国で行われる分業体制であるグローバル・バリュー・チェーンを利用して、世界中の財やサービスを活用して生産している。

また、多くのアメリカ企業が、世界各国に子会社を設立し、その製品を生産・販売している。アメリカ企業のなかには、その高い技術力と経営能力を用いて、外国でのビジネスにおいて高い利益率を実現するところが少なくない。つまりアメリカ企業にとって、外国投資は大きな収益源となっている。さらに、このことは国全体にとって重要な意味を持つ。アメリカが巨額の貿易赤字を毎年計上しながらも、対外債務額がさほど拡大しなかった理由の1つは、ここにある。

(3) グローバル化による所得格差拡大

だがその反面、アメリカは、グローバル化による悪影響も強く受けている。その1つは、グローバル化が所得格差を拡大させることである [Rodrik 2011]。

特に、貿易は所得格差拡大に著しく影響する。例えば、オハイオ州で衣類を作っていたある工場は、中国から低価格の衣類が輸入されることの影響を受け

て経営困難となり、ついには閉鎖され、従業員は職を失った。別の衣類の工場では、中国からの輸入品との厳しい競争に直面しているため、賃金を上げることができないでいる。このように、輸入品によって職を失う、あるいは低所得の状態が続く人々が多数存在する。その一方で、アメリカは高い技術を用いた製品を輸出しているため、高度な知識を持った技術者の需要が高い。また、外国語や外国との取引に関する高い能力を持った人の活躍の場が広がる。よって、高所得の人々の所得がさらに高まることとなる。

　また、外国から低価格の製品が輸入される理由の1つは、多くのアメリカ企業が工場をメキシコや中国などへ移転したことである。このことも、アメリカでの雇用を減少させる。

　さらに、アメリカには、移民の存在よって、自分たちの仕事が奪われる、あるいは、自分たちの賃金が下がると考えている人が多数いる。この考えが正しければ、移民の存在は、所得格差を拡大させることになる。しかしながら、アメリカの移民に関する実証研究の多くは、移民の存在が低学歴の労働者の賃金を下げていない、あるいは、下げたとしてもその影響は小さいという結果を示している[4]。こうした結果になる理由として、移民の存在により消費が拡大して仕事が増える、移民の存在により工場の海外移転が減る、アメリカ人が移民とは競合しない職業に就こうとするなどがある。

(4) 技術進歩による所得格差拡大

　一国の所得格差を拡大させる要因は、他にも存在する。先進国において、グローバル化よりもさらに所得格差に影響を与えるのは、技術進歩、なかでも、スキル偏向的技術進歩と呼ばれるものである。スキル偏向的技術進歩とは、熟練労働者、あるいは高い知識を持つ労働者の生産力を高めるような技術進歩である。その一例が、コンピュータの発達である。これにより、データを分析し様々な情報を見つけ出すことができる人は、高い所得が得られるようになる。

　その一方で、コンピュータが仕事を奪うこともある。コンピュータは事務作業を人間よりも正確にかつ短時間で行う。そのためアメリカでは、企業へのコンピュータの導入が本格的に始まった1980年代後半から1990年代前半にかけて、コンピュータの導入によって不要になった社員が解雇されるということがしばしば起きた。

　さらに、パソコンの登場により、高い専門能力や経理などの知識がなくても、

データを入力して計算する作業が可能となった。つまり、IT化が進み仕事がデジタル化されたことにより、事務作業の効率が上昇するとともに、多くの事務作業が、誰にでもできる仕事になった。このことは、日本においても、企業が正社員を減らして契約社員や派遣社員を多数雇うようになった理由の1つとなっている。

　また、技術が進歩し、工場での組み立て作業を機械が行う自動化が進んだ。すると、複雑な機械を管理できる高度な知識を持った人には、より高い所得を得る機会が増加する。一方で、組み立て作業を行ってきた人は職を失う[5]。

　以上を言い換えれば、技術進歩についていける人の所得は上昇するが、それについていけない人の所得は下がることがあるということである[6]。

(5) グローバル化を批判する政治家の台頭

　このようにグローバル化と技術進歩は、所得格差を拡大させる。つまり、それらが原因で、所得が上昇しない人や、職を失う人がいる。このため、アメリカ人のなかには、アメリカ全体では経済が成長しているのに、自分はその恩恵を受けておらず、社会から取り残されている、と感じている人が少なくない。この問題をいかに解消していくかが、社会に問われているのである。

　国全体として高い経済成長を実現していれば、新しい雇用が増えるであろうから、職を失ったとしても、次の職を見つけやすい。また、政府が、失業手当や所得補助といった公的扶助を手厚く実施すれば、失業者や低所得者の生活の悪化を防ぐことができる。

　ところが、高い経済成長や手厚い公的扶助がないとき、この問題が社会において顕在化する。特にアメリカにおいて大きく顕在化する理由は、アメリカが伝統的に小さな政府を実現しようとする国であり、日本や欧州諸国に比べて公的扶助が充実していないことである。

　この結果、アメリカやヨーロッパでは、グローバル化を批判する政治家が台頭している。前述のように、所得格差を拡大させる主要な要因は技術進歩であるが、政治家が技術進歩を批判しても、その主張が広く支持されることはあまりない。一方、グローバル化や自由貿易を批判すれば、国外の敵から国内の弱者を守る構図となり、多くの人々の支持を集められる。それゆえ、政治において、グローバル化が批判の的となりやすいのである。

2　日本におけるグローバル化の影響

　日本も、グローバル化の恩恵を強く受け続けてきた。そうした恩恵がなければ、日本が今日のように経済発展することはあり得なかった。しかし同時に、グローバル化の悪影響も被ってきた。

(1)　外国からの技術導入と輸出

　戦後しばらく、日本の技術進歩は、主として外国技術の導入により行われた。多くの企業が、外国の特許などを購入するほか、外国の論文を読むなどして、外国の技術にキャッチアップしようとした。また、1950年代後半から1970年代初頭までの高度経済成長期において、リバース・エンジニアリングが盛んに行われた。リバース・エンジニアリングとは、機械を分解するなどして製品の構造を分析・調査し、そこから設計図などを再現しようとすることである。日本企業は、欧米の自動車や機械、電気製品などにおいてリバース・エンジニアリングを行い、その技術を吸収した。

　その高度経済成長期に、日本の輸出は順調に伸びていった。輸出拡大の背景には、日本企業が、上述のように欧米から学んだ技術を用いて製品の品質向上に励んだことがある。1950年代末頃には日本製品は外国で粗悪品とみなされていたが、1960年代末以降にその評価は一変し、Made in Japan は高い品質を意味するようになった。

　このように、日本は戦後、外国から技術を吸収し、その吸収した技術を用いて製品を輸出した。つまり、技術も市場も外国に大きく依存していたのである。

(2)　外国での生産と販売の拡大

　現在も、日本はグローバル化の恩恵を大きく受けている。消費においては、多くの日本企業が電気製品や日用品などを外国で生産し輸入しているので、外国で安価に生産された商品を購入できる。加えて、アップル社の iPhone やサムスン電子のギャラクシーといったスマートフォンが日本で人気となったことに見られるように、外国企業の製品も日本の消費者の満足度を高めるのに貢献している。

　生産においても、日本企業の海外生産の比率が高まっている。図1-1にある

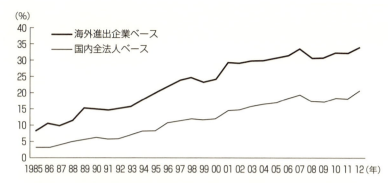

図1-1 日本企業の海外生産比率の推移（製造業 1985〜2012年）

(出所) 経済産業省編 [2014：第Ⅱ-3-2-32図]。

ように、日本の製造業企業の全生産額における海外生産額の比率は、2012年に20.3%である。このうち、海外にすでに進出している企業だけに限れば、33.7%である［経済産業省編 2014：第Ⅱ-3-2-32図］。特に自動車会社ではその値が高い。2013年において、トヨタ自動車が62.2%、日産自動車が80.5%、ホンダが80.4%である。この数字は、日本の自動車会社がいかに多くの工場を海外に保有しているかを表している。日産自動車の主力車種であるマーチも、タイで生産され、日本に輸入されている。

販売においても、日本企業による外国市場での販売が拡大している。そのため、日本から輸出するだけでなく、外国で財やサービスを生産して、それを現地で販売したり、他の国へ輸出したりすることが増えている。海外展開している日本企業の売上高に占める海外現地法人の売上高の比率は、2010年度において、製造業では42.2%、非製造業では24.4%である。つまり、非製造業でも売上の4分の1は海外なのである［経済産業省編 2013：第Ⅱ-3-2-16図］。例えば、小売業においては、イオンが中国や東南アジアに多くの店舗を持つことはよく知られている。イオンは、2012年に中国全土で反日デモが起きた際に店舗を破壊されたが、その後も中国において店舗を増やしている。

以上の数字から、日本市場において輸入品が浸透するとともに、日本企業が生産と販売の両方において外国に依存する度合いが高まっていることが分かる。

(3) 外国人労働者の受け入れ

雇用において、日本は外国人労働者を多数受け入れている。2017年10月末

現在、日本には127万8670人の外国人労働者がいる［厚生労働省2018］。これは、日本の労働者の約2%を占める。業種別では、製造業が22.2%と最大規模である。次いで、卸売業・小売業が17.1%、宿泊業・飲食サービス業が14.3%となっている。

2014年4月、日本政府は、外国人労働者の受け入れを拡大する方針を決めた。東京五輪が開催される2020年までの時限措置として、外国人技能実習制度の在留期間を2年延長して最長5年とし、また、過去の実習生に対し最長3年間の再入国を認める。また、2018年6月に閣議決定した経済財政運営と改革の基本方針（骨太の方針）においてさらなる外国人労働者の受け入れ拡大を決めた。新たな在留資格を創設し、建設・農業・介護など5業種において5年を上限に就労できるものとし、最長5年の技能実習後であれば最長10年となる。政府がこの決定をした理由は、特に建設業界において人手不足が深刻化していることである。東北復興や東京五輪開催などのため、建設事業が拡大している。そこで、永住を認めないとしつつ労働力確保を進めようとしているのである。

(4) 為替レート変動の影響

だがその反面、日本は、グローバル化の悪影響も受けている。その最も大きなものの1つは、為替レートの変動によるものである。特に、急激な円高は、輸出企業の経営自体を危うくするだけでなく、日本の景気を悪化させる。

なかでも、プラザ合意の直後、戦後の日本においてまれにみる急激な円高が起きた。プラザ合意とは、1985年9月22日に発表された、主要5カ国（米英仏独日）によるドル高を是正するための合意である。9月20日には1ドル＝242.53円だった。ところが、プラザ合意の翌日に各国中央銀行が外国為替市場でドル売りを始めると、ドルは急激に下落した。その後もドルの下落が続き、1988年1月4日に1ドル＝120.45円となった。つまり、わずか2年で2倍の円高になったのである。

このことは、多くの輸出企業の経営を悪化させた。輸出による1ドルの売り上げにつき約242円の収入を得ていたのが、2年後にはこれが約120円の収入となり、文字通り半減してしまったのである。これでは、輸出しても収入が生産コストを下回り採算割れとなるので、輸出価格（ドル建て）を上げざるをえない。だが、値上げをすれば販売数量が減少する。このため、多くの輸出企業

が経営不振となり、倒産してしまうものもあった。例えば、新潟県の燕三条地域は、多大な影響を受けた。この地域は、スプーンなど金属洋食器の輸出で有名であり、また作業工具などを輸出する多数の地場企業が存在していた。そうした企業の多くが経営危機に陥り、街ごと産業空洞化するのではないかと心配されたほどであった。

さらに、円高は企業の立地や投資行動を変化させる。2倍の円高になれば、外国での労働者の賃金、地代、電気代、部品代などは、円に換算すれば半額になる。こうして外国での生産コストが低下すれば、工場が外国へ移転され、その結果、これまで輸出していた財が、輸入財へと変わるのである。

(5) 世界の景気や自然災害などの影響

グローバル化の悪影響はほかにも存在する。その1つは、輸出や海外生産が、世界の景気や政情不安、自然災害などの出来事の影響を受けることである。

2008年頃には、世界金融危機により日本は不況に陥った。世界金融危機の発端は、アメリカにおける急激な景気悪化である。このため、世界各国においてアメリカ向け輸出が大きく減少し、多くの国が不況に突入した。

このとき、世界各国において、企業の設備投資が大幅に減少した。すると日本の輸出も大幅に減少した。これは、現在の日本の輸出品目が、消費財よりも、機械や工場・プラント設備などといった生産財が中心だからである。こうした輸出減少と国内での投資の減少により、2009年度の日本の実質経済成長率はマイナス2.2%となった。日本と同じく生産財を多く輸出するドイツでも、この年の成長率がマイナス5.1%となった。

また、外国での自然災害も生産等に影響を及ぼす。例えば、2011年7月にタイで起こった洪水は、数カ月間続き、しかも水位が2mを超えたため、多くの工場が水没し、機械が錆びて使えなくなった。タイには日系企業約7000社が進出していたが[7]、そのうち数百社が被害を受け、ソニー、ニコン、キヤノンなどの一眼レフカメラや、キヤノンのインクジェットプリンターの生産が停止した。この洪水の原因について、その5年前に軍部のクーデターでタクシン政権が倒れて以降、タイは政争に明け暮れており、政府が治水対策を怠ってきたことが指摘されている。

当時の日本市場では、キヤノンとセイコーエプソンが家庭用インクジェットプリンターの2大メーカーとして競い合っていた。2010年の年末商戦におい

て、キヤノンの市場シェアは、セイコーエプソンを1.9％下回っただけであった。だが、2011年の年末商戦では、洪水被害によりキヤノンの製品が品薄となったため、キヤノンの市場シェアは30％を割った。これによってキヤノンは、セイコーエプソンに対し市場シェアで2倍もの大差をつけられた[8]。このように、生産のグローバル化によって新たなリスクが発生するのである。

3　経済のグローバル化が進む要因

こうした経済のグローバル化が進む要因は何だろうか。それを考えてみよう。

(1)　技術進歩

第1は、技術進歩による通信コストの低下、生産方法の変化、及び輸送コストの低下である。なかでも、情報技術（IT）の発達は、通信コスト低下と情報処理の迅速化をもたらした。インターネットを使うことで、国際電話料金は以前に比べて大幅に低下し、また、添付ファイルを使って設計図を瞬時に送ることができる。さらに、多国籍企業は、世界各地の子会社のコンピュータシステムを本社と連携させていれば、本社において各地の状況を一瞬にして入手できる。世界各地の工場において製品の在庫がどれほどあるのか、その製品の生産コストはいくらか、各子会社がどれほどの利益をあげているのかなどを本社が把握し、それに応じてグローバルな生産及び販売活動を展開できるようになる。

また、技術進歩は、生産方法の変化をもたらした。特に、モジュール化の進展は、外国での生産を容易にした。モジュール化とは、1つの複雑なシステムまたはプロセスを、独立に設計されるモジュールに分解できるように設計・開発することをいう。そしてモジュラー型生産方式とは、特定の機能をもつ複数のモジュールを開発・生産し、それらを最終ラインで組み立てる生産方式である。

企業にとってのモジュラー型生産方式のメリットは、生産工程を分割できることである。そこで日本企業にとっては、日本でモジュールをつくって中国で組み立てるといった生産地点間の分業がしやすくなる。また、さほど高い技術力を持たない外国の企業にとっても、高品質のモジュールについては日本から輸入し、それ以外のモジュールについては自社生産あるいは国内で調達して、

それらを組み立てれば、テレビやDVDプレーヤーといった製品を作ることが可能となる。それらの結果、かつては日本で生産され外国へ輸出されていた製品が、中国などで生産され、日本へ逆輸入されるようになった。

さらに、輸送コストも低下している。これは、船舶や飛行機などに関する技術の発達に加えて、港や道路などのインフラ整備が進んだためである。特に、コンテナが登場してからの物流コストの低下は顕著である。海上輸送のコストは、1920年から1980年までに4分の1となった［Masson 2001：Table 1］。

(2) 貿易障壁の低下

経済のグローバル化が進む要因の第2は、世界貿易機関（WTO）交渉や自由貿易協定などによる貿易障壁の低下である。関税の低下や、貿易などの国際取引に関する手続きやルールの統一が、国際取引を拡大させた。

関税とは、その財を輸入する際に政府へ支払う税金である。例えば、2016年の時点で、日本に牛肉を輸入する際、輸入業者は、38.5％の関税を日本政府に対して支払わなくてはならない。つまり、外国から1000円の牛肉を輸入すると、関税として政府に対し385円を支払う義務が生じる。そのため、国内販売価格は、関税額を上乗せした1385円以上となる。関税の主な目的は、国内の生産者を保護することである。輸入品の国内販売価格を意図的に高めることにより、国内生産物の売り上げが減少するのを防いでいるのである。

2015年、日本・オーストラリア経済連携協定が発効した。これにより、日本がオーストラリアから輸入する牛肉やその他の農産物について、その関税率が引き下げられた。一方、オーストラリアが日本から輸入する鉱工業品の大部分で即時に関税が撤廃された。関税率が下がれば、輸入品の国内販売価格が低下するので、輸入量が拡大する。つまり、貿易相手国の輸出量が拡大する。よって、各国の輸出企業や輸出業者の利益が拡大する。

貿易障壁の低下は、経済学的には、取引費用の低下とみなすことができる。取引費用とは、経済取引を行う際に発生する様々な金銭的及び時間的費用である。国際取引における取引費用には、関税以外にも、各国の法制度や規制、労働慣行の違いによって生じる費用などが含まれる。

(3) 自由貿易をめぐる国家間交渉の意図

各国が、貿易障壁の低下、つまり自由貿易の推進に関する交渉をどのような

意図で行っているのかを考えてみよう。

一国の経済というマクロ経済的な視点からは、貿易がもたらす効果とは、一国が特定の財の生産に特化することで、一国がすべての財を生産する場合よりも効率的な生産ができるようになり、それを輸出入し合うことで各国の消費量が拡大することである。つまり、国家間の分業を通じて、貿易に参加するすべての国が恩恵を受けることができる[9]。

また、第二次世界大戦後の自由貿易の進展は、1950～60年代における世界経済、特に先進国経済を大きく成長させる原動力となった。1930年代に欧米諸国がブロック経済を形成して輸入を規制したことが各国経済を悪化させたことへの反省に基づき、戦後、関税および貿易に関する一般協定（GATT）が結ばれた。GATT加盟国は、輸入数量制限の品目を減らし、また輸入品の関税率を低下させた。このことが各国の輸出拡大を促したことで、高い経済成長を実現したのである。日本の高度経済成長が起こったのも、このことが一因である。

このように各国は、輸出拡大を通じて経済成長を実現するため、GATTにおいて互いに貿易障壁を削減したのである。つまり、自由貿易は、経済成長のための手段であった。

しかし同時に、自由貿易は強者の論理である。すなわち、各国は、自国が強い国際競争力を持つ産業について、貿易障壁の低下を他国に要求する。一方、その要求を受けた国は、国内産業を保護するため、その要求に抵抗する。こうした交渉を通じて貿易障壁の低下が進む。そして、自国の産業の利益に沿うよう貿易相手国の貿易障壁を低下させることができた国が、より多くの恩恵を受ける。

最近の例では、日本やアメリカなど12カ国が参加したTPP（環太平洋経済連携協定[10]）の交渉過程において、アメリカは日本に対し、牛肉の関税率の引き下げを要求した。その結果、日本がTPP加盟国から輸入する牛肉の関税率について、現行の38.5％を、この協定が発効した際に27.5％に引き下げ、さらに協定発効から10年で20％に、16年目以降は9％に段階的に引き下げることで同意した[11]。アメリカはこれまでも日本に大量の牛肉を輸出していたので、TPPを通じてその輸出を拡大させようとしたのである。

他方で、アメリカは自動車を輸入する際に2.5％の関税を課している[12]。日本はTPP交渉においてその撤廃を求めたが、アメリカは同意しなかった。自動

車産業において日本企業の国際競争力は強い。この分野において、アメリカは貿易障壁を低下させようとしなかった。

　このように、アメリカにとってTPPの目的は、アメリカ企業が各国において製品を販売し、そして経済活動をしやすくなるよう、各国の関税率を引き下げ、規制をなくし、そしてアメリカの決めたルール（安全基準、知的財産権、食品添加物など）を各国に認めさせることであった。そこでアメリカは、自国の市場を守りながら日本の市場を開放させようとしたのである。日本は、軍事的にも経済的にもアメリカへの依存度が高いので、アメリカとの交渉においては必然的に不利な立場にあり、よってアメリカの主張を大幅に受け入れざるを得なかった。

　ただし、政権によって、考え方は異なる。アメリカのトランプ大統領は、2017年1月の就任直後、TPPから離脱する大統領令に署名した。トランプ大統領がTPPに反対したのは、自由貿易よりも、関税率を高めるなどの保護主義を採用した方が、国際競争力を持たないアメリカ企業が外国企業との競争から守られ、よってアメリカの雇用が増えると考えているからであろう。

(4) 国際援助機関による自由化の促進

　国際通貨基金（IMF）や世界銀行といった国際援助機関は、発展途上国に対し対外取引の自由化を促してきた。これらの国際援助機関は、発展途上国に対し資金の融資をする際に、融資の条件として、その国における関税の引き下げ、輸入規制の廃止、規制緩和、外国からの投資の自由化などの政策の実施を求めたのである。これらの政策を総称してワシントン・コンセンサスという。これは、経済学者ジョン・ウィリアムソンが批判的に命名したものである。こうした自由化の結果、貿易や海外への投資が拡大していき、経済のグローバル化が進展する。

　ノーベル経済学賞を受賞したコロンビア大学のスティグリッツ教授は、経済のグローバル化が東アジアの経済成長をもたらした点を評価する一方で、ワシントン・コンセンサスが「発展途上国に市場開放を迫り、まるで競争力のない国内産業の製品を、ずっと強力な外国の輸入品と競争させることは、社会的にも経済的にも悲惨な結果を招くだけだった」と批判している［Stiglitz 2002：邦訳37］。つまり、国際援助機関を利用して「アメリカは自由市場イデオロギーを強力に売りこみ、アメリカ企業を海外に進出させることに力を注いだ」ので

ある［Stiglitz 2003：邦訳 255］。

(5) 技術の拡散

グローバル化の進展に影響を与える要因に、技術の拡散がある。

例えば、リバース・エンジニアリングによって、最先端の製品の技術が世界に広まる。この結果、中国では、iPhone の模造品が大量に出回っている。

また、企業が外国で生産活動を行えば、技術がその国に移転される。例えば、ユニクロは、生産を委託する中国の工場において、衣類の作り方に関する技術指導をしている。こうして、日本の洋服作りの技術が、中国に移転される。そして、その工場で働いていた人が、辞めて他の工場へ移ったり、あるいは独立して自分の会社を立ち上げたりすることで、その技術が中国に広がっていく。しばらくたつと、中国全体の技術水準が上昇し、中国製品の品質が向上するようになる。このことはその後、中国における日本製品の販売量の減少や、中国から日本への輸出量の拡大をもたらすこととなる。

このことから分かるように、技術は外国へ伝播していく。特に、外国に工場や子会社を作ったり、外国企業に生産を委託したりすれば、技術流出が必然的に発生する。それが、技術に関する外国のキャッチアップを速める。それゆえ、日本企業が外国企業に対し技術的な優位を保ち続けるためには、常に新しい技術を開発し続けなくてはならない。それができなくなったとき、その企業は技術的な優位性を失い、競争に負けることとなる。

4　どのような働き方をすべきか

このようにグローバル化が進展していくなかで、私たちはどのような働き方をすべきだろうか。今度はこの問題を考えてみよう。

(1) 外国との代替可能性

そのための重要な視点は、自分の仕事が外国と代替可能かどうかという点である。そこで、ある人が日本国内で衣類を作る仕事をしており、そして同じ種類の商品が中国でも作られて日本へ輸入されている場合を考えてみよう。なお、中国の人件費は日本より低いので、中国から輸入される衣類は、日本製よりも低価格である。

まず、中国製品が、日本製品より品質的にはるかに劣るものとしよう。そのため、中国製品の販売数はさほど大きくない。このとき、日本製品の販売数は減少するだろうが、その影響は大きくない。よって、日本ではその仕事に従事する人の数は減少する可能性があるが、その影響は限定的である。
　次に、中国製品の品質が上昇したとしよう。さらに、その中国製品が、日本製品よりは劣るものの、さほど品質が悪くないとする。このとき、中国製品の販売数が大きく増加することとなる。すると、日本製品の販売数は大きく減少するだろう。ゆえに、日本でその仕事に従事する人の数が大幅に減少する。つまり、多数の日本の仕事が、中国に代替されるのである。
　その次に、中国製品の品質がさらに上昇したとしよう。これにより、日本とほぼ同じ品質のものを作るようになったとする。このとき、日本製品はほとんど売れず、生産が停止することとなる。よって、日本ではその仕事自体がなくなる可能性がある。つまり、高級品の生産以外は、日本におけるその仕事がほぼすべて、中国に代替されてしまうのである。
　このように、外国製品の品質が向上するにつれて、日本の仕事が外国に代替されていく。そして、外国製品の品質が日本とほぼ同じ水準に達すると、その仕事のほぼすべてが代替され、日本からなくなるのである。
　実際、衣料品について、2013年の日本市場における国産比率は、品目数でみると3.2%である。これを金額でみると23.9%である。つまり国産品は、その多くが、かなりの高級品と推測される。それ以外の生産は、外国にほぼ代替されたのである。なお、輸入に占める中国の比率は、金額でみると、72%であった。[14]

(2) サービス業務における代替

　ものづくりだけでなく、サービス業務においても外国との代替が起きている。例えば、住友化学の海外出張者の出張旅費の精算は、中国・大連にある住化人力資源管理服務（大連）有限公司において行われている。海外出張者が提出した書類や領収書などが日本から大連へ送られ、日本語のできる中国人従業員が処理する。その結果、日本でこの業務がなされていたときに比べてコストが削減されただけでなく、ミスが減り、そして迅速に処理されるようになった。その後同社は、住友化学の日本国内の申請業務（給与振込先の変更、退職年金の申請、退職金の計算、離職票の交付）も行うようになった。

このように、企業が、従来社内で行っていた総務、人事、経理、給与計算関係の業務やコールセンター業務などを他社に委託することを、ビジネス・プロセス・アウトソーシング（BPO：Business Process Outsourcing）という。BPOの一部は、近年、中国など海外へ委託されるようになっている。中国へのBPOの対象となる業務は、手書きの書類をコンピュータに打ち込むデータ入力や、給与計算、取引業者への支払いの計算など多様である。データ入力の内容には、生命保険の査定で使う診断書（カルテ）、損害保険会社がファックスで受け付けた事故連絡票、宅急便のドライバーが起票する現金伝票などもある。また、コールセンター業務では、日本語を話せる中国人がオペレーターとして働いている。現在、住友化学のように大連へのBPOを行っている日本企業は数千社あるといわれている。

ここで注目すべきは、上述の住友化学の事例のように、中国へのBPOを行うと、多くの場合、日本で同じ作業をしていたときと比べて、コストが削減されるだけでなく、事務作業のミスが減少する点である。ミスが減少する大きな理由は、日本から業務委託を受ける企業は事務作業を専門に取り扱う会社であるので、一般の企業に比べて事務処理効率化のためのノウハウを多数もっていることである。さらに、日本からのBPOを引き受ける会社は中国に多数あり、ミスが多いと同業他社に仕事を奪われてしまうため、ミスを減らそうとする競争原理が働いていることが挙げられる。こうしてコストが低下しミスが減少するため、多くの日本企業が中国へのBPOを活用している。

海外へのBPOの拡大は、ITなどの発達によって可能になった。このように、技術進歩は、一部のサービスを非貿易財から貿易財へと変化させる。したがって、ものづくりだけでなく、サービス業務においても、外国と代替可能な仕事が年々増加しているのである。言い換えれば、日本の仕事が海外へ流出しているのである。

(3) 外国に代替されない仕事の方法

では、外国に代替されない仕事の方法とはどのようなものだろうか。その方法をひとことで言えば、他国が真似できない製品やサービスを提供する、あるいは、他国が真似できないやり方で製品やサービスを提供するということである。つまり、価格だけでなく、品質、スピード、顧客のニーズに合うきめの細かいサービスなどにより、高い顧客満足度を実現することである。衣類の製造

を例に挙げれば、日本の伝統文化に関する知識を生かし外国ではできないデザインや品質の商品を作る、自らが日本国内に持つ人脈を活用して画期的なデザインの製品を作る、市場の変化に瞬時に対応した新製品を作る、高機能な機械を開発するなど革新的な生産方法で低価格の商品を生産する、顧客の好きなデザインで衣類を作るといった製造と関連した新しいサービスを作り出す、などの方法が考えられる。

　なお、近年は人工知能（AI）が発展しつつある。これにより、先進国では多くの仕事がAIに代替されていく。野村総合研究所は2015年12月、日本の労働人口の約49％が就いている職業において、10～20年後に人工知能やロボット等で代替することが可能との推計結果を公表している。したがって、私たちは、AIや外国に代替されない仕事をいかにして実行するかを常に考え続けなければならないのである。

（4）　国内と海外の資源を結合させる

　一方で、グローバル化を、変革のための機会とみなすことができる。つまり、海外で販売や生産をする、あるいは、海外の資源を利用した新しい製品やサービスの開発をすることによって、国内だけでは不可能であった新しい展開が可能となるのである。

　その一例を挙げよう。秋田県稲川町の伝統的工芸品である川連漆器は、最盛期には年間生産額20億円であったが、1998年度には14億円まで落ち込んだ。そこで、イタリア人デザイナーと組んで、サラダボウル、コーヒーセットなどの新たな製品を開発した。これは、川連漆器のもつ伝統的な味わいを残しながら、イタリアデザインによる新風を吹き込むことを意図したものである。さらに、こうして生まれた製品を、海外の国際見本市へ出展することにより、海外からの需要が生じるなどの成果をあげている[15]。このように、海外のデザイナーと組んだり、海外の企業と連携したりするなどして、新しい製品を開発するという動きは、現在、日本の多くの企業が実践している。また、多くの地方自治体が、地元企業のこうした取り組みを支援している。

　川連漆器の事例が示しているように、グローバル化とは、国内と海外の資源を結合させることである。川連漆器は美しい工芸であり、海外のデザイナーと組むことで、新たな魅力を作り上げた。つまり、自らがなんらかの価値を持っていたからこそ、海外の力を借りることで、その価値を生かす方法を創造でき

たのである。したがって、グローバル化とは、外国のものをとり入れることや外国へ出ていくことだけではない。個人、企業、あるいは地域が、自らの強みを認識し、それを生かすために外国の資源を活用することが、私たちの目指すべきグローバル化のあり方である。

ただしその際には、経済のグローバル化が、本章で論じてきたように様々なマイナスの影響を及ぼしうることを忘れてならない。海外との連携を活用しようとするときには、そのリスクを考慮しつつ、メリットを得る方法を考え出さなければならないのである。

おわりに

技術進歩によって海外生産が容易になれば、海外で作られた製品がこれまで以上に国内へ流入してくる。さらに、日本の人口減少により、多くの企業は海外販売を強化せざるを得ない。同時に、国内で不足する労働力を補うために、外国人労働者を雇ったり、あるいは外国に子会社を設立したり外国企業と連携したりしながら財やサービスを生産する必要が生じる。こうして、日本において、経済のグローバル化は今後も進展していくこととなる。

このことは、競争の激化と同時に、変革の契機となる。事実、日本企業の中には、国内で売り上げが低下する状況を打開するために、中国に子会社を設立した結果、今では中国子会社の売り上げが日本国内の売り上げを大きく上回るほどに成長したケースも少なくない。また、日本企業が、近年外国人社員の採用を増やしている理由は、外国の優秀な人材の確保だけでなく、労働意欲の高い外国人社員を雇うことによる社内活性化にある。このように、グローバル化は、外国の資源を活用することを通じて自らの発展機会をもたらす。

そのため、私たちは、外国人や外国企業と共生しながら、それぞれの特徴を生かした経済活動のあり方を見つけ出すことが求められる。グローバル化が進展すれば、社会は、ロイヤルメルボルン工科大学のスティーガー教授がグローバリティと呼ぶ状態へ徐々に近づいていく。それは、「既存の多くの国境や境界線の意義を失わせるほど緊密かつグローバルな相互連関とフローが、経済・政治・文化・環境の面で存在することを特徴とするような社会的状態」である［Steger 2009：邦訳10］。私たちは、現在の社会のあり方だけではなく、将来このような社会が実現することを念頭に置いた働き方をすべきなのである。

コラム　裁定取引

　地域間の価格差を利用して利鞘を稼ぐことを裁定取引という。つまり、安い地域で買って高い地域で売ることにより、その価格の差を利益として得る行為である。

　2010年代前半、ある日本人の女性が、イタリアのローマに住んでいた。彼女は、主婦業の傍ら、ルイヴィトンやグッチといったブランド物のバッグ等を、日本で購入するよりも安い価格で日本の消費者へ販売し、収入を得ていた。

　そのビジネスの仕組みは単純である。仮に、あるバッグが、日本では価格7万円で、ローマでは価格5万5000円で販売されているとしよう。彼女は、このバッグをインターネット上で価格6万3000円で販売する。これを日本に住む人が注文する。彼女はローマ市内でその商品を買い、次に郵便局に行って、注文をした人の日本の住所へ国際郵便で発送する。こうして、日本で注文した人は、日本で買うより7000円安く購入できる。一方、彼女は、販売価格と購入価格の差額8000円を得るので、国際郵便の費用などを負担しても数千円の利益が出る。

　ブランド品について、日本の代理店は、ほかの国の代理店よりもはるかに高い価格を付けている。彼女は、この価格差を利用した裁定取引をしたのである。これにより、彼女は1カ月に数十万円の収入を得た。ただし、彼女はこれまで、商品を買った後に大きな荷物をいくつも抱えて郵便局まで歩いていく途中で、何度も強盗にあった。

　地域間の価格差を利用したビジネスは、日本国内でも可能である。例えば、東京で、駐車場のような何の建物も無い場所で海産物を売っている人がいる。ただし、そこに海産物は置いていない。あるのはアップルのiPadだけである。そのiPadには、北海道の地方都市の魚屋が映っている。その魚屋の内部にカメラがいくつも取り付けられており、東京にいながら店中のすべての商品を見られる。

　一般に、東京において北海道の海産物の販売価格は高い。そこで、東京にいる消費者が、iPadに映し出される魚屋の映像を見ながら、魚やホタテといった商品を注文し、代金と宅急便の費用をその場で支払う。北海道の魚屋は、購入された商品を宅急便で送る。こうして東京の消費者が北海道の海産物を安価に購入でき、北海道の魚屋は販売を拡大できるのである。

　このように、ITを利用して新しいビジネスが生み出された。つまり、アイディアさえあれば、大きな資金がなくてもビジネスをすることをITが可能にしたと言えよう。

注
1） 日本の大学を中退してアメリカに渡った藤田浩之が2006年にオハイオ州で創業した会社は、MRI（磁気共鳴画像診断装置）の部品を開発・製造したことにより注目され、藤田は2012年に大統領の一般教書演説に日本人として初めて招待された。
2） 『日本経済新聞』2018年7月3日。
3） 日本経済新聞社による推定（『日本経済新聞』2014年9月15日）。
4） なお、日本の調査でも、外国人労働者を雇用している事業所では、企業規模などの要素の影響を除いても、高校卒の労働者の初任給が高くなる傾向にあるという結果が出ている。つまり、外国人の雇用は日本人労働者の賃金に正の影響を与える［中村他 2009］。
5） アメリカ労働省によると、2016年12月のアメリカの製造業就労人口は20年前より約3割少ない。一方、セントルイス連邦準備銀行によると、同期間に製造業の労働者1人当たり付加価値生産額は約3割向上した。これらは、低付加価値工程の外国への移転と、工場の自動化が影響している。
6） グローバル化が格差拡大の原因になったという議論には、批判もある。学習院大学教授の伊藤元重は、「問題はグローバル化にあるのではなく、そもそも市場経済化を進めていくと、競争の結果、勝者と敗者に分かれますから、所得格差は必然的に発生してくるのです」と述べている［伊藤 2017：194］。しかしながら、この問題を考える際に大切な視点は、市場経済化を進めていくと、結果として経済のグローバル化がもたらされるということである。
7） タイ商務省登録の日系企業数。
8） 『サンケイビジネス』2011年12月31日（http://www.sankeibiz.jp/business/news/111231/bsc1112310500000-n1.htm、2012年1月1日閲覧）。
9） ただし、貿易障壁の低下による輸入増加によって多数の失業者が発生するとき、その国の経済厚生が貿易障壁低下以前よりも低下することもあり得る。
10） TPPの交渉は2015年に合意に達し、2016年2月に各国政府が参加して署名式を行った。その後アメリカが離脱したため、残りの11カ国は、内容を一部修正して2018年3月に署名式を行い、同年12月にTPP11が発効した。
11） TPP11でも、日本の牛肉の関税率については、この内容が採用された。
12） アメリカの自動車輸入関税は、乗用車が2.5％、ライトトラック（小型トラック）が25％である。ライトトラックには、ライトバンやピックアップトラック、SUV（スポーツ・ユーティリティ・ヴィークル）などが含まれる。2017年のアメリカの新車販売台数（大型トラックやバスなどを除く）におけるライトトラックの比率は、63.2％に達した。
13） スティグリッツは、「東アジアでみられるとおり、適切に管理されたグローバル化は、途上国と先進国の双方に大きな利益をもたらす」と述べている［Stiglitz 2006：邦訳30］。
14） 経済産業省「工業統計」、財務省「貿易統計」による。

15)『ジェトロセンサー』2000 年 11 月号、pp. 22-23。

参考文献
（日本語文献）
伊藤元重［2017］『伊藤元重が警告する日本の未来』東洋経済新報社。
経済産業省編［2013］『通商白書 2013』勝美印刷。
経済産業省編［2014］『通商白書 2014』勝美印刷。
厚生労働省［2018］「『外国人雇用状況』の届出状況まとめ（本文）（平成 29 年 10 月末現在）」。
中村二朗・内藤久裕・神林龍・川口大司・町北朋洋［2009］『日本の外国人労働力——経済学からの検証——』日本経済新聞出版社。

（欧文献）
Masson, P. [2001] "Globalization: Facts and Figures," *IMF Policy Discussion Paper*, PDP/01/4.
Rodrik, D. [2011] *The Globalization Paradox: Why Global Markets, States, and Democracy Can't Coexist*, Oxford: Oxford University Press（柴山桂太・大川良文訳『グローバリゼーション・パラドクス　世界経済の未来を決める三つの道』白水社、2014 年）。
Steger, M. B. [2009] *Globalization: A Very Short Introduction*, Second Edition, Oxford: Oxford University Press（櫻井公人他訳『新版　1 冊でわかるグローバリゼーション』岩波書店、2010 年）。
Stiglitz, J. E. [2002] *Globalization and Its Discontents*, New York: W. W. Norton & Company（鈴木主税訳『世界を不幸にしたグローバリズムの正体』徳間書店、2002 年）。
Stiglitz, J. E. [2003] *The Roaring Nineties: A New History Of The World's Most Prosperous Decade*, New York: W. W. Norton & Company（鈴木主税訳『人間が幸福になる経済とは何か』徳間書店、2003 年）。
Stiglitz, J. E. [2006] *Making Globalization Work*, New York: W. W. Norton & Company（楡井浩一訳『世界に格差をバラ撒いたグローバリゼーションを正す』徳間書店、2006 年）。

第2章
サービスの海外アウトソーシング

高橋信弘

　あるパソコンメーカーは、店頭販売ではなく、主に電話やウェブサイトで注文を受ける。そこで、パソコンを買うためにその会社の通話料無料の番号へ電話すると、電話に出てくるオペレーターはしばしば中国人である。つまり、その電話は日本から中国へつながって、中国にいるオペレーターが日本語で対応している。

　数十年前には国際電話の料金がとても高かったので、このようなことは考えられなかった。しかし現在では、ITの発展とともに国際電話料金が大幅に低下して、国内電話料金と大差ないものとなった。ゆえにこのメーカーは、日本よりも人件費の低い中国においてオペレーターを雇っているのである。

　また、ある保険会社は、病気になると医療費を支払う医療保険を販売している。この医療費を受け取るためには、病気になったとき、医師の書いた診断書を保険会社に提出する必要がある。すると保険会社は、診断書をスキャナで読み込み、その画像を中国に送る。そして、データ入力を担当する中国人が、その画像に書かれた病名等をコンピュータに入力して、その情報をもとに医療費が支払われる。診断書のなかには医師の手書きのものが多数あり、ときには字が汚くて読みづらいこともある。だが、データ入力を担当する中国人は、事前の学習により、私たちのほとんどが聞いたこともない日本語の病気の名前を多数知っているので、こうした作業が可能となる。

　このように、今日では、サービスの一部が海外へアウトソーシングされるようになった。この結果、企業はコストを削減することができる。その結果、企業が提供する財やサービスの価格が低下すれば、私たちはより低い価格で購入ができるようになる。

　しかし一方で、労働者の立場からすれば、海外へのアウトソーシングとは、これまで日本でしかできなかった仕事が海外へ流出することを意味する。つま

り、仕事が国内から失われてしまうのである。また、海外へのアウトソーシングができない中小零細企業は、海外へのアウトソーシングを活用して低価格を提示する同業他社との競争において不利となる。よってこのことは、私たちの働き方や企業の経営を大きく左右しかねない。本章はこの問題を考えてみよう。

1　日本から中国へのアウトソーシング

　企業が、従来社内で行っていた総務、人事、経理、給与計算関係の業務やコールセンター業務などを他社に委託することを、ビジネス・プロセス・アウトソーシング（BPO：Business Process Outsourcing）という。BPOの一部は海外へ委託されている。

(1)　中国へのBPO
　第1章でも論じたように、日本から中国へのBPOが近年増加している。特に、データ入力や給与計算といった事務作業が盛んに行われている。中国においてBPOの委託を受けるのはBPOの専門会社であることが多い。そのため中国へのBPOを行うと、日本で同じ作業をしていたときと比べて、コストが削減されるだけでなく、事務作業のミスが減少することがしばしばみられる。
　BPOを委託する側の企業が心配するのは、入力ミスと情報漏えいである。そのため、筆者が実際に見学した、手書きのクレジットカード申込書をデータ化入力する作業では、同じ内容を2人がそれぞれ入力し、入力内容が一致しなければ、さらに別の人が入力することにしていた。加えて、申込書に書かれた個人情報が社外へ流出するのを防ぐために、申込書の画像が氏名、住所、年収などに分割されていた。これにより、氏名を入力する人のパソコン画面には氏名しか表示されず、同じように、住所を入力する人のパソコン画面には住所のみ、年収を入力する人のパソコン画面には年収のみが表示されるようになっていた。つまり、入力する人が申込書全体を見られない仕組みになっている。さらに、筆者が見学した別のBPO企業では、入力ミスは10万分の1以下にするよう顧客から指示を受けており、ミスの減少に全力を注いでいた。
　また中国では、日本の顧客向けのコールセンター業務がさかんに行われている。そこでは、日本人や日本語の話せる中国人を雇って、数十人ないし数百人規模のコールセンターを設置している。ただし、コールセンター業務には、高

い日本語能力に加え、日本の文化などへの知識が要求される。そのため、ある企業が中国にコールセンター業務を移したところ、オペレーターの対応や発音のアクセントなどが顧客の信頼感を損ねてしまい、その企業の顧客満足度が低下したという事例や、いったん中国に移したコールセンターを国内に戻したという事例もある。

　一方、中国でコールセンター事業を展開する別のBPO企業は、ある多国籍企業と契約し、多国籍企業の社員がコンピュータの使い方が分からないとき、使い方を電話でアドバイスする業務を、日本語、英語、中国語で提供している。よって、このコールセンターへは、その多国籍企業のオーストラリア子会社やマレーシア子会社からも電話がかかってくる。コールセンター業務は競争が激しく、単に電話受付をするだけでは他社との差別化ははかれない。そこでこのBPO企業は、コンピュータの使い方について詳しい中国人オペレーターを多数育成しているのである。

(2)　BPOの対象業務の拡大

　日本からのBPOが、中国、なかでも大連でさかんに行われている理由は、大連での人件費が日本の半分以下であることに加え、日本語ができてかつ優秀な人材を多数雇うことができることである。大連では、初等中等教育において日本語教育が盛んに行われていることなどにより、日本語を話すことのできる人が約30万人、日本語検定2級以上の取得者が約5万人いる。大連へのBPOにより、事務処理コストが平均で3割程度低下するという報告もある。[1]

　また、大連以外でも、日本からのBPOがなされている。大連よりも内陸に位置する瀋陽、長春や、上海の南に位置する浙江省の杭州など、各地で日本向けBPOを行う企業が設立されている。

　さらに、従来のBPOの範囲を超えた業務を中国で行う、あるいは中国の企業に委託する例もある。ある日本の通信販売会社は、当初、手書きのはがきの内容をコンピュータに打ち込むデータ入力の作業を中国で行っていたが、その後、多数の業務用自動車を日本国内の各支店に毎日何台ずつ配置するかの判断を、中国でするようになった。また、日本のある消費者金融会社は、その会社を初めて利用する顧客に対し融資をするかどうかの審査を、中国で行っている。ほかにも、日本企業が、ポスター、チラシ、ウェブサイトの作成や、建築用の図面の作成などを中国の企業に委託するなどが多々行われている。このように、

日本語のできる中国人が、これまで日本でなされていた複雑な業務さえもするようになったのである。

　こうした海外へのBPOにおける対象業務の拡大は、さまざまなサービスが貿易可能になってきたことを意味する。サービスの多くは非貿易財である。しかし、本章で取り上げるサービスは、かつて非貿易財だったが、現在は貿易財なのである。

(3) ITの発展とグローバル化の進展

　以上のことは、グローバル化が私たちの生活に与える影響について重要な示唆を含む。ITの発展は、海外との情報のやり取りにおけるコスト低下と時間短縮をもたらした。その結果、これまで国内でしかできなかった作業が海外でできるようになった。つまり、ITの発展によって、海外へのBPOが拡大したのである。

　これにより、企業は、顧客に対するサービスを従来よりも安価にかつ迅速に提供することが可能となった。つまり、新しいサービスの提供や価格低下を通じて、顧客を増やし、売り上げを増加させるチャンスが広がったのである。その結果、日本経済が活性化し、また、それにより雇用が増える可能性がある。

　しかし同時に、これまで国内で行われていた業務が海外へ流出するので、日本国内においてそれと同じ業務に従事しようとする人にとっては、職を得る機会が減少するか、あるいは、所得が低下する。言い換えれば、一部のサービス労働は、これまでは海外から隔離されてきたが、その障壁が徐々に低くなってきており、他国との競争にさらされることになるわけである。

　このように、ITの発展は、私たちの生活を便利に、そして楽しいものするとともに、経済活動の発展をもたらした。しかし同時に、先進国において一部の人々は、ITの発展によって職を得にくくなる、あるいは、所得が低下する。つまり、ITの発展とそれに伴う経済のグローバル化の進展は、国内の所得格差を拡大させるのである。

　このとき、私たちは、日本でしかできない仕事とは何なのかを問われることになる。言い換えれば、他国の労働者にはできない仕事の内容を見極め、それに特化することが必要である。日本のホワイトカラー労働者の1人当たり生産性は、先進国のなかで最低といわれる。海外との間で国際分業を推し進めることは、上述のように日本において生産性の低い雇用が失われる可能性を生じさ

せるが、逆に言えば、そういった生産性の低い仕事を海外へアウトソーシングすることで、日本の会社の生産性を上昇させる機会を生じさせる。つまり、日本の会社は、日本でしかできない仕事、日本で行う方が生産性の高い仕事に特化し、そうでない仕事については海外へアウトソーシングすれば、日本の会社において、その生産性が向上し、同時に労働時間が減少することもあり得る。したがって、企業にとって、海外へのアウトソーシングをいかに活用して日本の働き方を改善するかが問われているのである。

(4) 世界における BPO

外国へのアウトソーシングが日本以上に進んでいる欧米諸国では、上記の業務のみならず、弁護士事務所や会計事務所の秘書業務などを、インドやフィリピンなどへ委託する事例が多数ある。また、カンボジアへのアウトソーシングでは、アメリカからカンボジアへ国際電話をかけてアメリカ側が数分間一方的に話すと、話した内容が英語の文章になってカンボジアから送られてくるといったものもある。さらに、民間ばかりでなく、州政府などの公的機関でも、人事関連業務や給与計算などを海外企業に委託して、コストを削減しようとする動きがみられる。例えばペンシルバニア州では、毎月 1 万件以上の問い合わせが寄せられる食料交換券の配布（フードスタンプ）に関する電話対応業務をインドやメキシコの企業へ委託した結果、年当たり約 100 万ドルのコスト削減を達成した。

また上述のように、BPO はコスト削減だけでなく、ミスを減らすのにも有効な手段とみなされている。イギリスのある保険会社は、インドにデータ入力業務を委託することにより、コストを 3 分の 1 に抑えつつ、正確さを 84 % から 96 % へと上昇させることに成功している［日本政策投資銀行ワシントン駐在員事務所 2005：9］。

BPO によって高い経済成長を実現した国の 1 つが、アイルランドである。1992 年にアメリカの保険会社が保険請求業務を委託したのをきっかけに、アメリカ企業が次々と、コールセンターの移転や業務委託をした。その結果、アイルランドは 25 万人といわれる雇用を獲得した。また 1 人当たり GDP は、1993 年の 1 万 4234 ドルから 2006 年の 5 万 1421 ドル（世界第 4 位）となり、欧州最貧国の 1 つから世界有数の富める国へと激変した[2]。そのため、かつて大量の移民を生み出したこの国において労働力不足が発生し、移民の子孫による

流入が起きている。

アイルランドの高成長の背景には、法人税の実効税率が日本の3分の1程度であることや、ほとんどの国民が英語を話すなど、外国企業にとって魅力的な条件が存在していたことが大きい。これは、脱工業化社会の経済発展モデルとみなすことができる。

上記以外にも、様々な分野で海外へのアウトソーシングが進んでいる。例えば2000年代に入り、アメリカの企業が半導体の設計を、台湾や韓国の専門業者に委託する動きが顕著となり、さらに中国、インド、シンガポール、マレーシアへもなされるようになった。半導体の設計は知識集約的で、複雑な技術を要する作業であるため、かつては、海外企業へ委託するのが非常に困難だと思われていた。ところが、技術革新によってそれが可能となったのである。その結果、半導体の世界市場は不況であるにもかかわらず、アジアの電子産業は成長している［ジェトロ編 2005：55-56］。

コラム 外国の労働者と代替不可能な仕事

　海外へのアウトソーシングが進むなかで、日本国内の仕事がどのように変化していくのかを考えてみよう。国内の仕事を大きく分けると、外国の労働者との間で代替不可能な仕事と、代替可能な仕事がある。

　外国の労働者と代替不可能な仕事には、3つのタイプがある。第1は、ある分野に特化し、高度な知識や技能が必要な仕事である。研究者、技術者、職人、デザイナー、一部のビジネスパーソンなどがこれにあたる。これらの仕事は、他人や他国が容易に真似できないものである。第2は、地元に密着している仕事である。レストランの給仕、ガスや水道の配管、荷物の配達、ビルの清掃、ごみ収集といった、その地域でしかできない仕事である（ただし、そのいくつかは、日本にいる外国人労働者と代替可能である）。第3は、第1と第2を組み合わせたタイプの仕事である。例えば、特定商品の専門店の店主は、商品への豊富な知識に加えて、個別の顧客の好みや必要物を熟知してアドバイスをすることで経営を成り立たせている。

　他方、外国の労働者と代替可能な仕事とは、海外へのアウトソーシングが進んでいる仕事である。工場で衣料品などを製造する仕事や、社員の給与計算、コールセンター業務、ソフトウェアのプログラミングなどに加えて、工場でプラスチック製品をつくるための金型の製造も、中国や東南アジアの技術者の技術レベルが向上

したことにより、海外へ移転されつつある。したがって、以上の仕事については、その仕事が外国に移転することにより、いつその職を失っても不思議ではないし、また失わないにせよ、その賃金は比較的低い水準となる。

このように、アウトソーシングの拡大により、世界レベルでの競争のなかに置かれるようになる仕事が増える。よって、従来以上に自分の技術・技能・能力を向上させるか、あるいは、地元に密着したサービスを提供する必要がある。

2 ソフトウェアのオフショア開発

　海外へのアウトソーシングが急激に進んでいる分野に、ソフトウェア開発がある。そこで以下では、ソフトウェア開発における海外へのアウトソーシングの拡大が、ソフトウェア産業にどのような影響を与えるのかを見ていこう。

(1) ソフトウェア開発の工程
　現代社会において、ソフトウェアは重要な位置を占めている。企業の業務用システム、家電製品や自動車、機械などを制御する組み込みソフト、市販のパッケージソフト、ゲームソフトなど、様々なソフトウェアが、多くの場所で使われている。

　これらのソフトウェアの開発工程を説明しよう（**表 2-1**）。まず、要件定義とは、目的の業務をこなすためにどんなシステムが必要かを、顧客と相談しながら決定する作業である。次に、設計とは、要件定義に基づき、その設計図を作る作業である。これは、基本設計と、詳細設計に分かれる。第3に、コーディングとは、プログラミング言語を用いて、ソフトウェアの設計図にあたるソースコードを作成する作業である。第4に、テストとは、開発中のソフトウェ

表 2-1　ソフトウェアの開発工程

1. 要件定義
2. 設計（基本設計・詳細設計）
3. コーディング
4. テスト（単体テスト・結合テスト・システムテスト）
5. 導　入
6. メンテナンス

アに含まれるバグ（コンピュータプログラムに含まれる誤りや不具合）を見つけ、それを修正する作業である。これは、単体テスト・結合テスト・システムテストに分かれる。第5に、導入とは、ソフトウェアをコンピュータや機械などにインストールして使用可能にすることである。第6に、メンテナンスとは、ソフトウェアの使用開始後、その改良や、新たに発見されるバグの修正の作業である。

(2) オフショア開発

ソフトウェアを開発する際に、開発工程の一部を海外に委託することを、オフショア開発という。例えば、ある企業が、自社の生産・販売・流通・会計などを制御するシステムを必要としているとする。この企業が、ソフトウェア会社に、その開発を発注したとしよう。すると、このソフトウェア会社は、**表2-1**の工程にしたがってこのシステムを開発する。その際に、詳細設計・コーディング・単体テストを、中国のソフトウェア企業に委託する。これが、日本における典型的なオフショア開発である。それを描いたのが**図2-1**である。この図において、システムを利用する企業が、エンドユーザである。そして、エンドユーザから発注をうける日本のソフトウェア企業は、SIer（エスアイアー）と呼ばれる。SIerとは、顧客の情報システムに関するコンサルティング、設計、開発、運用・保守・管理などを請負する企業である。

オフショア開発のあり方は、これ以外にもある。例えば、パッケージソフトやゲームソフトを作っている企業が、自社製品の開発工程の一部を外国企業に委託する。また、機械や家電製品のメーカーが、自社製品を制御するための組込みソフトを開発する際に、その開発工程の一部を外国企業に委託する。これらの場合は、**図2-1**とは異なり、日本企業と外国ソフトウェア企業という2社間の取引となる。加えて、外国企業へ委託するのではなく、日本企業が外国に子会社を設立し、そこへ委託する場合もある。

さらに、開発を委託する工程に関して、詳細設計・コーディング・単体テス

図2-1　日本における典型的なオフショア開発

トに加えて、基本設計や要件定義を委託する場合がある。また、コーディングと単体テストだけを委託する場合もある。

　日本企業がオフショア開発を行う主な理由は、コスト削減や、日本国内にソフトウェア技術者が不足していることである。他方、オフショア開発を引き受ける側の国の理由としては、ソフトウェア産業では大規模な設備投資や特別高度な技術は必要なく、プログラマなどの技術者さえいればビジネスができるため、参入障壁が低いことがあげられる。そのため、多くの発展途上国がこの分野に参入している。また、オフショア開発が拡大する技術面の理由として、ソフトウェアの開発工程が分割しやすいこと、そして完成品を瞬時に低コストで顧客に届けられることがある。

(3) 中国へのオフショア開発

　ガートナージャパンによる推定によれば、2011年における日本のオフショア開発の実施額は2863億円であり、その約8割は中国向けである（図2-2）。中国が最も多く受注している理由として、①インドより賃金が低いこと、②日本語を使える人材が確保しやすいこと、③日本に近いこと、④漢字を使う国なので、中国人プログラマは数年で日本語の仕様書が読めるようになること、があげられる。②について、インド、フィリピンなどへオフショア開発を行う

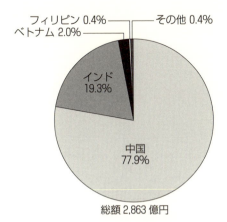

図2-2　日本のオフショア開発の国別構成（2011年）
（出所）ガートナージャパンの推定をもとに筆者作成。

際には、多くの場合英語でやりとりが行われる。一方、中国とのオフショア開発の際には、多くの場合、日本語が堪能な中国人が、日本側の要望を中国人プログラマに伝える役割を果たしている。日本側は母国語を使うので、意思疎通をしやすいわけである。③については、北京、上海、大連などの都市へ、日本から飛行機で約2時間の距離であるため、ソフトウェア開発の進捗状況を確認しに訪問するのに、インドに比べてとても便利である。④については、日本のソフト会社が顧客とともに作成した日本語の仕様書を、そのまま中国へ送ることができる。インドなどの企業と取引するときには仕様書を英語に翻訳する必要がある場合が多いが、中国向けはその手間と時間を省けるので、コストを削減できるわけである。

(4) オフショア開発のコスト削減効果

次に、オフショア開発がどれほどのコスト削減をもたらすかについて考えてみよう。

中国やベトナムにおけるソフトウェア開発の価格は、一般に、日本より低い。表2-2は、日本から国内外の各都市に立地する企業へ、詳細設計から単体テストまでを委託する際の価格を表している。このデータは、筆者が日本、中国、

表2-2 詳細設計から単体テストまでの業務の人月単価

(万円)

東京（大手IT企業の一次請け企業が受注するとき）	80～100
東京（中小ソフトハウスが受注するとき）	50
沖　縄	40
北　京	35
上　海	35
大　連	27
瀋　陽	24
長　春	22
吉　林	20
ホーチミン	20

（注）標準的な業務の価格。オーバーヘッドコストは含まれていない。調査期間は2013年6～8月。
（出所）筆者の聞き取り調査により作成。

ベトナムの企業に対し、標準的な業務における人月単価（日本の１人の技術者が１カ月かけてこなすことのできる仕事量に対する価格）を聞き取り調査し、その中央値をまとめたものである。[4] この表が示すように、中国での開発価格は日本より低い。また、中国において内陸部に行くほど価格が低下する。そしてベトナムのホーチミンにおける価格は、中国内陸部の水準にある。

ただし、オフショア開発においては、日本の技術者を使うときには発生しなかった手間と費用が発生する。第１に、オフショア開発を行うためには、オーバーヘッドコスト[5]が発生する。第２に、外国とのコミュニケーションは容易ではなく、様々なトラブルが発生する。日本語でやり取りをするとしても、相手が日本側のいうことを完璧に理解してくれるとはかぎらない。また文化や生活習慣も異なる。さらに、外国人技術者は設計書に書かれた最低限の機能のものしかつくらないときがあるので、それを日本側で、顧客の期待したものへとつくり直さないといけないこともある。そのうえ、外国側が設計書の内容を誤って理解している場合もある。こういった意思疎通の手間や、外国側が製造したものを日本側で調整しテストを行うなどの追加費用がかかるわけである。これらを考慮すると、オフショア開発によるコスト削減効果は、さほど大きくない。

加えて、プロジェクト自体が失敗し、巨額の損失をこうむることもある。例えば、2003年、NECソフトは中国での販売物流システムの開発に失敗し、約20億円の損失を出した。日本企業による同様の失敗はしばしば生じている。そのため、かつて海外でソフト開発を行おうとした日本企業には、撤退したものも少なくない。現在それに成功している企業の多くは、試行錯誤を重ねるなかでそれを乗り越えてきたのである。

(5) 中国へのオフショア開発の問題点

中国へのオフショア開発には、以下のような問題点もある。中国のソフトウェア企業は２年で全員が入れ替わるほど定着率が低い企業が少なくないため、企業内に技術やノウハウが蓄積されない、管理層の人材が不足する、インドのように１万人規模の企業はなく数百人の会社が多いので大型案件の受注がしにくい、などである。

さらに、中国企業は知的財産権に対する意識が低いため、設計書や重要な機密事項のもち出しが横行している。中国のある調査によると、調査対象の企業の90％が、ソフトウェアのコピー製品を購入したり使用したりしていたとい

う［中国軟件産業発展研究報告編委会編 2004：175］。

そこで、技術流出や企業の機密情報の漏洩などの問題に対処し、同時にコストを削減するために、日本国内で外国人技術者を用いてソフトウェア開発を行うオンサイト開発もさかんに行われている。2005年において、日本国内にいる外国人ソフトウェア技術者は、中国人が1万人以上、インド人が2000人以上にのぼった。ただし、こうしたエンジニアが数年で他社へ転職してしまうことがしばしば起きており、企業の機密情報を守るという観点からは、依然として問題が残る。

3　日本企業の技術力低下

オフショア開発は、以上みてきたような問題点を持つものの、日本のソフトウェア開発において必要不可欠なものとなっている。しかしながら、そのことが、日本のソフトウェア産業において大きな問題を生じさせている。それは、日本企業の技術力低下である。

(1) ソフトウェア開発における技術力低下

現在、日本の多くの産業において、技術力低下が起きている。『2013年度版ものづくり白書』では、「我が国企業の競争力及び技術力低下」が取り上げられた［経済産業省他編 2013：68］。また、『2007年度版ものづくり白書』にも、中堅・中小の部素材企業の43.7％が取引先企業の技術力低下を感じるとの調査結果がある［経済産業省他編 2007：45-46］。

ソフトウェア開発においても、日本企業の技術力低下が、以前からしばしば論じられてきた。日経BP社主任編集委員の田中克己は、技術力低下の現状について以下のように論じている［田中 2007：33-34］。

> 企業情報システム構築の現場でも、納期遅れや機能不足、コスト増など失敗プロジェクトが増えている。そこから見えてくるのは、技術者数の不足に加え、技術レベルの低下だ。日本のIT技術者の半分近くは、経産省のITスキル標準（ITSS）で段階評価のレベル2以下のエントリー・レベルだとみられている。かつ高卒、大卒、情報工学系大卒と学歴による技術レベルには、大きな差はないというデータもある。

(2) 技術力低下の現状の原因

スキルスタンダード研究所の高橋秀典は、「技術力低下の理由としては、組織の縦割り化が進んだ、扱う製品の数が増えた、また技術の発展速度が速まったなど、原因はいろいろと考えられます」と記している［高橋 2011］。また前述の田中克己は「優秀な技術者ほど、新しい技術を習得する時間がないほどに忙しい」と述べて、長時間労働が技術力低下を招いていると主張する［田中 2007：33］。さらに、2003年に佐賀市役所の基幹システムの開発を日本企業が受注できず韓国企業が受注したのは、「*Java* 関連技術を始めとする各種の先端技術の急速な進歩に企業が追いついていないのが主要な原因である」［掛下 2005：844］。

加えて、技術力低下の大きな原因の1つとなっているのが、業界のイメージ悪化による人材確保の困難さである。ソフトウェア企業において、長時間労働が常態化することが珍しくない。それゆえソフトウェア業界に対し、3K（「きつい・厳しい・帰れない」あるいは「きつい・帰れない・給料が安い」など）であるという極めてネガティブなイメージが生じている。このため、IT企業にとっての新卒採用の課題（複数回答）として、「業界の仕事のイメージがよくない」（46.5％）がトップに上がっている［情報処理推進機構 2008：66］。すなわち、イメージの悪さゆえに、優秀な人材を確保することが難しくなっているのである。

特に、中小ソフトウェア企業の労働条件はしばしば極度に劣悪である。そのため、人材確保が容易でなく、また、長時間労働により新しい技術を学ぶ余裕がない。

このように、多くの論者が、ソフトウェア開発に関する技術力低下が起きていると主張している。管見の限り、それに対する有力な反論はないものと思われる。

(3) オフショア開発が原因となる技術力低下

オフショア開発は、そういった技術力低下を生じさせる原因の1つとなっていると考えられる。筆者が日本のある大企業に対し聞き取り調査をした際、その社員は以下のように述べた。

> 社内で、技術力低下がよく話題になる。エンジニアとして入社した入社

3〜4年目の社員が、オフショア開発の担当になると、カネの計算ばかりしていて、技術の内容自体に関わる機会がほとんどない。ところが、顧客のところへ行くと、技術的に重要な判断をしなくてはならないことがある。そのとき、その社員が判断できないということが生じている。

　また、別の大企業の社員は以下のように述べた。

　コストを削減するとともに開発要員不足を補うために国内の他社への委託やオフショア開発を増やし続けた結果、自社内で開発する機会が減った。すると、自社の社員の技術力が低下し、高い技術力を持たない社員が増えてきた。このため、中国企業に頼らなければ開発そのものが出来ない状況が一部で生じている。

　このように、国内の他社への委託やオフショア開発の活用が拡大したため、社内の開発の機会が減少した。このことが、技術力低下を引き起こしているのである。

　オフショア開発活用の拡大の背景にあるのは、一部の企業において、人材育成が十分にできていないことである。筆者の聞き取り調査で、ある大企業の社員は、ソフトウェア開発関連の日本企業全般について以下のように述べた。

　断定はできないが、企業が大きくなっていくにつれて、カネ勘定しかできないプロジェクトマネジャーが増えていくのを感じる。つまり、組織の成長スピードに要員育成が間に合わないので、パートナーを多く活用している。

　この発言が示すように、成長の速い企業や、自社の抱える開発案件の規模に比べて人員が不足している多くの企業では、人材育成が追いつかないので、他社への開発委託やオフショア開発を利用せざるを得なかった。すると、社内の人員がそのマネジメントを担当するため、社内での開発の機会が減ってしまったのである。

　したがって、多くの日本企業において、オフショア開発が増加したために社内の開発の機会が減少し、このことがその企業の技術力の低下をもたらしている。つまり、オフショア開発は、ソフトウェア企業の技術力低下の原因となっているのである。

これに加えて、オフショア開発は、別の理由でも技術力低下をもたらしている。上述のように、日本のソフトウェア産業において長時間労働が常態化することが珍しくなく、それが業界イメージの悪化を通じて技術力低下を招いている。では、長時間労働と、それに見合う所得が得られない状況は、どうして生じるのか。その原因の1つは、前節で述べたようにソフトウェア開発の価格が長期下落傾向にあったため、企業が利益を上げにくいことである。そして価格下落の原因の1つが、オフショア開発の拡大である。つまりオフショア開発は、価格下落を通じて技術力低下の一因となっている。言い換えれば、オフショア開発は、直接的だけでなく間接的にも技術力低下の原因となっているのである。

　以上をまとめると、ソフトウェア開発に関して日本企業の技術力低下が起きている。オフショア開発は、そうした技術力低下の一因となっている。

4　中国企業の技術力上昇

　次に、オフショア開発を受注する中国ソフトウェア企業への調査を通じて、オフショア開発にどのような変化が生じているのかを明らかにする。以下の調査は、筆者が2013年に行ったものである。数年前の調査結果をここに載せる理由は、すでに数年前において、オフショア開発のあり方がそれ以前とは大きく変化していたことを読者に分かって欲しいからである。

(1)　中国ソフトウェア企業への調査結果
　筆者は、中国において多数のソフトウェア企業への調査を行った。その際、

- ・日本向けの仕事を通じてどのような技術を得たのか、またそれが、現在の仕事にどう役立っているのか。
- ・日本向けのオフショア開発の売上高は、3年前と比べてどれだけ増加したか。また、3年前と現在の売上高のうち、日本のSIer（または電機メーカー）向けの仕事と、SIer等を通さずに日本のエンドユーザと直接取引する仕事との比率はいくらか。

という質問をした。ここで直接取引とは、図2-3にあるように、中国ソフトウェアが日本のエンドユーザから直接業務委託を受けることである。

　なお、多くの中国企業は、日本に対し、情報システムを開発するだけでなく、

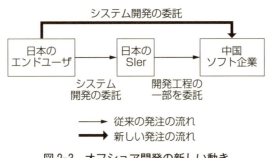

図2-3 オフショア開発の新しい動き

そのメンテナンス業務も行っている。よって、日本向けのオフショア開発の売上高とは、開発とメンテナンスの合計額を指している。

以下、この質問に対する2つの企業（または企業グループ）の回答を述べる。これらは、すべて中国資本の企業である。

大連嘉凱科技有限公司　2007年設立　社員20名（中国・大連）
長春嘉思特科技有限公司　2011年設立　社員5名（中国・長春）
嘉創株式会社　2010年設立　社員7名（東京）

　この3社は、ソフトウェア開発をする1つの企業グループに所属している。このグループは、日本からの仕事のほか、中国における日系企業、そして中国企業のシステムを開発している。

　嘉創（及び大連嘉凱）は、これまで、SIer経由で日本のエンドユーザへシステムを提供してきた実績を持つ。よって、日本企業に対し、日本のSIerと同じ品質管理やプロジェクト管理の仕方をすることを説明することで、エンドユーザからの直接受注を獲得している。エンドユーザから直接受注する場合、日本で嘉創が要件定義と基本設計をし、大連で大連嘉凱がそれ以降の工程を担当する。コーディングについては長春嘉思や他社に委託する。

　設計工程の価格（人月単価）について、嘉創が日本のエンドユーザと直接取引する場合、間にSIerが入る場合と比べて、エンドユーザの発注価格は10万円安く、嘉創の受注価格は10〜20万円高い。ある事例では、以前はエンドユーザからSIerへ発注価格60万円、SIerから嘉創へ発注価格40万円だったのが、直接取引でエンドユーザから嘉創へ発注価格50万円となった。

　大連嘉凱による日本向けオフショア開発の売上高は、3年前と比べて3割増

加した。また、SIer 向けの仕事とエンドユーザ向け仕事の比率は、3 年前は 10 対 0 だったが、現在は 7 対 3 である。

大連ニューランドシステム　2006 年設立　社員 160 名（中国・大連）
　この会社は、日本向けのオフショア開発と BPO 業務を行うほか、中国企業向けの開発もする。日本に支店を持つ。中国に支店はない。
　日本向けの仕事をする中で、日本の各産業における物流、生産管理などの業務ノウハウを学んだ。
　日本向けオフショア開発の売上高は、3 年前と比べて 4 割増加した。また、SIer 向けの仕事とエンドユーザ向け仕事の比率は、3 年前は 6 対 4 だったが、今は 7 対 3 である。

　筆者の調査結果によると、これらの中国ソフトウェア企業は、日本向けの仕事を通じて、ソフトウェア開発におけるプロジェクト計画の立て方、プロジェクト管理の仕方、品質管理の仕方、日本の各産業の業務ノウハウなどを学んだ。そのことが、中国ソフトウェア企業の生産性上昇や品質管理技術向上を促した。
　したがって、オフショア開発に伴う技術移転により、中国企業の技術力が上昇している。つまり、オフショア開発は、中国企業の技術力上昇をもたらしているのである。
　日本企業が外国企業（あるいは、外国に設立した日本企業の子会社）へ業務委託をするとき、それがモノづくりであってもソフトウェア開発であっても、日本からの技術移転が必要となることが多い。なぜなら、技術移転がなければ、その最終製品を使う日本の顧客が満足する高品質なものを、外国企業が作ることができないからである。よって、外国企業へ業務委託をすれば、必然的に技術流出が生じる。それゆえ、オフショア開発により、外国企業の技術力向上が起こったのである。

(2)　中国企業と日本のエンドユーザの直接取引
　また、以上の調査結果は、中国企業が日本のエンドユーザと直接取引をしていることを示している。しかも、オフショア開発の売上高と直接取引の比率から、直接取引の売上高を計算すると、どの企業でもその値が増えていることが分かる。このように、SIer を通さないオフショア開発が生じている。
　これにより、日本のエンドユーザは、日本の SIer に発注する場合よりも、

発注価格を低下させることができる。また、中国ソフトウェア企業は、SIerを通じて受注する場合よりも、受注価格が高くなり、しかも一件の仕事における業務量が拡大する。つまり、SIerから仕事を受注するときは詳細設計から単体テストまでといった業務が多かったが、直接取引であればシステム開発の全体を受注できる。

上記の中国企業はいずれも、Neusoftグループ（東軟集団有限公司）のような日本のソフトウェア業界で広く名の知れた企業ではないにもかかわらず、直接取引を増やしている。このことは、日本において中国企業への信頼が高まっており、その結果、日本のソフトウェア企業抜きのオフショア開発が珍しいことではなくなったことを意味する。言い換えれば、中国企業による脱下請け化が進行しつつある。

なお、直接取引をする中国企業は、日本に支店や子会社・グループ会社を持っている。よって、エンドユーザのシステムに不具合が起これば、翌日にエンドユーザを訪問して不具合を修正するといったことが可能である。一方、日本に支店などを持たない中国企業は、システムの不具合が起きたとき、翌朝の飛行機で中国から日本へ行くなどして対応している。

(3) 直接取引がなされる理由

以上説明した、中国ソフトウェア企業と日本のエンドユーザの直接取引がしばしばみられるようになってきたのには、技術に関する3つの原因がある。

1. 中国企業の技術力上昇。これにより、中国企業に任せても、日本のSIerとほぼ同じ水準の仕事が出来る。そのため、価格の低い中国企業への発注が増加することとなる。
2. 日本のSIerの技術力低下。これにより、SIerへ業務を委託する誘因が低下している。
3. 汎用系システムの管理ができるエンジニアが日本に不足していること。

1. と2. についてはすべに述べたので、3. について説明しよう。業務システムは、汎用系システムとオープン系システムに分かれる。汎用系システムではCOBOLなどの言語を、オープン系システムではJava、C、Visual Basicなどの言語を使用する。オープン系システムに使われる言語に比べて、汎用系システムに使われるのは古い言語なので、現在日本の大学などでは教えられていな

い。このため、日本のエンドユーザが汎用系システムを使っている場合、それを管理していた従業員が定年などにより退職すると、その会社がシステムを修正したり管理したりすることが難しくなる。さらに日本のSIerでも、同じ理由により、それを出来る人が不足している。

中国でも、汎用系システムに使われる言語を大学で教えていない点は日本と同じである。ところが、中国のソフトウェア企業は従業員にその習得を命じるので、多くの中国人エンジニアが独学などにより習得する。この結果、中国企業は日本のエンドユーザから汎用系システムの修正や管理の業務を受注できる。つまり、中国企業の経営姿勢や中国人エンジニアの旺盛な向上心が、エンドユーザとの直接取引を増やすよう作用したのである。言い換えれば、中国企業は、汎用系システムに用いる言語を学び、そのシステムの管理技術を身に着けるという技術力向上を通じて、日本のエンドユーザから受注をしているのである。

また、直接取引が見られるようになったのは、上記の技術的原因に加えて、エンドユーザのコスト意識の変化もその一因である。日本経済が1990年代以降長期的に停滞しているなかで、多くのエンドユーザが、システム開発のコストを抑制したいと考えるようになってきた。加えて、経営と情報システムとの関係が密接になることにより、エンドユーザがシステム投資における費用対効果を強く意識するようになった。そのため、低価格を提示する中国企業への発注が選好されるようになったのである。

まとめると、日本企業の技術力低下と中国ソフトウェア企業の技術力上昇は、中国ソフトウェア企業と日本のエンドユーザの直接取引を生み出すよう作用する。実際にこうした直接取引は徐々に広がりつつある。特に、日本の中小ソフトウェア企業がエンドユーザから受注して仕事が、中小ソフトウェア企業を経由せずに、エンドユーザから中国企業へ直接発注されている。この動きが今後拡大すれば、日本の中小ソフトウェア企業の経営に大きな悪影響を与えることとなる。

5　オフショア開発のもたらす影響

(1)　ソフトウェア開発に関するグローバル化の展開

以上説明した内容は、経済のグローバル化について考える上で大きな示唆を持つ。日本企業は、オフショア開発による開発委託により、中国企業と協力関

```
┌─────────────────────────────────────────────┐
│   日本企業と中国企業の協力                    │
│   →日本企業の技術力低下と中国企業の技術力上昇  │
│   →日本市場における日本企業と中国企業の競争   │
│   →日本市場における価格下落圧力              │
└─────────────────────────────────────────────┘
```

図 2-4　ソフトウェア開発に関するグローバル化の展開

係を築くことで収益を上げようとしてきた。ところが、その行為が日本企業の技術力低下と中国企業の技術力上昇をもたらした。この結果、中国企業が日本のエンドユーザと直接取引をするようになり、日本市場において日本企業と中国企業の競争が生じる。そしてこの競争が、日本市場において価格下落圧力を発生させる。これが、ソフトウェア開発に関する、日本が中国との間で推し進めてきた経済活動のグローバル化の展開である（**図 2-4**）。つまり、日本企業は、中国企業への技術指導により、将来の自分のライバルを育てたのである。

(2) 中国企業の技術力上昇がもたらすメリット

中国企業の技術力上昇は、日本に大きなメリットをもたらす。第1に、オフショア開発を行う日本のIT企業にとって、パートナーである中国企業の技術力上昇は、中国企業に委託する業務（例えばコーディングや単体テスト）の品質が向上することを意味する。これは、委託する側にとって極めて望ましいことである。第2に、日本のエンドユーザにとって、日本のソフトウェア開発市場に参入する中国企業の技術力が向上することは、発注先に関する選択肢が増えるとともに、従来よりも高品質または低価格のサービスを享受できることを意味する。このことは、エンドユーザの業務効率化や、その結果としての業績改善を促進する。第3に、業績が改善したエンドユーザが、設備投資を拡大させれば、それは日本経済の活性化につながる[7]。

(3) 技術力低下への対策の必要性

しかし同時に、中国企業と日本のエンドユーザの直接取引増加は、日本企業の技術力低下をさらに加速させる可能性がある。というのは、直接取引の拡大により、日本のSIerは、これまで以上に厳しい競争のなかに置かれることとなる。特に、中小SIerは、外国企業を相手に厳しい生存競争に直面すること

になろう。1990年代以降、日本のソフトウェア開発の市場価格は大きく低下した。この状況下で、さらなる競争の激化及び価格低下に直面することは、ソフトウェア産業に従事する労働者の待遇を悪くすることを通じて、業界イメージを悪化させる。それが優秀な人材の確保を困難にするからである。

このため日本企業は、技術力低下への対策をとるべきである。特に、技術力低下が著しい若手社員の技術力をどう向上させるかが喫緊の課題である。よって、まずは自社内の開発の機会を増やすべきであろう。これは、短期的には生産コスト上昇となる。しかし、それを長年避けてきたために技術力低下が起きたのであるから、敢えて実行する必要がある。

また、日本のSIerがエンドユーザからの受注を獲得し続けるためにはどうすべきであろうか。かつてのSIerは、顧客の求めるシステムを作ればよかった。現在のSIerは、顧客の抱える課題を解決するための提案をすることを求められる。さらに、今後のSIerは、顧客の収益を高める仕組みを顧客と一緒に考案することが求められる。これを行うためには、ITの知識だけでは不十分である。SIerは、顧客の業務に関する知識とITの知識の両方を持ったうえで、顧客の将来の課題を予測しそれを解決することが必要であろう。

注

1）『日経コンピュータ』2011年3月3日号、p. 95。
2）ちなみに、日本の1人当たりGDPは、1993年に3万5008ドルで世界第2位だったが、2006年に3万4252ドルで世界第18位となり、順位後退が話題となった。
3）国税である法人税だけでなく、地方税を含めた、法人企業にとっての実質的な税負担率。
4）実際の取引価格は、その業務の難易度などに応じてこの表の値よりも高い場合と低い場合が存在しており、その幅が大きい場合もあることに注意する必要がある。また、この調査を実施したのは2013年なので、中国やベトナムにおける現在の価格は、この表の価格よりも2割以上上昇していると思われる。
5）発注用ドキュメント作成費用や日本人スタッフの出張費用などの間接経費。
6）2005年に技術ビザをもつ中国人は1万1981人、インド人は2298人いた［日本統計協会 2006：表5.3］。そのほとんどは、おそらくソフトウェアエンジニアであろうと思われる。
7）アメリカにおいて、オフショア開発や海外へのIT関連業務のアウトソーシングの拡大により、IT関連の雇用が減少した。その一方、各産業では、オフショア開発などにより経費削減が実現したので、新規投資を拡大させた結果、雇用が増加した。Global

Insight［2004］の試算によれば，2003 年に，オフショア開発などによって失われた雇用が 10 万 4000 人，生まれた雇用が 19 万 4000 人であるため，9 万人の純増であった。
8）日本銀行のデータによれば，日本のソフトウェア開発の単価は，1992 年半ばから 2012 年末までの間に 16％低下したが，2013 年より上昇に転じた。

参考文献
（日本語文献）
掛下哲郎［2005］「佐賀の IT 戦略は教育から」『情報処理』46(7)。
経済産業省・文部科学省・厚生労働省編［2007］『2007 年版ものづくり白書』ぎょうせい。
経済産業省・文部科学省・厚生労働省編［2013］『2013 年版ものづくり白書』経済産業調査会。
ジェトロ編［2005］『米国・アジア新国際分業先駆する米国企業に何を学ぶか』ジェトロ。
情報処理推進機構 IT スキル標準センター［2008］「IT 人材市場動向予備調査　報告書」情報処理推進機構。
高橋秀典［2011］「突き抜けていく IT エンジニアとは？　〜IT プロフェッショナルの道を究めんとする人へのアドバイス」5 月 11 日（http://el.jibun.atmarkit.co.jp/skillstandard/2011/05/itit-5233.html、2018 年 7 月 18 日閲覧）。
田中克己［2007］『IT 産業崩壊の危機──模索する再生への道のり──』日経 BP 社。
日本政策投資銀行ワシントン駐在員事務所［2005］「米国企業の Offshoring（オフショアリング）の進展とその影響」（http://www.dbj.go.jp/japanese/download/br-report/was/074.pdf、2008 年 2 月 29 日閲覧）。
日本統計協会［2006］『日本の統計 2007』日本統計協会。

（欧文献）
Global Insight［2004］*The Impact of Offshore IT Software and Services Outsourcing on the U.S. Economy and the IT Industry*, Massachusetts, Global Insight Inc.

（中国語文献）
中国軟件産業発展研究報告編委会編［2004］『中国軟件産業発展研究報告 2004 年版』中国軟件行業協会。

第3章

バブル経済の発生とアメリカの圧力

高橋信弘

　1990年代初頭、日本のバブル経済が崩壊し、長期的な不況に陥った。それから約30年後の今日でも、日本の経済成長率は多くのアジア諸国やアメリカに比べて低い。その大きな原因は、多くの人が将来に対する不安を持っており、よって貯蓄をしようとする結果、消費が増えないからである。つまり、日本は現在でも、バブル崩壊の後遺症を引きずっているのである。

　では、バブル経済はどのようにして起こったのであろうか。バブル経済は、日本銀行や政府自民党による政策がきっかけとなった。そして、その背景には、それらの政策を実行するよう促したアメリカによる圧力が存在する。つまり、アメリカによる圧力と、それをはねのけることができなかった日本側の弱さが、バブル経済発生の大きな原因である。さらにアメリカは、バブル崩壊後も日本に圧力をかけ続けた。

　日本にとって、アメリカは長年に渡り最大の貿易相手国であった。日本の輸出に占める米国向けの比率は、3割以上という時代が長く続き、バブル経済が始まる1986年には38.9％に達した。加えて、日本は防衛面でも、日米安全保障条約に基づいて国防をアメリカに大きく依存している。そのため、日本はアメリカに対して強い態度をとりにくかったのである。

　本章は、バブル経済の前後の時期にアメリカが日本に対しどのような態度をとったのかを描き出すことを通じて、アメリカの外交姿勢について検討することとする。アメリカがどういう論理で圧力をかけたのかを理解することは、当時の日本がどのような政策をとるべきだったのかを考えるうえで極めて重要である。

1 バブル経済の発生に対するアメリカの影響

本節では、1980年代後半にバブル経済が発生する過程において、アメリカがどのような影響を及ぼしたかのかを考えてみよう。

(1) プラザ合意

1980年代前半、アメリカのレーガン大統領がとった経済政策（いわゆるレーガノミックス）により、アメリカの国内金利が上昇した。そのため、外国からアメリカへの投資拡大に伴うドル買いにより、ドル高が進んだ。つまり、各国の投資家や企業などが、金利の高い米国の債券等を購入するために、円やポンド等を売りドルを買ったので、為替レートが円安ドル高やポンド安ドル高等となったのである。

レーガン大統領就任直前の1981年1月19日には、1ドル=202.80円であったが、翌1982年10月には1ドル=277.15円となった。ドル高は、アメリカからの輸出を不利にし、そして輸入品価格を低下させることで、輸入品と競合する産業をも不利にする。この影響や高金利などによりアメリカは不況に陥り、失業率が上昇した。

その後、ドルは220円台に戻るものの、1984年春以降、再びドル高が進み、1985年2月に1ドル=263.65円となる。すると、アメリカ企業の国際競争力からみて不自然なドル高に対し、アメリカ政府内にも反省が強まった。このため、9月22日ニューヨークで行われた5大国（米英仏独日）蔵相・中央銀行総裁会議（G5）において、ドル高を是正する合意がなされた。この合意は、プラザ合意と呼ばれる。翌23日、各国中央銀行は、各外国為替市場においていっせいにドル売りの協調介入をはじめた。

(2) 急激な円高

ドル高を許さないという各国政府の強い意向の現れを受けて、市場では、ドル安が進むという強い予想が発生した。そのためドル売りが増加し、ドルは急激に下落した。プラザ合意直前の1985年9月20日には1ドル=242.53円であったが、1986年1月、1ドルが200円を切るドル安となった。

これは、各国政府にとって予想外のことであった。というのは、G5の場で

配られた非公式文書には、ドルの「10～12%の下方修正」が意図されていたからである。しかも、その後もドルの下落は止まらず、1988年1月4日には、1ドル＝120.45円となる。つまり、2年あまりで2倍の円高になったのである。

急激な円高が進んだ理由は、人々の予想が変化したことである。多くの人が、当時の為替レートはドルが高すぎると感じていた。ここで政府が介入してドル売りをはじめたので、当然ドル安が進むと人々は予想した。ドル安を予想するならば、いまもっているドルを売らないと損失をこうむるため、ドル売りが増加する。その結果、ドル安になる。さらにドル安が進むのではないかという予想が生じる。したがって、

　　ドル安の予想→ドル売り増加→ドル安→さらなるドル安の予想→ドル売り
　　増加→ドル安→……

という循環が起こり、急激なドル安が進んだわけである。

わたしたちの生活では、現実から将来を予想するのが普通である。例えば、今日の天気図を見て、明日は雨が降ると予想するのは、今日の天気図と同じような天気図だった日の翌日に雨が降ったことが多かったという現実に基づく。したがって、現実→予想という因果関係である。しかし上記の例では、ドル安を予想した結果、みんながドルを売ったので、実際にドル安になった。つまり、予想→現実という因果関係である。これは、経済現象においてしばしば起こることである。後述のように、1980年代後半の日本の株式市場では、株価が上がると予想した結果、みんなが株を買ったので、実際に株価が上がった。また地価も、同様の理由で上昇した。

(3) 不況の到来

急激な円高は、日本の輸出企業に大きな打撃を与えた。なぜなら、円高により、輸出企業の収入が減少したからである。例えば、1ドル＝240円の時には、輸出による1ドルの売り上げにつき240円がその企業の収入となる。ところが、1ドル＝120円の時には、輸出による1ドルの売り上げにつき120円しか収入が得られない。多くの場合、これほどの円高になると、そのまま輸出をしても赤字になってしまうため、輸出の際の販売価格（ドル建て）を上昇せざるを得ないこととなる。そして販売価格を上昇させれば、販売数量が減少する。そう

なれば、生産量の減少により雇用が減少するほか、企業の利益が減少する。中には、経営が悪化して倒産する企業もあった。これにより日本は不況に陥った。

2 アメリカによる内需拡大要求

(1) 内需拡大要求の意図

　日本政府は、アメリカ政府に対し、ドル安を抑制する政策をとるよう要請した。しかしアメリカは、日本の経常収支黒字が大きすぎることを理由に、日本への協力を拒否した。逆にアメリカは、日本に内需拡大（内需とは、民間消費、民間投資、政府支出）を求め、その実現のために財政支出の拡大を要求したのである。

　アメリカによる内需拡大要求の意図を説明しよう。一国の経済において、輸出をX、輸入をM、民間貯蓄をS、民間投資をI、政府支出をG、政府収入（税収）をTとすれば、以下の(3.1)式が成立する（この式の導出については付論参照）。なお、経常収支とは、貿易収支（財の輸出額−輸入額）、サービス収支（サービスの輸出額−輸入額）、所得収支（利子・配当収入の受取額−支払額）などの合計である。

$$X - M = (S - I) - (G - T) \quad (3.1)$$
経常収支　　民間貯蓄超過　　財政赤字

その国の内需拡大は、以下の効果を持つ。

① 政府支出（G）が拡大すれば、財政赤字（G−T）が拡大する。
② 政府支出拡大により景気がよくなると、民間投資（I）が拡大するので、民間貯蓄超過（S−I）が減少する。
③ 財政赤字が拡大し、民間貯蓄超過が減少すれば、経常収支の黒字額が減少する。

　こうしてアメリカは、日本の経常収支黒字を減少させるために、日本に内需拡大を要求した。その背景には、アメリカの経常収支赤字が、1986〜87年に対国内総生産（GDP）比で3％を超える水準にまでいたったことがある。そこでアメリカは、自国の経常収支赤字を減らすために、日本の経常収支黒字を減らそうとしたのである。ところが日本にとっては、内需拡大の要求に応えて、

政府支出を拡大させようとすれば、赤字国債の発行を増やさなければならない。日本の大蔵省は、すでに国債の発行残高がかなりの大きさになっていたので、新たな赤字国債発行に反対した。

(2) 公定歩合引き下げ

　日本が赤字国債発行を拒否したことは、アメリカを怒らせた。1986年2月17日、1ドル＝179円台へと達したとき、ベーカー財務長官は、「秩序さえあれば、もう一段のドル安も不快だと思わない」と発言した。この発言は、プラザ合意の「ドル高是正」より踏み込んだ「ドル安容認」発言として、人々に強い印象を与えたため、3月には、1ドル＝175円を突破するドル安円高となった。

　そこで政府・日銀は、3月18日より、外国為替市場において円売りドル買いを始めたが、円の上昇は続いた。日本政府はしかたなく、この年に3兆円、翌年に6兆円の大型経済対策を行うという、財政支出拡大による景気刺激策をとった。つまり、かつて拒否したはずの財政支出拡大を、せざるをえなくなったのである。こうしたなか、1986年8月頃には円高が止まり、1ドル＝150円台で推移する。そして10月以降円は下落して、160円台へ戻る。

　ところが1987年初頭、再び円高ドル安が進む。すると1月8日、ベーカー財務長官は、外国為替市場に介入してドル安を止める意思のないことを発言する。この発言を受けて、さらに円高が進んだ。

　1月21日、宮沢喜一大蔵大臣はベーカー財務長官に対し、アメリカに円高抑制の協力を取り付ける交換条件として、公定歩合（中央銀行が民間銀行に貸し付けを行うときの金利）引き下げを約束した。こうして2月以降、日本銀行は公定歩合の引き下げを繰り返した。5％だった公定歩合は、2.5％になった。

　1987年2月、G7（G5に、イタリア、カナダが加わる）が開かれ、為替安定についての合意（ルーブル合意）が成立し、これ以上のドル安を防ぐよう協調して政策をとることが確認された。しかし、それにもかかわらず、ドル安は止まらなかった。

　3月27日、欧米市場において、1ドル＝147円台に突入する。これは日本の生命保険各社が、いっせいにドル売りを行ったためである。各社はアメリカ国債を大量に保有していたが、円高で大きな評価損をこうむったので、決算期

を前にその評価損を抑えるために、ドル売りを行ったのである。その後、日銀は円売りの介入を行ったが、円高の動きは止められなかった。そして1988年1月には、1ドル＝120円台に突入する。

(3) 西ドイツの対応

当時、西ドイツも貿易黒字が大きかった。このためアメリカは、西ドイツへも政策金利引き下げを要求したが、ブンデスバンク（西ドイツの中央銀行）は拒否した。ドイツは、第一次世界大戦と第二次世界大戦の間の時期に、極度のインフレによって経済が混乱した苦い経験を持つ。よってブンデスバンクは、戦後一貫してインフレを極力防ぐ金融政策をとっていた。ゆえに、インフレにつながる可能性のある金利引き下げに対して、アメリカから何をいわれようが拒否したのである。

西ドイツは、日本と同じように、アメリカに対して貿易黒字があった。さらに、西ドイツにはアメリカ軍の基地がいくつもあり、東西冷戦構造のなかで国防をアメリカに依存しているという点でも、日本と似たような状況にあった。だが、アメリカへの対応は、日本と正反対であった。

3 バブルの発生と崩壊

(1) バブルの発生

こうして、日本は財政支出を拡大するとともに、公定歩合を引き下げた。さらに、外国為替市場において円売りドル買いの市場介入を行った。日銀が公定歩合を引き下げれば、銀行の貸し出し金利などの市場金利が低下する。また、日銀が円売りドル買いの市場介入を行えば、民間銀行がドルを売って円を買うので、民間銀行の保有する円の金額が増えることを通じて、通貨供給量（マネーサプライ）が増加する。よって、低金利とマネーサプライ拡大により、日本経済は金あまり状態となって、民間企業による投資が急増した。

この結果、不況から一転して、好景気となった。これが、いわゆるバブル経済である。この時期、マネーサプライ増加率は異常なほど高かった。だが日銀は、消費者物価が上昇していないとして、マネーサプライの増加を放置した。すると、企業が銀行融資を受けて不動産購入を活発化させたため、地価が高騰した。さらに、その価格高騰する土地を担保に銀行が企業に融資し、この資金

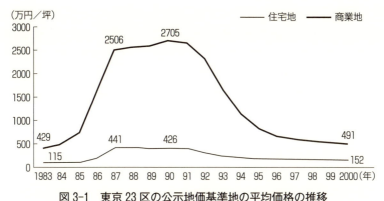

図 3-1 東京 23 区の公示地価基準地の平均価格の推移

(出所) エンドウ・アソシエイツ「バブル以降の東京都の土地価格の推移」(http://www.yendo.co.jp/story_03_03.html、2018 年 4 月 8 日閲覧)。

をもとに企業が多額の投資を行ったため、工場やビル、レジャー施設などの建設ラッシュが起きた。これが景気を過熱させた。また、人々の所得も増加したため消費が急増し、特に高級ブランド品や外車が多数売れた。

図 3-1 にあるように東京 23 区において、住宅地と商業地の価格は、1985 年から 1987 年までの 2 年間に、いずれも 3.3 倍に急騰している。明らかなバブルである。

株式価格も高騰した。日本の株式市場の代表的な株価指標である日経平均株価は、1986 年末には 1 万 8701 円だったが、1989 年 12 月 29 日に史上最高値となる 3 万 8957 円を記録した。つまり、3 年で価格が 2 倍になったのである。

株価高騰の原因は、景気が良かったことだけではない。多くの人が、株価が上昇するだろうと予想して株を購入すると、株価が上昇したので、更なる株価上昇を予想して再度購入すると、またしても株価が上昇するということが続いたことがその原因である。株価のあまりの急騰のため、借金をしてまで株式を購入した人も少なくなかった。同様に、地価が上昇した理由の 1 つも、こうしたメカニズムであった。

このように、株式や土地は投機の対象となり、値上がりを予想して購入し高い値段になったところで売却しようと考える人々や企業による取引が増加した。これ以外にも、ゴルフ会員権や絵画なども投機の対象となった。また、1989 年 10 月に三菱地所がニューヨークのロックフェラーセンターを約 2200 億円で買収するなど、その影響は海外にまで及んだ。

(2) バブルの崩壊

　日本政府は、地価の過度な高騰を抑制するため、1990年3月に民間銀行の貸し出し額に制約を与える総量規制の通達を出すなどの政策を実施した。これらの政策は、地価高騰を止めることとなった。

　加えて、価格上昇の予想と現実のくり返しによって価格が高騰する状態が、永久に続くことはあり得ない。価格が異常なほどに高くなると、今度は逆の動きが起こる。つまり、価格が下がるのではないかという予想が起こり、そのために売却し、よって価格が下がることが繰り返される。これにより、価格は急激に下落する。日経平均株価は、1992年8月19日に1万4194円となった。これは、1989年12月29日の3万8957円と比べて、3年足らずで3分の1の価格になったことになる。地価も同様に急落した。すると、土地や株式を保有していた企業や人々に大きな損失が生じる。特に、借金で購入していた場合には、多額の負債を抱えることとなる。その結果、損失をこうむった企業は新しい機械の導入などの投資を減少させ、また損失をこうむった人々は消費を減らす。この動きが大きくなれば、社会全体において投資や消費の拡大が止まる。そして投資については、逆に減少し始めるのである。

　その結果、1990年の実質経済成長率は5％を超えたが、その後の消費はさほど伸びなかった。一方で、銀行から多額の融資を受けてバブル期に過大な投資をした企業は、その借金の返済が大きな重荷となった。そうした企業は、社員の給料を減らすとともに、新規採用数を抑制した。このため、高校や大学などを卒業しても就職できない人が急増した。また、赤字経営となり、コストダウンのために社員を辞めさせる企業も少なくなかった。よって不安心理が広がり、消費がさらに滞る。こうしてバブル経済は崩壊し、不況へと突入したのである。

　この不況の中で、銀行への借金の返済ができなくなる企業が続出した。その結果、倒産してしまう企業も多々あった。通常、銀行は、企業が返済できなくなれば、担保である土地などを取り上げる。ところが、バブル崩壊後、地価が急落したため、土地を取り上げてもその価格が融資額を大きく下回り、よって融資額を回収できず、大きな損失を抱えたのである。

　バブル経済は、景気拡大が持続した1986年12月から1991年2月までの51カ月間とみなされるのが一般的である。つまりバブル経済は、終わってみると4年あまりの短い期間でしかなかったが、当時は多くの人が、この好景気は

10年以上続くと思っていた。だからこそ、数多くの企業や銀行が、いまとなっては無謀ともいえる投資や融資を行ったのである。

(3) バブル経済発生における政策の失敗

このように、バブル経済の発生の原因は、政策判断の錯誤である。なかでも最も責められるべきものの第1は、日本銀行である。マネーサプライ増加率が異常に高かったにもかかわらず、日本銀行はそれを放置し、バブル経済を誘発したのである。

責められるべき第2は、政府・自民党である。アメリカの要請を受けて1987年から公定歩合を引き下げるとともに、好景気にもかかわらず国債を大量に発行した。そもそも、政府の役割は、景気が悪いときに財政支出を拡大し、景気が良いときに財政支出を削減して、景気変動を平準化することである。しかも、好景気によって税収が増えているので、当時すでに巨額であった国債発行残高を減らす絶好の機会だったのである。ところが政府・自民党は、国債を大量に発行して道路などをつくり続け、景気をさらに過熱させた。その結果、国債発行残高を減らすどころか、毎年増やし続けたのである。[1]

他方、内需拡大により、日本の経常収支黒字は減少した。1986年の経常収支黒字額は対GDP比4.2%の14.9兆円であったが、翌年以降の黒字額は減少に転じ、1990年には対GDP比1.3%の5.6兆円となる。これはまさに、アメリカの思惑の通りであった。

4　日米経済協議

以上のように、1985年以降ドル安が進行するとともに、内需拡大によって日本の経常収支黒字額が大幅に減少した。ところが、皮肉にも、このことがアメリカのさらなる対日圧力を生み出すこととなる。プラザ合意後、アメリカの対ヨーロッパ貿易収支は、1987年には300億ドル近い赤字だったが、4年後には100億ドルを超える黒字となる。しかし同期間に、アメリカの対日貿易赤字額は、531億ドルから386億ドルへと、3割近く減ったにすぎなかった。

するとアメリカでは、ドル安により対ヨーロッパ貿易赤字が解消されたのに、対日貿易赤字が解消されないのは、日本の「異質性」のためであるとの認識が強まった。つまり、対日赤字が解消されない原因は、日本の閉鎖的な市場制度、

不可解な商慣行や流通機構、官と民の癒着、系列、談合といった経済システムにあり、これによって外国企業が日本市場から排除されているので、この経済システムを改善しなければ、アメリカ企業の競争力を維持することができないとの考えが広がったのである。そのため、1989年より日米構造協議がはじまった。これは名目的には日米双方の法規制などを互いに協議するものであったが、実質的にはアメリカが日本の経済システムの変革を迫るものであった。これに続いて、1990年代には様々なテーマで経済協議がさかんに行われることとなる。

(1) 日米包括経済協議（1993～95年）

日米包括経済協議では、交渉開始の際、アメリカが、日本の経常収支黒字をGDPの1～2％以内に削減するとともに、各分野において、市場開放のための数値目標（例えば輸入金額の最低目標額）を定めるよう要求した。日本の反対で、経常収支に関する数値目標は設定されなかったが、個別分野では「両国政府によって評価される関連情報ないし関連データからなる一連の客観的な基準」を設けることで妥協した。

1年あまりにおよぶ交渉の結果、政府調達分野（具体的には電気通信と医療機器）における輸入促進、保険市場での外資の参入促進、板ガラス市場での輸入促進が同意された。しかし、自動車・自動車部品の輸入促進は合意されず、1995年8月までもち越された。

(2) カンター代表の書簡

当時、アメリカの通商問題担当部署であるアメリカ通商代表部（USTR）のカンター代表が『日本経済新聞』に宛てた書簡がある。そこに書かれた日本と欧米諸国の輸入シェア（市場における輸入品の比率）などをまとめたのが表3-1である。

カンターによれば、日本経済は他の先進国とは明らかに異なったやり方で運営されている。日本市場において外国企業のシェアが極端に低いのは、企業のもたれあいの慣行や政府のいきすぎた規制が、新規参入を阻害しているからである。したがって規制や手続きの変更のみでは、日本特有の障壁をなくすことはできない。包括協議の目的は、客観的な基準を設けて、その進展を得ることである。これは、生産コストを下げたい日本の生産者や、安くて質の高い製品

表 3-1　日本と他の G7 諸国（米英仏独伊加）の輸入シェア

(%)

	日本	他の G7 諸国
製品輸入額の対 GNP 比	3.1	7.4
生産的投資に占める外国直接投資の比率	0.7	欧州 37.9、米国 22.0
電子通信機器市場における輸入シェア	5	25
保険市場における外国企業シェア	2	10〜33
自動車市場における輸入車のシェア	3	35〜56
自動車部品市場における輸入シェア	2	16〜60

（出所）カンターの書簡（『日本経済新聞』1993 年 12 月 20 日付）より筆者作成。

を買いたい日本の人々の共通の願いでもある。貿易障壁を取り除くことは、日本の貿易黒字を減らすことにもつながる、というわけである（『日本経済新聞』1993 年 12 月 20 日付）。

このようにカンターは、外国企業のシェアが低い理由は、①民間における不透明な取引慣行、②官僚が参入を阻止していること、であると論じている。よって日本市場の閉鎖性を打破するためには、規制を緩和するのみでは効果はない、数値目標を設けてそれを実現させるというところまで行わなければ、日本の貿易障壁をなくすことはできない、と主張したのである。

カンターの主張は、当時のクリントン政権のかかげた「結果重視の経済政策」に基づいている。ここでの「結果」とは、日本が関税低下や規制緩和を行うといった政策の変更をするだけでは不十分で、日本市場への輸入が何億ドル増えたという結果が出なければならない、という意味である。よって、数値目標をかかげて、それが実現できなければ、包括通商・競争力強化法スーパー 301 条によって相手国に制裁・報復を加える、というのがクリントン政権の交渉姿勢であった。

(3) アメリカの主張と日本の反論

しかし、はたしてカンターの主張は正しかったのか。それを、自動車を例にとって考えてみよう。当時、日本ではアメリカ車の輸入が増えなかった。アメリカ側は、日本にある様々な規制がその原因だとしている。例えば、輸入車の登録の手続きには、大きな時間と費用がかかる。このことが、輸入車購入にか

かわるコストを押し上げ、よって輸入車販売を阻害している。また、日本の自動車ディーラーは外国車の販売をしているが、日本の自動車メーカーとディーラーとの間には系列関係（生産・販売・資本などによる企業間の結合関係）があり、よってディーラーが日本車の販売を優先するので、そのことがディーラーの自由な活動を妨げている、というわけである。

　しかし、これには反論が存在する。アメリカ車は 3000 cc 以上の車が中心で、かつ、1990 年代に入り右ハンドルの車種が一部導入されたものの、ほとんどは左ハンドルである。つまり、アメリカメーカーは日本の消費者が欲しいと思う車をつくっていないのである。現に、ヨーロッパ車は、右ハンドルの車を販売し、またドイツの BMW などは、日本で独自の販売網を築くために多額の投資をしてきた。それゆえに、ヨーロッパ車の販売は増加している。こうして日本側は、アメリカメーカーの対日販売努力の不足を強調した。

　その他の財についても、アメリカ側は、日本におけるメーカー・卸業者・小売業者の系列関係や、リベート（販売額が多い小売店や卸業者に対し、特別な報酬を与える）というアメリカにはない商慣行などが、外国製品の販売を排除しているなどと主張した。たしかに、日本におけるメーカーと卸業者などの関係は対等ではなく、一方が強い場合がしばしばみられる。しかし、外国製品に対する意図的な排除がはたして存在しているかどうかについては、確固たる証拠はない。つまり、アメリカの主張は客観的根拠に欠けるものであった。

　数値目標に対しては、アメリカの経済学者からも批判が起こった。クリントン政権が日本に対して貿易不均衡是正の数値目標を要求したのに対し、コロンビア大学のバグワティ教授らが、日米首脳に対し公開書簡を送った。その内容は、「管理貿易は世界経済全体に対し有害である」として、クリントン大統領に数値目標の要求撤回を迫る一方、細川首相にも拒否を貫くよう強く求めるものであった。教授は「日本の経常黒字は、貯蓄に比べて投資が小さ過ぎることが原因」として、輸入障壁など日本の特殊性だけを強調する対日批判は間違っていると指摘した。さらに、「数量目標は、政府の介入強化につながり、細川政権が掲げる規制緩和に逆行する」と論じている。また、分野別の輸入拡大目標設定についても、「こうした措置をいったん導入すれば、欧州共同体（EC）も同様の措置を日本に要求する。対象分野の拡大も避けられなくなり、管理貿易を世界全体に広げる恐れがある」と警告している。アメリカの著名な経済学者 40 名がこの書簡に署名したが、この書簡はクリントン大統領から無視され

てしまった。

(4) 日米自動車・同部品協議の決着

日米包括経済協議のなかでも、日米自動車・同部品協議については、①日本におけるアメリカ製部品の調達拡大、②日本市場でのアメリカ製車両取り扱い拠点数の拡大、③日本の補修部品市場の規制緩和、という内容で、1995年8月に決着した。

この決着にいたる以前、アメリカは、日本の部品購入に関する数値目標を導入するよう、圧力をかけてきた。数値目標を受け入れない場合は、包括通商・競争力強化法スーパー301条を使って日本製高級車の輸入に100％の関税をかけると脅してきたのである。これに対し日本側は、アメリカの一方的な制裁措置はWTO違反だとして、WTOに提訴する覚悟であった。

ここで、日米ともに譲歩しなければ、日本製高級車のアメリカへの輸出に関税がかけられ、輸出がストップしてしまう。そこでトヨタ自動車は、自主的に部品購入を増やす計画を作成した。すると、アメリカが数値目標を設定するという要求をとり下げた。こうして決着となったのである。

当時も現在もアメリカは、日本にとって最大の輸出先である。つまり、最大のお得意様である。そのアメリカからの圧力に、日本は屈してしまったのである。

(5) 日米移動電話交渉（1993年12月～94年3月）

当時の携帯電話には、アナログ式とデジタル式があり、アナログ式には、NTT方式（日本独自）とモトローラ方式（北米方式）が存在していた。

1985年、日米市場分野別協議（MOSS）のテーマに移動電話があげられ、アメリカは、日本でもモトローラ方式が採用されるよう要求し、日本も合意した。

1989年、アメリカは、モトローラ方式が日本で採用されていないことがMOSS合意違反だとして、通商法301条に基づく制裁品目を発表した。それを回避するために、日本政府（郵政省）は、日本移動通信（IDO）に対し、モトローラ方式の採用を強く求めた。さらに、モトローラ方式の携帯電話システムへのIDOの投資を増やすという日米合意が結ばれた。

1993年12月、アメリカは、「モトローラ方式の携帯電話システムへのIDO

の投資が少ないのは 89 年の日米合意違反」として、制裁をちらつかせながら改善を要求した。

　この要求は、不当なものであった。モトローラ方式のシステムを拡大するには、無線基地局（1 基が数億円する）を増設しなくてはならず、巨額の設備投資は IDO にとって大きな負担となる。IDO は私企業なので、その経営方針に政府が口出しすること自体が、本来おかしなことである。にもかかわらず、1994 年 3 月、日米は合意にいたった。その合意内容は以下の通りである。

　IDO の実施すべきこと：
　　① IDO に割り当てられたＮＴＴ方式自動車電話用周波数 8 メガヘルツのうち、1.5 メガヘルツを北米式自動車電話用として使用する。
　　② 基地局 159 局、チャンネル数 9900 の設備を、18 カ月以内に建設する。
　　③ モトローラ方式自動車電話事業の販売施策を講じる。
　日本政府のすべきこと：
　　IDO の計画の達成を把握し見届ける。

　こうして、IDO は基地局を多数建設することに同意した。この結果、モトローラ方式の利用者には、利用地域が拡大して便利になる。他方、NTT 方式の利用者にとっては、周波数が減り、利用できるチャンネル数が減少するため、地域や時間帯によっては通話に支障が出る恐れがある。

　さらに、モトローラ社には、IDO への基地局設備の販売により、数億ドルの収入増が見込まれる。他方、IDO は基地局建設で 330 億円、周波数変更で 80 億円の負担を強いられることとなった。IDO にとって投資額が大きすぎ、自己資金では賄えないので、増資をして、大株主のトヨタ自動車、東京電力などに引き受けてもらうほか、郵政省の推薦で日本開発銀行の低利融資を受けることとなった。

　ここで重要なことは、IDO にとって不利な合意がどうしてなされたかである。交渉の過程で、IDO は、巨額の負担増となるアメリカ側の要求を拒み続けた。そこでアメリカ側は、日本政府（郵政省）に IDO を説得させ、さらに、合意内容の実施について、日本政府に監視させた。このため IDO は、数年は赤字に転落するにもかかわらず、政府による援助があるから倒産はないだろうという見込みのもとに、合意したものと思われる。つまりアメリカ政府は、日本の官僚の力を利用して、日本市場におけるアメリカ企業の販売拡大を実現さ

せたのである。

　なお、IDO の大株主であるトヨタ自動車は、この問題でこじれると、自動車の対米輸出に制限が加えられることを恐れた。そのことも、合意にいたった原因の1つであると考えられる。

(6)　アメリカの外交姿勢

　このように、日本に対するアメリカの主張は、交渉ごとにまったく異なるものであった。アメリカは、日米包括経済協議においては、日本の官僚が日本市場への参入を阻んでおり、よってそれを排除すべきだと主張した。ところが、日本市場への参入は思うように進まない。そこで日米移動電話交渉においては、そのことを逆手にとって、日本の官僚の力を利用して日本市場への参入を促進したのである。

　ここに、アメリカの外交姿勢をみることができる。アメリカ政府は、自由競争が最も望ましいと主張し、外国市場には閉鎖性が存在している、あるいは、外国政府がその国の市場に不当に介入しているために自由競争が実現できない、と批判する。ところが、批判するだけではアメリカ企業がその国の市場で販売量を増やすことができないと判断すると、今度はアメリカ政府が市場に介入する。つまり、外国に対し輸入量などへの数値目標を要求し、それが実現できなければ制裁・報復も辞さない、という姿勢で交渉に臨んでくるわけである。その結果、外国に対し自主輸入拡大（VIE：Voluntary Import Expansion）などの措置を認めさせる。VIE は、自由競争の趣旨とまったく相反するものであるにもかかわらず、アメリカは、VIE が「貿易や外国との競争を増やす」 [Tyson 1992：邦訳 410] という目的のために必要であると主張する。言い換えれば、そこまでしなければその国の貿易障壁をなくすことはできないと考えているのである。

　実際のところ、WTO などの国際機関による調査からは、日本において外国製品が意図的に排除されているという客観的証拠はほとんど得られていない。日本市場において外国製品が売れない理由は、その企業が日本の消費者の買いたいと思うものをつくらないから、あるいは、販売網の構築などの販売努力が不足していることであろう。事実、外国企業のなかには、日本の消費者の嗜好を研究し、そして販売網を地道に構築しているものが少なくなく、そういった企業の製品は売れている。また、日本の取引慣行が欧米とは大きく異なる、あ

るいは不透明だ、という批判があるが、取引慣行はその国において歴史的に形成された文化であり、外国にとやかくいわれるべきものではない。日本政府は、毅然とした態度で外交交渉に臨むべきである。

付論　経常収支の値はどうやって決まるのか

　国内総生産（GDP）とは、国内における財・サービスの生産において生じた付加価値の合計であると同時に、それは、賃金や利潤などの形で家計、企業、政府のいずれかの部門に分配される。さらに、それは購入された財・サービスの合計額であるので、つまり支出されているのである。よって、生産面、分配面、支出面からみた国内総生産（GDP）は等しいので

$$\text{生産面からみた GDP} \equiv \text{分配面からみた GDP} \equiv \text{支出面からみた GDP}$$

という恒等関係が成立する。これを三面等価の原則と呼ぶ。

　上記の恒等式を、記号を使って表現する。GDPをY、民間消費をC、民間貯蓄をS、民間投資をI、政府収入（税収）をT、政府支出をG、輸出をX、輸入をMとすれば、次の恒等関係が成り立つ。

$$Y = C + S + T \quad \text{〔生産面、分配面からみた GDP〕}$$
$$ = C + I + G + X - M \quad \text{〔支出面からみた GDP〕}$$

ここから　$C + S + T = C + I + G + X - M$　より

$$\underset{\text{経常収支}}{X - M} = \underset{\text{民間貯蓄超過}}{(S - I)} - \underset{\text{財政赤字}}{(G - T)}$$

という関係が得られる。左辺のX－Mは、輸出から輸入を引いた値であり、経常収支に相当する。これは、貿易収支（財の輸出額－輸入額）、サービス収支（サービスの輸出額－輸入額）、所得収支（利子・配当収入の受取額－支払額）などの合計である。また右辺のS－Iは、民間部門における貯蓄と投資の差であり、これは貯蓄・投資バランス（ISバランス）と呼ばれる。そしてG－Tは政府の財政赤字である。つまり、国民経済計算において、経常収支は、民間部門における貯蓄・投資バランスと財政赤字の差に等しい。

　この式において、X－M、S－I、G－Tは、一方が他方を決める因果関係で

はなく、互いに影響を与える相互依存関係にある。つまりこの三者は、それ自身が様々な要因で変化し、かつ、自分の変化によって互いを変化させる。数学的に言えば、この三者は同時決定される。ゆえに貯蓄・投資バランスは、貯蓄と投資の変動だけでなく、経常収支と財政赤字の変動の影響を受ける。

2016年におけるこの式の各項は以下の値である。[2]

日本	X − M	=	(S − I)	−	(G − T)	
	21.1		43.5		22.4	（兆円）
	経常収支黒字		貯蓄超過		財政赤字	
アメリカ	X − M	=	(S − I)	−	(G − T)	
	−79.4		−34.2		45.2	（百億ドル）
	経常収支赤字		投資超過		財政赤字	

なお、この年のGDPは、日本が538.4兆円、アメリカが18.6兆ドルである。また、上記において、財政赤字の値は、一般財政だけでなく年金なども含んだ、中央政府及び地方自治体の収支の合計額である。

ここから分かるように、日本もアメリカも巨額の財政赤字を抱えている。しかし、日本では民間部門が貯蓄超過のため、経常収支が黒字であるのに対し、アメリカは投資超過のため、経常収支赤字である。

アメリカ人のなかには、現在の巨額の経常収支赤字について、その大きな原因は中国に対する巨額の貿易赤字であり、対中貿易赤字の原因は、中国政府が外国為替市場を操作し、人民元の対ドル為替レートを低い水準にしているからであると考える人が少なくない。しかし、アメリカ連邦準備理事会のグリーンスパン議長（当時）は、2005年の講演において、人民元の為替レートが上昇しても、米国の「輸入先が中国からタイやマレーシアなどほかの地域に移るだけで米貿易赤字は縮小するわけではない」と述べている。[3] つまり、アメリカの経常収支赤字や貿易赤字を縮小させるためには、アメリカが自国の財政赤字を削減する取り組みが不可欠である。それをせずに、他国の経常収支黒字や対アメリカ貿易黒字を減少させたとしても、それだけでアメリカにとっての問題が解決されることはないのである。

注
 1）国債発行残高は、1985年度末の134.4兆円から、1991年度末には171.6兆円へと増

加した［増井編 1998：第Ⅰ.3.1図］。
2）財政赤字は、中央政府、地方政府、社会保障基金の合計であり、IMF, *World Economic Outlook Database*, October 2017 による。日本の経常収支については、財務省の資料による。また貯蓄超過は、経常収支と財政赤字の値から計算した。
3）『日本経済新聞』2005年5月21日付夕刊。

参考文献
（日本語文献）
増井喜一郎編［1998］『図説日本の財政　平成10年度版』東洋経済新報社。
（欧文献）
Tyson, L. D. [1992] *Who's Bashing Whom?: Trade Conflict in High Technology Industries*, Washington DC, Institute for Andrea International Economics（阿部司・竹中平蔵訳『誰が誰を叩いているのか』ダイヤモンド社、1993年）.

第4章
日本農業へのグローバル化の影響

高橋信弘

　日本の農業は弱体化しつつある。多くの農家は所得が低く、そのことが大きな原因で若い人が農家を継ごうとしない。よって農家は高齢化していく。そして高齢の農家が引退すると、その土地がしばしば耕作放棄地となる。こうして農業人口が減少するとともに、耕作放棄地が拡大している。ここで考えなくてはならないのは、なぜ所得の低い農家が増えたのか、あるいは、農業で生計を立てることが昔よりも難しくなってきたのはなぜなのか、という点である。その原因は、日本の国民がコメや野菜を以前ほど食べなくなったという需要減少や、政府による農業政策の失敗といった国内の問題だけではない。もう1つの大きな原因は、経済のグローバルである。すなわち、安価な外国産農産物の輸入が拡大したことが、国産農産物の価格を低下させ、日本の農家の経営を悪化させたのである。では、外国産農産物の輸入が拡大したのはなぜだろうか。その究極的な原因は、日本の工業の発展にある。つまり、工業の発展が、農業を弱体化させたのである。したがって、日本の農業について考えるためには、農業だけを見るのではなく、農業以外の産業が農業に及ぼした影響を理解しなければならない。

1　日本の農業の現状

　現在、日本の農業人口は減少しているとともに、高齢化が進み、耕作放棄地が拡大している。農業を主な仕事とする人の数は、1990年には基幹的農業従事者だけで293万人いたが、2017年において基幹的農業従事者151万人に加えて農業法人の常用雇用者などが十数万人程度であり[1]、1990年に比べて約4割も減少している。また基幹的農業従事者の平均年齢は、2017年において66.7歳である。そして耕作放棄地は、2010年において40万haとなり[2]、滋賀

表 4-1　日本の農産物の生産額及び輸出入額

(億円)

	1990 年	2000 年	2010 年	2015 年
農業総産出額	114927	91295	81214	87979
輸　入	41904	39714	48281	65629
輸　出	1616	1685	2865	4431
総産出＋輸入－輸出	155215	129324	126630	149177

(出所) 農林水産省 [2016b；2016c] より筆者作成。

県とほぼ同じ面積である。

　自民党の農林水産業骨太方針策定プロジェクトチーム（小泉進次郎委員長）は、2016 年に公表した試算において、基幹的農業従事者と常時雇用者を合わせた農業就業者数が、2010 年の 219 万人から、2025 年に 163 万人、2050 年には 108 万人に減少するとの見通しを示した。この結果、「このままでは国内農業の持続可能性が危機的な状況になる」と判断し、経営層の育成だけでなく、外国人やロボットなどの活用が必要と論じている。

　農業生産額も長期的にみると減少傾向にある。**表 4-1** は、農産物の生産額及び輸出入額の推移である。農業総産出額とは、穀物、野菜、畜産などの生産額の合計額である。そのピークは 1984 年の 11.7 兆円であり、その後減少を続けて 2010 年に 8.1 兆円となった。ただし、翌年より増加傾向にあり 2015 年には 8.8 兆円である。[3] 一方、輸入額は長期的に拡大傾向にあり、2015 年には農業総産出額の 75％に匹敵する値となった。また、生産＋輸入－輸出は、おおよその国内消費額を表す。この値は、景気が悪化した 2009 年に大きく落ち込んだが、その後増加している。

　日本の食料自給率は、2016 年においてカロリーベースで 38％、生産額ベースで 68％である。このいずれにおいても、多くの西洋諸国に比べて低い値となっている（**図 4-1**）。よって日本政府は、日本の食料自給率を向上させることを政策目標としている。2015 年に政府が閣議決定した、今後 10 年の農業政策の方向性を示す食料・農業・農村基本計画は、食料自給率（カロリーベース）の目標値を 45％としている。

　しかしながら、食料自給率という指標を用いて国際比較をすることに対し、批判も多数存在する。東京大学教授の生源寺眞一は、「食料自給率は農業の問題を考える入り口としては、それなりに有益である」としながらも、バングラ

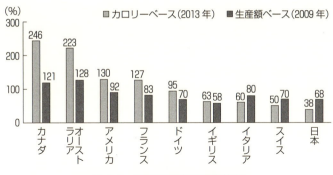

図 4-1　食料自給率の国際比較

（注）農林水産省の試算による。なお、日本については 2016 年度の数値。
（出所）農林水産省 [2017]。

ディッシュと日本における食品の 1 人当たり消費量が大きく異なることを例に挙げて、国家間の食料自給率を比較しても「有益な示唆を引き出すことはできない」と論じている［生源寺 2011：31、50］。また、東京大学准教授の川島博之は、日本の人口 1 人当たり農地面積が欧米諸国よりはるかに小さいことから、「食料自給率が問題にされるとき、必ずと言ってよいほど、アメリカ、フランス、イギリスなどと比較される。しかし、あまりに条件の違う国の数値を並べて、一面的に比べても意味はない」と主張する［川島 2010：19］。

さらに、食料自給率という指標の是非以上に議論になっているのは、食料安全保障の観点からどのような対策をとるべきかである。食料安全保障とは、戦争や大飢饉などにより従来の食料供給ができなくなる不測の事態においても、国内のすべての消費者が安定的に食料を確保できるようにしておくことである。例えば、「日本周辺で軍事的な紛争が生じてシーレーンが破壊され、海外から食料を積んだ船が日本に寄港しようとしても近づけないという事態」［山下 2013：151］が起これば、食料を輸入できない。

農林水産省は、食料安全保障を重視しており、よって先述のように、食料自給率の向上を政策目標として掲げている。これに賛同する意見は少なくない。例えば、東京大学教授の鈴木宣弘は、輸出拡大などによりその方策を論じている［鈴木 2004］。これに対し、東京大学教授の本間正義は、食料の在庫と有事の際に発動する強制的な生産・流通システムを構築しておけば、平和時における食料自給率の低さを問題視する必要はないと論じる。さらに本間は、「堂々

と自国の主張を展開しつつ友好国を増やし、国際協調と国際平和をリードすることこそが、最強の国家安全保障対策なのである」［本間 2006：93］として、日本が平和主義を掲げて各国と友好関係を築く取り組みを日頃から行っていくことこそが、本当の食料安全保障だと主張する。

このように食料自給率と食料安全保障については、様々な議論が存在する。とはいえ、日本の農業の生産性を向上させる必要があるという点は、多くの論者の意見が一致するところであろう。そこで以下では、日本の農業が弱体化した原因を見ていくこととする。

2　農業弱体化をもたらした国内要因

日本の農業が弱体化した原因について、まずは国内の要因からみてみよう。

需要面での大きな原因は、日本人がコメや野菜を食べなくなったことである。コメの国民1人当たり年間消費量は、ピーク時の1962年度に118 kgであったが、2015年度には54.6 kgとなり、53年前の消費量の約46％でしかない。また国民1人当たりの野菜消費量は、1971年度に119 kgだったが、2014年度には92.2 kgとなり、43年前の消費量の約77％である[4]。このように需要が減少すれば、農産物の販売数量が減少し、市場価格も低下するので、農家の所得を減少させるよう作用する。コメの消費量が減少した原因は、主食としてパンや麺類の消費が増えたことである。また、野菜の消費量が減った原因は、コメの消費減少に伴い漬物の消費が減少したことや、野菜を多く消費していた世代が高齢化したことである。つまり、食生活の変化が、コメや野菜の消費量の低下をもたらした。

他方、供給面での大きな原因は、日本の農業政策の失敗である。1961年に公布された農業基本法は、農家の経営規模を拡大させ、農業だけで自立できる経営の実現を目指すものであった。この理念は正しかったが、それを実現させるための政策は、十分に実施されなかった。農家の経営規模を拡大させるためには、離農者を増やし、その結果残った農家の経営規模が拡大することが必要である。しかし、農業人口の減少は、農村を票田とする自民党にとって痛手となる。このため政府は、稲作に関して、離農促進策とは正反対の政策となる、各農家のコメの生産量を制限する減反政策を行った。さらに政府は、1980年代半ばまで、生産者からコメを買い上げる価格である生産者米価を引き上げる

ことにより、コストの高い零細な兼業農家が農業を継続できるようにしたのである。[5]

加えて、日本と欧米諸国では、地理的条件が大きく異なる。**表4-2**の日本以外の国々は平原が広がるのに対し、日本は山岳地帯が国土の大半を占める。よって、欧州並みの経営規模を実現するのは、北海道を除くと容易でない。

以上のような政策の失敗と地理的条件の違いにより、日本の農家の経営規模は、外国に比べて極めて小さい。**表4-2**が示すように、日本の農家の平均経営面積は、オーストラリアの約1300分の1、アメリカやイギリス、フランス、ドイツの数十分の1でしかない。よって日本の農業は、大規模化して生産コストを減少するという点で圧倒的に不利な状況に置かれている。[6]

また、他の政策も、農業の国際競争力を高めるという方向性が欠けていた。その一例が、GATT（関税および貿易に関する一般協定）のウルグアイ・ラウンド後に支出された農業対策費である。1993年に妥結したウルグアイ・ラウンドにおいて、コメを一定量輸入することとなった。そこで、政府は農業対策費として8年間に6兆円を超える予算を投じた。これらの予算は、主に土地改良事業などに用いられた。だが、この予算は農家の競争力強化につながらなかったとの評価が一般的である。しかも、この予算の一部が、温泉の掘削など、本来の趣旨とは全く異なるものに使われるという不可解なことが行われた。さらに、民主党政権（2010年9月〜2012年12月）は、3年間で約1兆6000億円をコメ作りや転作の支援のために支出した。だが、2010〜2012年度の食料自給率（カロリーベース）は3年連続して39％となり、その値を上昇させる

表4-2　農地面積の国際比較

	日本	アメリカ	ドイツ	フランス	イギリス	オーストラリア
平均経営面積（ha）	2.27	169.6	55.8	52.6	78.6	2,970.4
平均経営面積における日本との比率	1	75	25	23	35	1,309
農地面積（万ha）	456	40,345	1,689	2,927	1,733	40,903
国土面積に占める農地の割合（％）	12.2	41.0	47.3	53.3	71.1	52.8

（注）平均経営面積は2010年、農地面積は2009年の数値。日本のみ2011年の数値。
（出所）農林水産省の資料。

ことができなかった。この原因の1つは、水田で大豆や小麦を作ることが難しかったためである。

3 グローバル化の影響その1：工業製品の輸出拡大

(1) 輸入農産物の増加による国産農産物の価格低下

以上の国内要因に加えて、日本の農業を弱体化させた要因として、経済のグローバル化がある。海外から安価な農産物が大量に輸入されることが、日本の農産物の市場価格を低下させ、それによって農家の所得が減少したのである。

なぜ安価な農産物の輸入は増えたのか。その究極的な原因は、日本の工業の発展にある。以下では、それを3つの要因から説明する。

スーパーマーケットへ行くと、国内産のネギと中国産のネギが並んで売られている。その価格は、中国産のネギが日本産の3分の1であるといったことがある。このとき、多くの消費者は、安価な中国産のネギを購入する。すると、国内産のネギの販売量が減少する。その結果、国内産ネギの市場価格が低下し、国内のネギ農家の収入が減少する。つまり、農産物輸入の拡大が、国内産農産物への需要減少を通じてその価格低下を生じさせ、よって農家の収入減をもたらすのである。

第二次世界大戦の直後、日本は、穀物、野菜、肉類など多くの農産物について輸入禁止あるいは輸入数量制限の措置をとっていた。つまり、輸入を認めない、あるいは、輸入量について上限値を設定していたのである。これは、海外から安価な農産物が輸入されれば、日本農業に大きな悪影響を及ぼすので、日本の農家を保護するためである。

ところがその後、日本は農林水産物の輸入自由化を推進してきた。日本は、GATT加盟の5年後の1960年に、121品目について輸入数量制限を撤廃した。その後も同様の政策を続けたため、輸入数量制限の品目数は、1962年の81品目から、1971年の28品目にまで減少した。さらに、1995年には5品目だけとなった［農林水産省 2010b：401］。そして1999年には、コメの輸入数量制限も撤廃した。この結果、海外の安価な農産物の輸入が拡大したのである。

(2) 工業製品の輸出拡大の影響

以上のように、安価な農産物の輸入が増えた最大の原因は、日本が輸入禁止

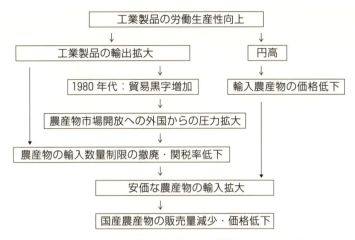

図 4-2　日本の工業の生産性向上が農業へ及ぼす影響
(出所) 筆者作成。

措置や輸入数量制限を撤廃していく政策をとってきたからである。では、日本政府がその政策をとったのはなぜなのか。その大きな理由の1つは、日本の工業製品の輸出拡大である (**図 4-2**)。

　日本の工業の労働生産性が向上すると、製品の価格競争力が高まるので、その輸出額が増加していく。よって、輸入額を増やしても、輸出と輸入の差額である貿易収支が赤字にならなくなった。つまり輸入を増加する余地が生じたのである。すると日本は、工業製品の輸出を拡大したいので、世界の貿易自由化の流れを推進するべく、農産物の輸入数量制限を撤廃していくとともに、関税率を低下させていった。

　さらに、1980年代になり日本の貿易収支の黒字額が増加すると、諸外国は、日本の貿易黒字が大き過ぎると批判し、われわれはこれだけ日本の工業製品を輸入したのだから日本はもっと農産物市場を外国に開放して農産物を輸入すべである、との圧力をかけてきた。その要求に応じなければ、日本の工業製品の輸出拡大に支障が出る恐れがあったため、日本はさらに農産物の輸入数量制限を撤廃していくとともに、関税率を低下させた。

　こうして農産物の輸入に関する規制が緩和され、よって輸入が拡大した。安価な農産物の輸入量が増加すれば、国産農産物の販売量が減少し、その価格が低下する。よって農家の経営が悪化したのである。

その一例として、コメの関税化の経緯を見ていこう。日本は戦後しばらく、コメの輸入を原則禁止し、国内の不作などによりコメの供給量が足りなくなった時のみ、韓国やタイなどから輸入するという政策をとっていた。
　一方で、日本は長年に渡り、GATTやWTO（世界貿易機関）など、多国間の貿易自由化交渉に参加してきた。この交渉により、各国は多くの工業製品に関して、輸入数量制限を撤廃し、また関税率を引き下げた。そのため日本は、工業製品の輸出が増加するという恩恵を受けた。だが同時に、諸外国から、農産物の輸入を厳しく規制していることを強く批判された。
　このため、1993年にGATTのウルグアイ・ラウンドが妥結した際、日本はコメについてミニマム・アクセス（最低輸入義務）を受け入れざるをえなくなった。よって1995年よりコメの国内消費量の4％を輸入するとともに、輸入量を毎年少しずつ拡大した。つまり、輸入禁止から、一定量の輸入を認める輸入数量制限へと移行したのである。そして1999年には、輸入数量枠をなくし、関税化へ移行した[7]。これにより、関税さえ払えばどんな量でも輸入できることとなったのである。
　日本のコメの関税率は778％である。これは、100円のコメを輸入するとき、輸入業者は日本政府に対し778円の税金を払わなくてはならないことを意味する。したがって、国内販売価格は、関税を上乗せした878円となる。これほどの高い関税を課すのは、安価な外国産のコメが国内市場に入ってくることを防ぐことで、国内のコメ農家を保護するためである。しかしながら、ほかの農産物については、関税率がこれよりも低く、そしてその値が徐々に引き下げられてきた。現在、キャベツや、ほうれんそう、トマトなど、多くの野菜の関税率は3％である。また、リンゴ17％、ソーセージ10％、マグロ3.5％、輸入ワイン1リットル当たり125円または15％のいずれか低い方、アイスクリーム21～29.8％、砂糖328％、小麦252％、大麦256％などとなっている。
　こうして、工業製品の輸出拡大に伴い、日本政府が輸入数量制限の対象品目を減らし、また関税率を低下させたことにより、安価な輸入農産物が大量に小売店の店頭に並ぶようになった。これが、農家の所得が低下していった大きな要因である。

図 4-3　円の対ドル為替レートの推移

(注) 1965 年 6 月～2017 年 12 月における 6、12 月末の値。
(出所) IMF および日本銀行のデータをもとに筆者作成。

4　グローバル化の影響その 2：円高

　安価な農産物の輸入が増えた第 2 の理由は、円高である。円の対ドル為替レートは、1971 年半ばまで 1 ドル＝360 円だったが、現在は 1 ドル＝100 円前後になっており、過去 40 年で 3 倍以上の円高となっている（図 4-3）。つまり、長期的に円高が進んでいる。円高になれば、輸入品の国内販売価格が低下する。例えば 1 ドル＝200 円から 1 ドル＝100 円へと円高になれば、円での輸入価格は半分になる。価格が低下すれば、輸入農産物の国内販売量が拡大することとなる。

　日本で長期的に円高が進むのは、工業の労働生産性向上が原因である。このことを説明しよう。

　そのためには、購買力平価（PPP：Purchasing Power Parity）という概念が有用である。購買力平価とは、2 つの国における物価水準から計算される為替レートである。分かりやすくするために、ハンバーガーの例をあげてみよう。2007 年 7 月において、マクドナルドのビッグマックの価格は、日本で 280 円、アメリカで 3.41 ドルである。

$$\text{ビッグマックに基づく購買力平価} = \frac{\text{日本での価格} 280 (\text{円})}{\text{アメリカでの価格} 3.41 (\text{ドル})} = 82.1 (\text{円}/\text{ドル})$$

　ビッグマックの購買力平価は、日本の価格（円）とアメリカの価格（ドル）

を同じにする為替レートであり、1ドル＝82.1円となる。つまり、アメリカで1ドル分のハンバーガーを消費するのと同じ購買力を日本で実現するためには、82.1円が必要ということである。このように、購買力平価とは私たちが計算から導き出した為替レートであり、外国為替市場において決まる現実の為替レートではない。

購買力平価の概念が分かったところで、貿易財の価格を用いて購買力平価を計算してみよう。貿易財とは、文字通り、貿易可能な財の価格である。貿易財には、繊維製品、鉄鋼、自動車、機械、農産物などが含まれる。一方、土地は非貿易財である。また、床屋やレストランなど、サービス業の多くも非貿易財である。そこで、ここでは貿易財のみに注目し、その平均価格を日米で計算し、そこから購買力平価を導出する。

図4-4は、1973年を基準時点にして、日米の貿易財の購買力平価と、実際の為替レートの値の推移を描いたものである。この図が示すように、10年以上の期間でみれば、実際の為替レートは、貿易財の購買力平価に沿って動いている。つまり、「円高の長期的な趨勢は、貿易財（国際取引される財）についての購買力平価（PPP）の動きで決まっている」のである［吉冨 1998：189］。

貿易財の購買力平価はなぜ円高になっていったのかについて考えてみよう。この値は、日本の貿易財価格（円）をアメリカの貿易財価格（ドル）で割った値である。

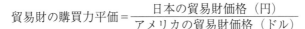

$$貿易財の購買力平価 = \frac{日本の貿易財価格（円）}{アメリカの貿易財価格（ドル）}$$

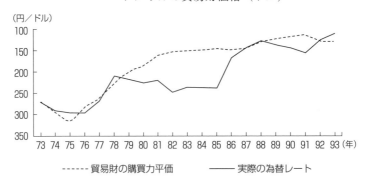

図4-4　貿易財の購買力平価と実際の為替レートの推移

（出所）大蔵省［1994：第3-1-1図］。

この値が低下する（つまり円高になる）ということは、日本の貿易財の価格が、アメリカの貿易財の価格に比べて低下していることを意味する。この「変化を生み出した最大の要因は、日本の輸出財産業における著しい労働生産性上昇であった」［吉川 1999：105］。労働生産性とは、1人の労働者が生み出す付加価値の金額である。労働生産性が高いほど多くの財が生産されるので、1製品当たりの生産コスト（単価）が下がり、よって財価格も低くなる。つまり、日本の労働生産性上昇率がアメリカよりも高かったため、日本の貿易財価格の上昇速度がアメリカの貿易財価格に比べて遅くなり、よって、購買力平価が低下したのである。

　したがって、長期的に円高が進んだのは、日本の輸出財産業における労働生産性の上昇率がアメリカよりも高かったからである。すなわち、日本の輸出企業による品質向上とコストダウンの取り組みが、円高をもたらしたといえる。

　このことは、日本の輸出企業にとっては、必ずしも喜ばしいことではない。なぜなら、輸出企業は、円高による売上金額の低下に苦しめられてきたからである。そこで、利益を上げるためにコストダウンを図り、自社製品の価格を下げようとつとめてきた。ところが、多くの輸出企業が価格を下げたため日本の貿易財全般の物価水準が低下し、円高がさらに進んだわけである。つまり、円高を克服するための取り組みがさらなる円高を招くという、皮肉な結果がもたらされたのである。

　これに加えて、ある産業の生産性上昇率によって円高が進むとき、その速度についていけない他の産業は競争力を失うことになる。歴史的にみれば、鉄鋼産業における生産性上昇が円高を招くことによって繊維産業が国際競争力を失い、その後、自動車産業や電気機械産業における生産性上昇が円高を招いたことによって、今度は鉄鋼産業が国際競争力を失った。

　このように、長期的な円高が進んだのは、日本の輸出財の大半を占める工業の生産性上昇率が高かったからである。一方、日本の農業も、品種改良や栽培方法の進歩、機械化などを通じて、戦後ずっと生産性の向上に取り組んできた。その結果、例えばコメの単位面積当たりの収穫量は上昇してきた。しかしながら、農業が工業と同じだけの生産性上昇率を実現するのは難しい。それゆえ、円高によって輸入農産物価格が低下するにつれて、その輸入額が増加し、よって国内生産が減少することとなったのである。

　以上の内容をまとめると、日本の工業の労働生産性が向上したことが、工業

製品輸出の拡大と円高を生み出した。それが、農産物輸入を拡大させ、よって国内産の農産物の売上金額の減少や価格低下をもたらした。したがって、工業の発展が農業を弱体化させたのである。

円高によって輸入農産物の価格が低下し、国産農産物との価格差が拡大することに対し、多くの人は、日本の農業の国際競争力が低下したという表現を使う。この表現は、農業の生産性向上の遅さを批判する意味合いを持つ。しかし実際には、農業の生産性向上が遅かったというよりも、農業よりも工業の方が生産性向上が速かったことが、農業の国際競争力の低下をもたらしたと考えるのが適切である。

こうして輸入数量制限が撤廃されていき、また関税率の引き下げや円高が進むと、輸入農産物に関するビジネスが活性化してくる。その1つが開発輸入である。農産物の開発輸入とは、日本の商社や大手スーパーなどが、日本向け野菜の栽培を中国農家に委託し、それを輸入することである。開発輸入のある事例では、日本の商社が、中国の農家に対し、品種や、肥料、農薬などを指示して大量の野菜を生産してもらい、それを日本へ輸入する。中国の農家の人件費は日本よりも低く、また、広大な大地で大量生産しているため、日本産よりも安価な費用で生産できるのである。

5　グローバル化の影響その3：地域貿易協定

(1)　地域貿易協定の影響

安価な農産物の輸入が増えた第3の理由は、地域貿易協定である。日本は現在、多くの国との地域貿易協定を結び、互いの輸入規制を緩和している。これにより日本は、地域貿易協定を結んだ国からの農産物輸入を拡大しているのである。

その一例として、2005年4月に発効した、日本とメキシコとの間の経済連携協定（EPA：Economic Partnership Agreement）を取り上げる。EPAとは、互いの輸入規制を緩和する国家間協定である。日本とメキシコとのEPAにおいて、メキシコは、日本からの自動車輸入に無関税輸入枠を設定した。その結果、日本からメキシコへの自動車輸出額は、2005年4～12月に前年同期比42％増となった。他方、日本もメキシコの農産物の輸入関税を削減・撤廃したので、メキシコから日本へのオレンジ果汁輸出額は、2005年4～12月に前年

同期比 46％増となった。つまり EPA により、日本の工業製品輸出が拡大し、同時に、農産物輸入が拡大したのである。こうして日本は、2002 年から 2016 年までに、メキシコを含めて 14 カ国及び ASEAN（東南アジア諸国連合）との間で EPA を発効させた。さらにその後も、いくつかの国と交渉中である。

　また、日本は、多国間の地域貿易協定に積極的に参加している。その１つである、12 カ国が参加した TPP（環太平洋パートナーシップ協定）交渉においては、様々な貿易障壁を削減させることで合意した。その後アメリカが離脱したが、残り 11 カ国（日本、カナダ、メキシコ、ペルー、チリ、オーストラリア、ニュージーランド、シンガポール、マレーシア、ベトナム、ブルネイ）は 2018 年 3 月に合意の署名式を行った。11 カ国のうち 6 カ国が批准をするとその 60 日後に発効する。日本も批准を終えており、他国も次々と批准をしているので、この協定は早ければ 2019 年明けにも発効する見込みである。農林水産省の試算では、農業生産額は約 900〜1500 億円減少すると見込んでおり、特に影響が大きいのが、牛肉（約 200〜399 億円）、豚肉（約 124〜248 億円）、牛乳・乳製品（約 199〜314 億円）である。この数字が示すように、日本が地域貿易協定に参加することで、日本の農業が、大きな損害をこうむることは明白である。

(2) 日本が地域貿易協定を結ぶ理由

　なぜ政府は、こうした地域貿易協定を結ぶのか。

　第１の理由は、経済成長の追求である。つまり、地域貿易協定を通じて相手国の貿易障壁を低くし、日本の工業製品の輸出拡大を通じて、経済成長率を高めようとしているのである。ただし、地域貿易協定を結ぶ際には、相手国にもメリットがないといけないので、日本は農産物の輸入規制を緩和しているのである。いわば、日本の農業は、工業品輸出を拡大させるための犠牲となったのである。

　この政策判断を理解する上で重要なことは、日本における工業と農業の規模の違いである。2016 年の日本の GDP（国内総生産）において、製造業は 21.2％、農業は 1.0％と大きな差がある。よって、製造業が 1 ％拡大すれば GDP が 0.2％増加するのに対し、農業が 5 ％縮小しても GDP 減少は 0.05％である。したがって、経済成長率を高めるという観点からは、GDP において比率の大きい製造業を拡大させるのが効果的である。地域貿易協定を締結すれば、

日本から工業品などの輸出が増加することによるGDP拡大の効果が、農産物の輸入が増加して農産物の生産額が減少することによるGDP縮小の効果を上回り、結果としての日本のGDPが拡大することが予想されるので、それを実施すべきと判断したわけである。

　第2の理由は、地域貿易協定を締結し農産物輸入を拡大することが、日本の農業に競争圧力をもたらすことへの期待である。学習院大学教授の伊藤元重は、TPPへ賛成の立場から、以下のように論じた。「海外との競争が激しくなり、競争力のない農業者が撤退していけば、彼らの利用していた農地がより競争力のある農業生産者に集まることになる」、「農業者の中にもプロ農家から兼業農家まで多様な農家がある世界では、農産物を自由化して競争を高めると農地などが競争力の高い生産者へ集中していき、農業は全体として以前よりも競争（力：引用者による加筆）を増すという結果が出てくるのだ」[伊藤 2015：89]。つまり、外国産の安価な農産物の輸入が拡大し、よって経営の悪化した農家が土地を手放せば、経営効率の高い農家がその土地を入手することになる。するとその農家の規模が拡大し、よって経営効率がさらに高まり、その生産コストが低下するので、安価な外国産農産物に対抗できる安価な国産農産物を提供できるようになる、という主張である。

　また、競争圧力は、生産者の意識を変えるという意味もある。かつて、山形県の農家は、さくらんぼの輸入自由化の反対を訴えていた。だが、輸入が自由化されると、それによる競争圧力が品質向上をもたらし、結果的に山形県のさくらんぼ出荷額は拡大している。したがって、保護政策がその効果をもたないときには、むしろ貿易を自由化して、比較優位をもつ他産業に資源を集中するとともに、農産物市場における競争圧力を高めることが効果を持つ場合がある。

　しかしながら、貿易自由化がなされれば競争力が必ず向上するというわけではない。急激な農産物貿易の輸入自由化は、農産物の市場価格の低下を通じて、多くの農家の収入を減少させ、地域経済の停滞をもたらすだけに終わる可能性もある。第2節で説明したように、日本の農家の経営規模は諸外国に比べて極めて小さい。農家の生産性を高めるために、農地を流動化させ、規模拡大を誘導する政策が必要となる。農地の流動化がスムーズに行われるためには、税制や補助金などにより小規模農家が土地を手放すことのメリットを高める政策的な仕組みが必要である。そうした総合的な政策のなかの1つとして、貿易自由化による競争圧力を位置づけるべきである。

第3の理由は、国際協定はしばしば、国内構造改革を実行するための手段として用いられるという点である。つまり、政府は、国際協定締結を理由にして、国内の強い反対を押し切って政策を実行することがある。
　TPP の是非について、法政大学教授の真壁昭夫は次のように述べている。「わが国がＴＰＰに参加する場合、様々な分野で関税の段階的な低下や、安価な海外商品の流入が一層加速することが予想される。それが現実になると、国内の企業や農業部門の生産者は、そうした変化に対して対策を打つことが必要になる。（中略）大切な点は、外からの圧力で、わが国の経済の仕組みやシステム、さらには企業のビジネスモデルを変えることが求められることだ。あるいは、農業の分野でも、効率性を高めて農産物の価格競争力を高める工夫を求められることになる。それが、わが国経済にとって重要な改革の後押し役を果たすことを期待する」［真壁 2011］。言い換えれば、TPP への参加により競争が激化することを理由に、その競争に耐えられるよう、国内の生産や流通のシステムを変えるべきという主張である。

(3) 中国からの農産物輸入へのセーフガード

　地域貿易協定以外にも、政府が、工業製品輸出を優先したため、農産物の輸入拡大を防げなかった事例がある。2001 年 4 月、日本では、ねぎ、生しいたけ、いぐさ（畳表の材料）の 3 種類の農産物に関して、200 日間の輸入量が急増した。そこで政府は、ある一定量を超えると、その時点から高い関税を課すというセーフガードを実施した。
　セーフガードは、ある財の輸入が短期間に急増し国内産業に大きな損害回復を与えうるときには、緊急措置としてその財の輸入を制限するためのもので、WTO の規定で認められている措置である。ところが、このセーフガード実施に中国政府が反発し、報復措置として、日本からの自動車、エアコン、携帯・自動車電話に対する関税率を大幅に引き上げ、事実上、それらの製品の輸入を止めてしまった。結局、中国産農産物 3 品目の対日輸出が 6 億円減ったのに対して、日本製 3 品目の対中輸出は 60 億円の減少になった［厳 2003：99］。その後、日本政府は、中国政府の報復措置を WTO に提訴せず、また 200 日間が過ぎてから次のセーフガードも実施しなかった。

6 今後の農業政策に向けて

　最後に、今後の農業政策について考えてみよう。

　農業は、食料生産以外にも重要な役割を果たしている。例えば、水田は洪水を防ぐ機能をもつ。山間部に水田が存在しなければ、大雨の際に洪水が発生する恐れがある。こうした食料生産以外の役割を、農業の多面的機能という。具体的には、洪水・土砂崩壊の防止、生物多様性の保全、地域社会の維持活性化、伝統文化の保存等々があげられる。ある報告書は、農業の多面的な機能に対する評価額が年間約8兆円にのぼると試算している［三菱総合研究所 2001］。そのなかには、山、森、川、水、土、大気などといった社会的共通資本が含まれる。[8]これらは、地域の人々が長い歴史を通じて守り続けてきたものであり、後世に残さなくてはならないものであるといえよう。

　また、農業は食料安全保障の観点からも重要である。戦争や大飢饉の災いが国内の消費者に降りかかる可能性は、外交や貿易などの努力をどれだけしてもゼロにはできない。よって、食料の輸入ができない場合を想定し、平時からそれに備えることが必要である。

　さらに、グローバル競争の条件は決して対等とはいえない。例えば、日本、アメリカ、EUはいずれも、補助金によって農業を保護している。よって、日本とアメリカの間に貿易協定が結ばれて、日本が農産物への関税率を引き下げれば、アメリカ政府から補助金を受けて生産された穀物や肉類が日本に輸入されることとなる。つまり、アメリカ政府の補助金によって日本の農業が打撃を受けるのである。

　それゆえ、日本の農産物輸入の自由化は、慎重に実施すべきである。今後も農産物輸入の自由化が続けば、多くの農家が経営困難になりそして地域経済が停滞するだけでなく、農業の多面的機能が失われる。さらに、食料安全保障の観点からも、日本の置かれた状況が悪化する可能性を持つ。よって、農業の果たすこれらの役割を十分理解したうえで政策決定をしなければならない。

　同時に、日本農業の活性化策をとる必要がある。本章で述べた理由により、農業の弱体化が進んでいくことは日本にとって望ましくない。工業の発展が農業の弱体化の原因を作ったことや、平均規模などにおいて海外と日本では農業の置かれた環境が大きく異なる点を考慮すれば、社会全体が農業活性化に取り

組むべきである。

　一方で、日本政府が膨大な債務を抱えている現状では、政府がその財政支出を減らしていくような取り組みが求められていることも事実である。将来世代の税負担を減らすために、いかにして政府の財政支出を減らしていくかは、日本にとって、農業の活性化と同じ程度に重要な課題である。

　したがって私たちは、農業への財政支出をできるだけ減らしつつ、農業の活性化を実現しなければならないという極めて難しい問題に直面している。言い換えれば、農業に関して、短期的に財政支出が拡大するのは仕方がないにせよ、長期的には財政支出が減少するような状態へ移行するのが望ましい。

　そのためには、農業の生産性を高めて、少ない補助金でも操業できるよう経営を改善することが求められる。その際に必要なことは、資源配分を効率化し、競争力を持つ経済主体である農家や農業法人に土地や資金、人材といった資源を集中させることである。通常の産業であれば、市場における競争によって、競争力のない経済主体は市場から撤退し、結果として競争力のある経済主体に資源が集中する方向へ進むこととなる。ところが、それがスムーズに進まないならば、政策によってその方向へ進むよう誘導するべきである。逆に、政府の補助金があるおかげで競争力のない経済主体が多数存在している状態は、資源配分の効率化の観点から望ましくないだけでなく、税金投入が固定化してしまう点で望ましくない。

　また、農業の生産性を高めて少ない補助金でも操業できるようになるためには、各経済主体が自主性に基づく取り組みを続け、特色ある経営をすることが必要となる。そうした意味でも、参入や退出を妨げる制度的要因を取り除き、意欲の高い経済主体が参入したり経営規模を拡大したりするのを促すことが求められる。今後、農産物への輸入関税が低下すれば、農産物の輸入は増加するであろう。よって、日本の農家は、生産コストを下げると同時に、付加価値の高い農産物を作らなくてはならない。そのためには、日本の農産物の特徴である、安全性、優れた味覚、見た目の美しさを持つ農産物を生産することや、食品加工業者、流通業者と連携して新鮮な食材を消費者に短時間で届けたり地域色の豊かな商品を開発したりするなど、各農家が創意工夫していくことが期待される。さらに、その取り組みが地域経済の活性化につながるような仕組みをつくれば、多くの人の協力を得られるため、より多くのアイディアと資金を使った取り組みとなるであろう。

コラム　日本の農家の所得

農家の所得がどの程度なのかを知るために、水田作について、兼業農家など、農業以外の収入が農業収入より多い経営体も含んだ統計を見てみよう。

水田作に関して、農業所得は、全国平均で 52.6 万円でしかない。農家や農業経営体の収入は、これ以外に、農業生産関連事業所得が 0.8 万円、農外所得が 168.7 万円、年金等が 224.7 万円となり、総所得は 446.8 万円である。なお、畑作について、農業からの所得の平均値は 272.3 万円である。

このように農業所得が低いのは、零細な兼業農家を含んでいるからである。規模を拡大するほど、農業所得が高くなる。

農林水産省「2015 年農林業センサス」によれば、販売目的の水稲作の経営体について、1 ha 以下が 69％を占めるのに対し、15 ha 以上は 0.9％となっている。つまり、日本の農家の大半は零細農家である。その多くは、兼業農家や、元会社勤務の高齢の農家である。

毎年、農家の戸数は減少している。廃業する農家の多くは、こうした零細な農家である。廃業した農家の農地は、競争力のある経営体に売られる、あるいは貸し出される。その結果、農業に関する経営体の平均耕作面積は拡大している。つまり、現在、日本の農家の平均規模は拡大傾向にある。

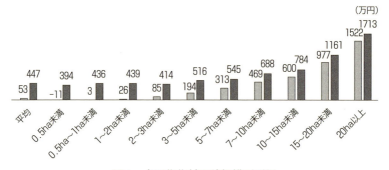

図1　水田作作付面積規模別所得

（注）農業所得：左グラフ、総所得：右グラフ
（出所）農林水産省「平成 27 年個別経営の営農類型別経営統計」を基に筆者作成。

注
1) 2010 年において農業法人の常用雇用者と経営者は 14 万人である（『農業協同組合新

聞』2011 年 6 月 21 日）。
2）農林水産省［2010a］による。
3）増加の原因として、肉類の価格上昇、政策的な米価の下支えなどがある。
4）農林水産省「食料需給表」による。
5）生産者米価は 1980 年代半ばから横ばいとなり、1990 年代後半から低下している。
6）ただし畜産や北海道畑作では、欧州並みの規模拡大がなされている。
7）その時点で関税化に移行すれば、高い関税を設定する権利があったため、輸入数量枠を拡大していくよりも有利だと判断したことが、その理由である。
8）社会的共通資本とは、一国あるいは一地域に住む人々が、豊かな経済生活を営み、優れた文化を転嫁し、魅力ある社会を持続的、安定的に維持することを可能にする自然環境や社会的装置である［宇沢 2010：10］。

参考文献
伊藤元重［2015］『伊藤元重が語る TPP の真実』日本経済新聞出版社。
宇沢弘文［2010］「TPP が社会的共通資本を破壊する――農の営みとコモンズへの思索から――」、農文協編『TPP 反対の大義』農文協。
大蔵省［1994］『平成 6 年度経済白書』大蔵省印刷局。
川島博之［2010］『「食料自給率」の罠――輸出が日本の農業を強くする――』朝日新聞出版。
厳善平［2003］「中国アグリビジネス」、佐々木信彰編『現代中国ビジネス論』世界思想社。
生源寺眞一［2011］『日本農業の真実』筑摩書房。
鈴木宣弘［2004］「食料自給率向上戦略の検証」『農業と経済』 7 月臨時増刊号、70(8)。
農林水産省［2010a］「2010 年世界農林業センサス結果の概要（暫定値）（平成 22 年 2 月 1 日現在）」。
農林水産省［2010b］『平成 22 年版　食料・農業・農村白書』佐伯印刷。
農林水産省［2013a］『平成 25 年度版　食料・農業・農村白書』日経印刷。
農林水産省［2013b］『平成 25 年度版　食料・農業・農村白書　参考統計表』日経印刷。
農林水産省［2016a］『平成 28 年度版　食料・農業・農村白書』日経印刷。
農林水産省［2016b］『平成 28 年度版　食料・農業・農村白書　参考統計表』日経印刷。
農林水産省［2016c］「平成 27 年　農業総産出額及び生産農業所得（全国）」。
農林水産省［2017］「食料自給率とは」（http://www.maff.go.jp/j/zyukyu/zikyu_ritu/011.html、2018 年 2 月 1 日閲覧）。
本間正義［2006］「国際化に対応する日本農業と農政のあり方」『農業経済研究』78(2)。
真壁昭夫［2011］「自ら変われない日本に改革を促す TPP の"外圧効果"――『よいバスか悪いバスか』は乗ってみないとわからない――」（http://diamond.jp/articles/-/14973、2017 年 8 月 19 日閲覧）。
三菱総合研究所［2001］「地球環境・人間生活にかかわる農業及び森林の多面的な機能評

価に関する調査研究報告書」三菱総合研究所。
山下一仁［2013］『日本の農業を破壊したのは誰か』講談社。
吉川洋［1999］『転換期の日本経済』岩波書店。
吉冨勝［1998］『日本経済の真実』東洋経済新報社。

第5章
介護に従事する外国人

安里和晃

はじめに

「私は看護師だ。日本に行くのは、看護業務の補助をするためであって、床のモップがけをするためではない。私は看護助手ではない」。ジャカルタにある渡航前研修所で、移住労働者派遣・保護庁の職員に対して、看護師候補者と介護福祉士候補者数名が雇用契約書に記された業務内容について問い詰めていた。2008年8月5日夕方日本に向けての出発前日、208名のインドネシア人候補者たちは雇用契約書への署名に躊躇していた。賃金、業務内容、雇用契約内容に関する十分な説明が事前になかったからである。その場に立ち会っていた私は、日本的雇用慣行は国際的には通用しないと悟った。

彼ら／彼女らは、これから日本で働こうとするインドネシアの看護師である。日本はインドネシア、フィリピン、ベトナムとの間で、看護師や介護福祉士（候補者）の受け入れを含む貿易協定である経済連携協定（EPA）を結んでいる。2008年から2017年までの10年間に日本が受け入れたこの3カ国出身の看護師と介護福祉士の候補者は、累計で4700人を超えた。[1]

厚生労働省の予測によると、2025年には38万人、2035年には68万人の介護人材が不足する。このように膨大な不足が予測されるなかで、外国人介護従事者の重要性は今後ますます高まるだろう。

その一方で、外国人介護従事者に対する日本社会の受け止め方は複雑である。実際、EPAで海外人材を導入しようとしたときも、厚生労働省だけではなく、多くの職能団体が反対した。EPAによる人材導入から10年経った現在でも、労働市場での競合や、ケアの質の低下といった理由に基づく反対論が依然として根強い。

この章では、国際化する労働市場、特に介護に従事する外国人に焦点を当てよう。なぜ外国人に着目するのか。それは日本社会の喫緊の課題の1つが、多様な人々によって豊かな社会をつくることができるかどうかだからである。というのも、人口減少社会に入り、従来の男性中心の労働市場のあり方に限界が生じ、多様性が考慮される時代になってきた。多様な人々とは、従来の男性・新卒だけではなく、女性や高齢者、障害者、出身地に関わらないすべての人々ということになる。特に近年は、労働力不足を背景とした活発な外国人のリクルートが行われ、外国人居住者の数も増えている。とりわけ介護に従事する外国人が増加していることから、介護と外国人労働者に着目して考えてみようというわけである。

　この課題は、日本だけのものではない。欧米やアジアの多くの国々で、人口構成が大きく変わる中で、多様性はすでに90年代から言われてきた言葉である［安里編 2018］。例えば、シンガポール、香港、韓国、台湾などは、急激な経済成長や少子化による労働力不足を補うべく、1980年代から女性や外国人の雇用を促進しており、多様な人々が形成する社会のあり方が早くから焦点化され、政策においても重要な課題であった。つまり、高齢社会や人口減少といった人口構成の変化は、社会の多様性と強く関係があるのだ。

　人口構成の変化に際しては、それに合わせた社会システムの変更が求められる。例えば、人口減少に伴う労働力の確保、ケアを必要とする高齢者の増大による介護者の確保、膨らむ社会保障費用の捻出と財政の問題、インフラの老朽化、所有者不在の空き家対策、コンパクトシティの形成など、枚挙にいとまがない。労働力人口の減少に対しては、社会システムのみならず、ワークライフバランスのあり方や、ケアへのコミットなども含めて、私たちの生活時間の配分のあり方も問題となるだろう。

　少子高齢化は、ケア圧力や労働圧力を増大させる。高齢者の増加によって、1人の人間がより多くのケアを受け持たねばならずケア圧力が増大し、労働力人口の減少に伴って労働圧力も増大する。そして、こうした圧力解消のために、様々な人々が労働やケアの担い手として組み込まれる。外国人ケア従事者も、その1つと考えられるが、彼女たちの実態は分からない点も多い。では、彼女たちがどのようなルートで日本に入国し、どうやって就職し、なにを考えながら働いていて、どのような評価を受けているのか、具体的に検討してみよう。

1　介護労働の特性と多様性

　モノづくり国家を標榜する日本だが、実は人口構成の変化のあおりを最も受けてきた産業は製造業である。製造業における就業者人口は、1992年の1600万人から、2012年には600万人以上も減少した。他方で、就業者人口を増やしてきたのがサービス業であり、介護もその1つである。製造業の場合、労働力人口が減少しても、技術革新やオフショア展開といった対応が可能だが、介護の場合はそう簡単にはいかない。こうした介護の事情についていくつか指摘しておこう。

(1)　介護労働の特性

　第1に、介護では、サービスの生産と消費が同じ場所で行われなければならない。つまり、ケアを必要とする消費の場所でしかケアは生産されないという基本的な特性がある。人件費の安い途上国でケアを生産し、それを日本に輸出して消費するわけにはいかないのだ。製造業であれば、オフショア生産に切り替えることで労働量人口の減少を乗り切れるが、介護の場合、高齢者を海外に移してそこでケアを受けさせるというのは現実的ではない。したがって、介護の担い手を国内で賄えないときは、海外からの人材に頼らざるを得ない。このように、ケアには、生産と消費の場の一致という原則がある。

　第2に、ロボット化についてである。日本政府は再興戦略において介護ロボットの開発に積極的である。確かにコミュニケーションや排泄、移乗など介護の個々の作業において部分的に成果を上げているロボットは既に存在する。しかし、介護のすべてがロボットに置き換わるまでには、多くの時間を要するであろう。そもそも、介護には多くのプロセス——睡眠、起床、体位変換、移乗、歩行、排泄、清拭、移動、調理、食事、内服、口腔ケア、余暇、入浴、コミュニケーション、通院、機能回復訓練、環境整備——がある。また高齢者の皮膚や骨にしても、若年期と比べて配慮が必要である。なによりも、癌や麻痺、認知症等の疾患やその他の疾患、身体・認知機能の状況といった身体特性に応じた適切なケアが求められる。こうしたすべてのケアに対応できる個別対応の多機能型ロボットは、まだ現実的ではないのである。

　また、その人の尊厳を守って支えるケアのあり方も考慮されなければならな

い。ケアは単なる延命ではない。生きていることが楽しいという生きがいを持たせるケアでなければ、生そのものの意味が問われるのである。したがって良いケアを提供するためには、ケアを必要とする人の過去から現在に至る社会的・経済的・文化的状況を理解しなければならない。介護ロボットにも確かに期待がかかるが、認知症の高齢者は環境の変化に対して敏感であり、変化への対応も困難なため、ロボットや機械に対する拒否反応が強いともいわれている。大掛かりな用具やロボットは、かえって逆効果になりかねない。

こうした点を考えると、ロボットが担当できる介護は、しばらくは部分的にならざるを得ないだろう。それに加えて、ロボットのメンテナンスや操作のための人材確保、さらにその人材育成を考慮すると、ロボットの導入は現時点ではかえって高コストで労働集約的になってしまいかねない。この点においても、ロボットの導入が介護の質を落とす懸念がある。

第3に、介護の生産性の向上の難しさに加えて、職の選好性という問題がある。介護保険が始まった当初は、景気が悪かったこともあって、「これからは福祉だ」という、新しい産業への大きな期待があった。福祉現場のみならず、建設や教育現場も熱い期待を寄せていたのである。ところが、介護職の人気は長く続かなかった。低賃金やキャリアパスをつくることの困難さ、介護をめぐる虐待や事故、学校におけるネガティブな職業指導などの影響を受け、介護は不人気な職業へと転落した。さらに、景気の回復や労働力人口の減少によって職業の選択肢は増大し、介護職への選好性は相対的に低くなった。

第4に、介護の制度賃金も、介護の供給を増やしにくい理由となっている。介護は、日本のみならず多くの国々において、福祉政策と連動している。例えば日本の介護保険制度下では、政策によってサービスの価格が決められている。介護報酬がサービスの内容と価格を規定し、人件費もその枠内で支払われるが、これはつまり市場賃金のような労働市場の需給動向に応じた弾力的な賃金が成立しにくいことを意味する。つまり、景気が良くなって介護人材が不足しても、賃金水準がそれに応じてすぐに上がりはしないのだ。こうして介護は、景気が悪くなると求職者が増大するものの、景気が回復すると途端に担い手が不足するという状況に陥る。これでは介護業界が労働市場のバッファ的役割を果たしているようなもので、労働集約産業における低選好性もあいまって、不安定な労働市場になってしまっている。そして、不安定な労働市場においては、人材の流動性は高くなる。

(2) 介護人材の不足

　以上のような介護労働市場の特徴により、介護人材不足は早くから予測されてきた。すでに1990年代に、人材不足と、外国人労働者の導入の必要性が法務省の報告書において指摘されている。実際に、労働力人口の減少は1995年ごろから確認されており、介護需要の増大に応じて介護人材の確保が困難となることも容易に考えられることであった。

　社会保障国民会議が2008年に行った試算によると、2007年から2025年の間に、介護職員の必要人数は、117万人から211〜255万人へと急増するため、約100万人以上を新たに配置しなければならない。また同年の別の調査でも、介護の事業所の47％が介護職員の不足感を抱いている［介護労働安定センター2009］。2013年の社会保障改革に関する集中検討会議でもまた、将来の介護職員の必要人数予測があった。2011年における介護職員数は140万人だが、2015年には161〜169万人、2025年には213〜244万人となる。社会保障国民会議による2008年の予測と比べると、中間値が若干減っている点が特徴と言えるが、大差はない。

　2015年、厚生労働省は各都道府県による介護人材の需給動向予測を取りまとめて、全国の需給ギャップ推計を明らかにした。それによると、2025年における介護人材の需給ギャップは38万人に上る。また経済産業省は、この厚生労働省の2025年予測をもとに、その10年後の2035年には需給ギャップが68万人に拡大するとしている。68万人の不足では、ハコはあっても人はいない施設が増え、介護は機能不全に陥るだろう。

　そのため厚生労働省は「総合的な確保方策」を発表し、就学支援、就労支援、復職支援、地域ボランティアの促進、キャリアパス構築、地域包括の促進などを講じるとしているが、その中に海外人材についての明記はなかった。これは、従来は人材不足そのものを厚労省が認めてこなかったからだ。2018年に入り、ようやく政府は人材不足解消の手段として外国人労働者の導入も追記した。

2　海外人材導入の経緯と現状

(1) 海外人材導入への抵抗

　アジア諸国では、介護従事者の不足への対応として、積極的に海外人材の導入が図られている。日本も2002年に、フィリピンとの間で本格的な看護・介

護人材の受け入れ議論を開始した。そもそも日本政府は、アジアの成長を日本に取りこむ方策として、二国間協定に基づく貿易の自由化を推奨してきた。看護・介護人材の受け入れも、その貿易協定の一環である。しかし、各省庁の足並みは必ずしも一致していたわけではない。外務省や経済産業省は推進の立場を、農林水産省と厚生労働省は反対の立場をとってきた。

　特に看護・介護人材の受け入れに対して、厚生労働省は人材不足そのものを強く否定してきた。2008年に経済連携協定（EPA）を通じた外国人労働者の導入が議論された際にも、厚生労働省は「有資格者は十分存在する」として労働力不足を一貫して認めなかったし、現在においてもその姿勢は基本的には変わっていない。日本看護協会や日本介護福祉士会といった職能団体も、同様に受け入れに反対してきた。[8]

　このような労働力は充足しているとする主張の根拠が、「潜在介護福祉士」の存在である。厚生労働省は、介護福祉士の資格保持者数は一貫して労働需要を超過しており、供給不足はないとしている。介護福祉士制度は1987年に始まり、有資格者数は約120万人（2013年時点）だが、実際に就労しているのはそのうち50％強である。そもそもこの有資格者数には、高齢者、死亡者、他職種の従事者などが含まれている。資格制度開始から30年にわたる歴史を鑑みれば、有資格者＝労働供給の分母にはなりえないはずだが、厚生労働省はこの有資格者数を根拠に労働力不足を否定してきた。しかし、経済連携協定（EPA）は内閣主導だったこともあり、2008年、ついに厚生労働省も折れて介護人材の受け入れを始めたのだった。

　海外人材導入に対する反対には、いくつかの理由があげられる。

　第1は、「介護人材は不足していない」という主張である。これは、先ほど述べた厚生労働省の見解と同じく、潜在介護福祉士の存在により介護職員は量的には充足されているから、海外からの人材導入は不要であるという考え方である。ただし、介護人材確保策は講じてきた。

　第2は、資質に関する問題点である。日本介護福祉士会、日本看護協会[2008]、厚生労働省、上野千鶴子[2011]といった職能団体や専門家は、日本語能力や文化の違いがケアの質に悪影響を及ぼすという懸念を表明している。

　第3は、「外国人はコスト」という社会コスト論である。この論拠はいくつかあって、そのうちの1つが、受け入れにはかなりのコストがかかるというものである。例えば、経済連携協定（EPA）における受け入れと雇用では、施

設側が最初に支払う斡旋料等が 60 万円程度にのぼるほか、日本語・介護教育費用や、指導する人員の配置などの費用負担がかさむ。また、外国人による日本の医療・福祉・教育費用の使用を、社会コストとみなす言説もある。そのほかに、外国人の受入による治安の悪化もよく指摘される。

(2) 均質な介護人材から多様な介護人材へ

こうした懸念から四面楚歌で始まった海外人材の介護への導入だが、外国人による介護職従事は、2013 年ごろから増加傾向にある（図 5-1）。その多くは、外国人住民だ。群馬県、新潟県、東京都、静岡県、愛知県、福岡県などでは、外国人向けの介護初任者研修を実施しており、研修修了者がそのまま介護職に従事することも珍しくなくなった。今後は経済連携協定（EPA）や外国人住民に限らず、留学生や、技能実習制度など、多くのチャネルを通じた就労の増加が見込まれている。なお、介護分野に就労している約 1 万 8000 人の外国人のうち、2000 名程度が経済連携協定によるもので、留学生は 500 名程度、それ以外の多くは外国人住民と考えられる。

(3) 様々なリクルートの方法

外国人がどのような暮らしを日本で営むかは、どのチャネルで日本に来たかに大きく規定される。EPA のような政府間協定を通じた公的な受け入れでは、

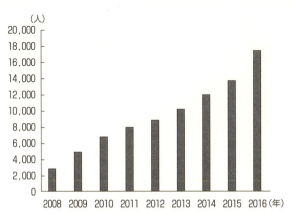

図 5-1　外国人による医療・福祉従事者数の推移

（出所）厚生労働省「外国人雇用状況の届出」をもとに筆者作成。

本人の負担は小さいが、公的な負担が大きい。インドネシアとフィリピンからのEPAによる受け入れの場合、来日前に6カ月間、来日後に6カ月間の研修が、ベトナムからのEPAによる受け入れでは来日前に1年間の研修がそれぞれ公的負担で行われ、日本語学習を中心に入念な事前準備が実施される。そもそもEPAにおいては日本での資格取得が目的となっているため、学習の要素が強くなるのである。一方で、技能実習のような民間の個別契約に基づく就労の場合は、リクルートから日本語研修に至るまで労働者本人の負担が大きいため、借金をして来日することが多く、その額が100万円を超えるケースもある。そのため、借金苦に悩んだあげく最終的には逃げ出すなどの問題も生じやすい。留学生として借金をして来日した場合も、就労時間が週に28時間以内に限られているため収入不足となり、留学期間が終わるとともに在留資格を失い、就労できなくなって借金返済が滞るなどの問題に発展することもある。

このように、来日に至るチャネルが違えば、資格や学歴、ジェンダーなどの属性も異なり、事前研修や渡航費用、雇用契約内容、在留資格も様々である。そのため、外国人労働者をひとくくりにすることも容易ではない。私たちが外国人と呼ぶ場合、それはこうした差異をひっくるめた表現である点に留意しなければならない。

(4) 応募者の特性と応募費用

ここではEPAを通じて来日した人々をとりあげてみよう。EPAによる看護師・介護福祉士候補者の受入は、フィリピンやインドネシア、ベトナムとの経済連携協定の成立にともなって開始された。2008年に初めてインドネシアから導入された際の候補者たちの属性を見てみよう。[9] 事前研修に参加した候補者は、看護師、介護福祉士候補者それぞれ104人であり、全体では男性が35％を占める。特に介護福祉士候補者には男性が多く、全体の約45％を占めていて、看護師候補者では男性は全体の27％である。当時、看護師候補者も介護福祉士候補者も、すべてインドネシアでの看護師資格を有していた。インドネシアでは、男性による女性に対する看護ケアに制限があるのも、来日を志向した理由の1つと考えられる。そもそも、インドネシアでは看護職に占める男性の割合が高い。

看護師候補者に着目してみよう。104人の回答を見てみると、平均年齢は27.4歳である。全体では約2割、男性では30％、女性では16％が既婚である。

宗教についてはイスラム教が最も多く72％で、カトリック8％、プロテスタント2％、その他（ヒンズー教など）2％と続く。看護師としての就労経験年数は、平均で4.4年（最短2年、最長15年）である。また、サウジアラビアなどでの海外就労経験者も数人いる。

　他方で、介護福祉士候補者になるための応募要件は、母国での看護師としての就業年数が2年以下でもよいことから、平均の就業年数は1.6年と短く、約43％が新卒者である。新卒者とは、インドネシアでの就労経験がなく、初めての就労先が日本である者を指す。これは日本の「新卒主義」に沿っており、そのため平均年齢が若い（24.3歳）。また、イスラム教徒（84％）と、日本語学習者の割合が高い。後者に関しては、ジャワ島・チレボン出身学生が、渡航を前提に事前日本語講習を受けていたからである。またジャカルタの看護学校でも、募集開始後に日本語教室を開設したところがある。

　候補者が来日のために支出した費用は、平均約4万8000円である。内訳は出発前研修（約1万円）、急きょ用意されたインドネシアでの看護師試験（約3000円）以外に、居住地からジャカルタまでの交通費などである。こうした交通費は、通常は経費とはみなさないため、実質的には1万3000円のみといってよい。また日本政府側は斡旋にかかる不正防止を交渉の力点に据え、インドネシア政府もそれに協力してきた。アンケート・聞き取り調査の結果からも、詐欺・詐取を目的としたブローカーの存在や被害はなかった。「GtoG（政府間協定）だから安心して応募することができた」という声もよく聞かれた。インドネシア政府による汚職は多く指摘されているが、それよりも悪徳ブローカーがより大きな社会問題として認識されているようで、EPAの枠組みはこうした世論に応えることができた点で高く評価できる。

　ただし、近年では日本語学校の勃興により、チレボンなどの日本語学校が「語学教育」と称して授業料を求め、日本側の施設に対しても同様の斡旋費用を徴収するケースが散見される。EPAも、陰では民間の取引の舞台となりつつあるのだ。

　このようにEPAは、全体としては「看護の有資格者を雇用する」という高学歴志向であり、また公的支援が充実したGtoGという枠組みに特徴がある。では、その当事者であるEPA看護・介護福祉士候補者が、日本で具体的にどんな業務に従事し、それについてどのように感じているのかについて、みてみることにしよう。

3　EPA 候補者の業務の内容

介護福祉士候補者の業務内容は、一部を除き、日本人と同様である（**図 5-2**、**表 5-1 参照**）。ただし、月例会議への参加、申し送り、介護記録作成、与薬などの業務については 60％程度、夜勤業務は 30％程度しか実施していない。これは、日本語の能力と関係している。例えば、仰臥位や端座位などをサラッと書けるようになるまでには時間がかかる。また夜勤業務の従事比率が低いのは、介護保険の算定基準と関連がある。法令により、介護報酬の算定基準に「1 年以上の就労経験」か「日本語能力試験 N2 以上」といった条件が付いていることから、EPA 候補者を夜勤に従事させることへのディスインセンティブが働いているのである。ここでは、2017 年 11 月に 60 人の EPA 候補者（経験者を含む）から回収したアンケートとインタビュー調査をもとに、当事者が日本での介護従事についてどう考えているのかを記してみたい。

（1）　得意な介護業務

EPA 候補者が「介護業務の中で最も得意な業務」として回答したのは、コ

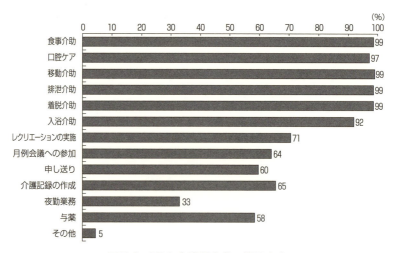

図 5-2　EPA 介護従事者の業務内容

（出所）国際厚生事業団（JICWELS）各年の資料をもとに作成。

表5-1 外国人介護福祉士による介護プランの一例

課題分析項目	現状の問題・希望・必要なこと	この状態が続くことで予測される問題	必要と思われるサービス（どのように取り組むか）
排尿・排便 （排便回数：1回/3日） （形状）下痢・軟・普・固	自然に排便ができない ⇒便が固い	周期的に起こる強い腹痛➡腹部膨満➡嘔吐➡腸閉塞	排便コントロール➡自然に排便ができる （腹部マッサージ・乳酸菌の摂取・食事・運動による調整）（下剤服用の調整・敵便・浣腸）
褥瘡・皮膚の問題	仙骨部に褥瘡あり ⇒仰臥位を好み側臥位を拒否	褥瘡部の圧迫➡褥瘡悪化	褥瘡部を常に清潔し，薬を塗布 ■ マットレスの変更（褥瘡マット・エアーマット）■ 栄養摂取の調整➡褥瘡良好傾向
食事摂取（自力・介助） 食事形態 （主 軟飯 /副 刻み）	食事がこぼれることあり ⇒左片麻痺で茶碗など持てない	食事を床に落とす➡食事量摂取が少なくなる➡低栄養➡体調不良	エプロン・自助具使用➡適量食事摂取➡栄養バランスが良くなる➡褥瘡予防➡生活の活性化
口腔機能 むせ（有・無） 義歯（有・無） 痛み（有・無）	むせることあり ⇒パクパク食べる	食事が肺に入る➡誤嚥性肺炎➡常食を食べられなくなる➡食欲の低下➡低栄養	姿勢の確認 ■ 食事の調整（一口サイズに切る）■ 誤嚥・窒息しないよう，食事中見守り・声かけ➡スムーズに食べられる

（注）EPA介護福祉士 Oplas Mia Roselyn Antonio 氏の模擬作成。一部省略している。

ミュニケーションとレクリエーションであった。一般的に、外国人労働者は日本語能力が十分でないためにコミュニケーションに課題があると考えられがちだが、当事者はそれが最も得意と考えているのが面白い。ある候補者は、コミュニケーションが最も得意だと答えた理由を、「不安や寂しさを感じている入居者様に対して日常会話をして、傾聴、共感することによって、少なくともその入居者様の気持ちを鎮める事が出来る」としている。海外人材が「傾聴」「共感」といった概念を意識してコミュニケーションをとっていることが窺える。また、「自分は傾聴するのが得意だと思います。感情的に変化がある利用者さんでも平気で接することが出来るからです」という回答からも分かる通り、必ずしも言語能力だけではコミュニケーションを測ることはできない。

また、歌、踊り、折り紙などを通じたレク活動が得意だという回答も多かった。語学力の如何を問わず、対人コミュニケーションを好み、かつそれが得意

だと考えている点が特徴なのだが、その次に得意だとしているのが排泄介助であった。排泄介助は通常はあまり好まれない業務のように思えるが、得意分野だと回答した候補者は「便を通じていろんな情報を得ることができるから」という。排泄介助の重要性は専門家からは指摘されているが、候補者も同様に考えているようだ。また別の意見として、「便が出ないのは大変な苦痛である。そこで排泄介助をすると、高齢者は大変気持ちよさそうにするから充実感がある」という回答もあった。介護福祉士や看護師であれば、プロとしての観察やスキンシップ、スキルが求められ、必ずしも言語だけが問題ではないのだ。日本語能力とコミュニケーション能力を同一視することも、正しいとはいえない。

介護従事者のこうした自信を裏打ちしているのは、ほとんどの介護福祉士候補者が母国で看護の資格を有していることもあるだろう。また、宗教上の理由もある。よく聞かれることだが、イスラム教における慈悲の心（Iklhas）によるケアの実践を通じて、ケアが善行であることの確認がなされ、それが「介護はつらい仕事ではない」という意識をもたらしている。候補者たちはしばしば、日本の介護のことを「仕事だがケアではない」という。高齢者ケアは単にノルマをこなすことではなく、心でケアをするというのだ。

他方で、介護の仕事で苦手なことや課題について尋ねてみると、特になし（n=12）、記録（n=8）、コミュニケーション（n=6）などとなっている。「特になし」というのは、一人前としての自覚を示している。ただし業務経験が1～3年の若い人の回答も含まれていることから、記録業務や夜勤などを十分に経験していない段階でのコメントも入っていると考えられる。また、「特になし」を除くと、記録が苦手という回答が最も多い。介護記録には、漢字のみならず体言止め等の特殊な日本語能力を必要とするが、苦手意識は単に日本語能力だけの問題ではない。観察などの情報収集をもとにして、自分で考察することが求められる点も関係してくるであろう。

コミュニケーションが苦手という回答は、滞日年数の長短とは関係がなかった。滞在年数が高い者であっても、知的障害者及び発達障害者、脳梗塞の人とのコミュニケーションや、利用者の家族への説明、電話での対応には課題があると指摘されているが、これは日本人でも同様だろう。

(2) 日本でつらいと感じた点

次に、EPA候補者たちが日本でつらいと感じた点についてみてみよう。最

も多いのが家族関連（n＝10）で、労働（n＝10）、コミュニケーション（n＝7）、宗教文化（n＝7）の順となっている。「家族関連」という回答は、ホームシックなどとほとんど同じ内容だが、この背景にはスマホやインターネットの普及だけでは十分でないことや、既婚者の割合が高いことも関連していると考えられる。

　労働についての意見では、有給がとりにくいこと、休みが少ないこと、十分に産休がもらえなかった、といった休暇に関する不満が多く寄せられている。なかには「家族が亡くなった時、一時帰国出来なかった。最後にちゃんとお別れしたかった」という回答もあった。筆者のインタビューでも、自分の家族や親族のケアができないことを悔やむ看護師・介護福祉士候補者は多かった。有給がとりにくいという不満と、家族に会えないという悲しみは連動している。また九州における事例では、介護福祉士国家試験に合格後、有給休暇を使って数年ぶりに1週間程度の一時帰国を希望していた候補者が、「前例がない、日本人も取れない有給を外国人に認められない」と拒絶された。不信感が増したその候補者は、最終的には退職している。これは、日本的雇用慣行が外国人労働者には通用しないことの一例である。

　また、労働にまつわる回答として、職員から見下されたこと――「日本の税金を使っているから」というパワハラを受けた――という記載や、サービス残業への言及もあった。後者はたびたび指摘されていて、筆者の以下のインタビューが広く取り上げられたことがある。「日本人は時間を守りません。始業の時間は守りますが、終業の時間は守りません。守られなかった時間は支払われることもありません（EPAインドネシア人看護師）」［安里 2012］。サービス残業はそもそも未払い賃金だが、いわゆる日本的な雇用慣行の中で許容されてきた。しかし、それになじみのない人たちにとっては大きな不満の1つとなっている。

　つらいことの第3番目は、コミュニケーションである。漢字が読めない、分からない言葉が多い、十分に気持ちが伝えられない、誤解が生じるといった回答があった。また、日本的なコミュニケーションについての指摘もある。あるインドネシア人は、「空気は見えませんが読まなければなりません」と評した。相手の考えていることをコミュニケーションなしに理解するのは、国家試験よりも難しいそうだ。「はい」と「いいえ」の境界があいまいで「はいはい」「考えておきます」「うーん」など意図が理解しにくい答えも多いという。文化や

習慣が異なれば、「阿吽の呼吸」も異なってくる。はっきりとした表現が、相互の理解を促すと考えるべきである。

インドネシア人介護職員にとっては、宗教の問題もつらいこととして指摘されている。これは日本人がうまく理解できない点で、具体的には仕事とお祈りの両立、断食、限定された食べ物などが挙げられている。断食については、2017年になって国際厚生事業団が一定のガイドラインを発行している[10]。

なお、同じく宗教関連のトピックとして、ここでは出てこなかったが、就業時のスカーフの着用については大きな問題となったことがある。横浜市のある施設が、ジルバブ（スカーフの一種）を外すよう、インドネシア人介護従事者に強要したのだ。彼女は「（インドネシアでは）家族以外の男性の前では髪を隠すのが一般的。抵抗はあったが、『利用者が怖がる』『衛生的でない』と言われ、やむを得ず外していた」（『中日新聞』2014年8月3日）と答えている。結局、特例的に候補者が施設を移ることで決着した。多くのインドネシア人候補者の場合、ジルバブ着用については柔軟な対応をしており、ジルバブを着用せず就労する候補者も多い。ただ、本人にとっての社会適応期間を過ぎると、再びジルバブを着用する事例もある。「今までは日本に慣れようと頑張ってきましたが、インドネシアのことも忘れてはいけないと強く思うようになりました。今度はインドネシアのことを広められるようにジルバブを着ています」というのが、その一例である[11]。ジルバブは宗教的なシンボル、とりわけ厳格な信者であることの象徴のみならず、インドネシア人としてのシンボルとしての側面もある。また、2017年度の看護師国家試験では、スカーフがカンニングに用いられる恐れがあるとし、試験監督者が触って確認し、試験後に着用申請をさせた。担当の業者は厚労省との協議のうえ、謝罪文を送付しているが、心理的な動揺も大きかったという。スカーフになじみのない多くの日本人にとっては、同様のトラブルが改めて発生する懸念もある[12]。

最後に、日本での良い思い出について聞いてみた。最も多いのは「旅行」「友人ができた」などのプライベートな思い出に関する回答である（n＝14）。ただし初期のEPA候補者に限ると、日本に対するカルチャーショックや勉強、国家試験を「思い出」とする回答が多い。プライベートな経験を「よい思い出」として取り上げるのは、最近の候補者の傾向のようだ。EPAの情報が次第に共有され、楽しむことの余裕もでき、労働としての来日から、消費としての来日に変化しているのではないかと考えられる。日本に対する印象を、思い

出として取り上げた回答も特に初期の来日者に多い（n=9）。日本人の礼儀や働き方、日本の生活の利便性などが、よい思い出として語られている。次いで多いのが勉強のこと、そして仕事のことである（それぞれn=7）。研修で朝から晩まで勉強したことや、患者との思い出などが述べられている。

4 就労に対する評価

外国人介護従事者による就労に対しての日本の雇用主側の評価についてみてみよう。国際厚生事業団（JICWELS）[2014；2016]は、EPA候補者に対する、施設長、同僚、利用者とその家族からの評価は良いと指摘している。図5-3が示すように、利用者とその家族の反応を見ると、フィリピン人・インドネシア人の介護従事者に対する評価は、いずれも「良好」あるいは「概ね良好」が7割以上を占める。また図5-4が示すように、（EPA候補者が与える）日本人職員への影響でも、「良い影響」あるいは「どちらかというと良い影響」が72.7％を占める。このように、外国人介護従事者への評価は総じて高い。

具体的には、外国人介護従事者の以下の点が指摘されている。「明るくて、いつも笑顔。勤勉で礼儀正しく、他職員のお手本になる（特別養護老人ホームながまち荘）」「前向きな姿勢に日本人職員も見習う点があり、ケアの質の向上につながった（社会福祉法人晋栄福祉会宝塚ちどり）」「施設入居者へのよい刺

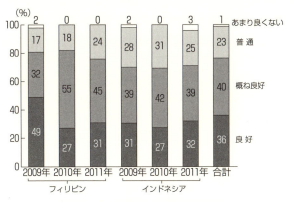

図5-3 「利用者・家族の反応」

（注）いずれの年度においても「悪い」との回答は0件であった。
（出所）安里[2016]より再掲。

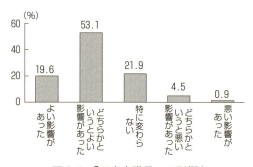

図 5-4 「日本人職員への影響」
(出所) 安里［2016］より再掲。

激、職員のモチベーション向上、施設内研修体制の新しい可能性の発見（社会福祉法人泰仁会）」などである。前向きな姿勢、勤勉、パワーを感じるという点は、筆者のインタビューにおいてもよく言及される。

　このような肯定的なコメントは、先進国での就労による新たな学びの機会に対する意欲、あるいは家族を本国に残し就労に励むことのできる環境に加え、介護福祉士候補者は国家資格の取得が求められ、その後は日本での滞在が認められていることから、制度的にもモチベーションが存在する点が関係しているであろう。こうした点が、EPA候補者たちが職場にも良い影響を与えたという評価につながっていると考えられる。加えて、肯定的な評価を下す施設では、職員間で分担しながら候補者を支援する過程で新たな協調性が生み出され、コミュニケーションが密になったという意見もある。

　また、日本語能力に課題のある人々の雇用によって、コミュニケーションが改善された経験や［安里・前川編 2008］、平易で丁寧な言葉遣いが組織内で普及したという意見もある。つまり、「介護労働が意外にもいい加減なコミュニケーションで成立していた点に気づいた」というのである。異文化に触れることによる活性化も指摘されている。

　さらに、技能という点からみても、外国人労働者の技能が低いということは容易には断言できず、むしろ高いスキルを有する場合もある。台湾における外国人労働者の受け入れの調査でも、外国人介護労働者に対する評価は、スキルレベルや離職率、指示指揮命令系統の遵守などの点において国内労働者に比べて評価が低いとは言えないことを、筆者は明らかにしてきた。特に、看護の有資格者に対する評価は高い［安里 2007］。ただし、無資格者に対しては概して

評価が低い。よって、海外人材をひとくくりに認識するのは正しくない。

他方で、問題点も指摘されている。「経済的負担や国試のハードルの高さ、介護職としての定着（特別養護老人ホームながまち荘）」「日本人介護職員と同じ労働条件では、勉強時間は取れない（社会福祉法人善心会）」という、学業との両立の課題だ。また、受け入れの初期の頃は歓迎ぶりが過熱し、EPA候補者を特別扱いした結果、日本人職員のモチベーションが下がったという報告もある。否定的な評価を下す施設からは、負担が大きいというコメントも寄せられた。

以上は、代表的な意見だけをピックアップしたものである。就労に対する肯定的な評価は、外国人という理由のみによるものではない点に留意してほしい。人材のリクルートから始まって、人材育成のあり方や雇用形式は受け入れ側次第であり、それが人材のスキルや満足度と関連しているのだ。換言すれば、外国人を導入すればすべて問題は解決されるという単純な見方も間違っている。先述の通り、EPAは人材育成に多くの時間と労力を費やしている点が制度的特徴であり、こうした制度に大きく影響を受けていると考えた方がよい。

2017年度の介護福祉士国家試験の結果、ベトナムからのEPAの受験者の合格率が90％を超え、日本人受験者を上回った。「ベトナム人は優秀」という言説もあるが、背景には看護師のリクルートや、（フィリピンやインドネシアの半年に比較して）1年に及ぶ渡航前の日本語研修、N3という高い入国前の要件、限られた海外就労先がある。このように、制度は人を大きく規定する。

5　社会コストという誤解

EPAにおける人材育成や社会保障費用を、社会コストとして考える者もいる。社会コスト論では、社会保障費用と税収を比較することが多い［独立行政法人 労働政策研究・研修機構 2015］。社会保障費用の大半は高齢者によって使用される。EPA候補者の多くはまだ20-30代で就業率は100％だ。全員が、所得税をはじめとして社会保険料も納めている。人材育成費用の回収は時間の問題である。そのため、日本にいかに定着してもらうかがカギとなる。高齢になれば福祉を利用するという意見もあるが、それまでには多くが帰国するだろう。また、外国人労働者の社会コスト論に生活保護受給を根拠とするものがある［株式会社共立総合研究所 2009］が、これは短期滞在型の労働者と長期滞在者の身

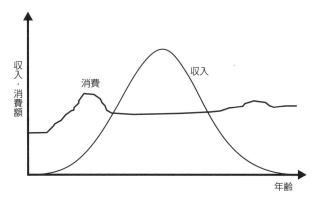

図 5-5　年齢別消費と労働所得の分布

（出所）例えば以下の IMF の記事などを参照。
http://www.imf.org/external/pubs/ft/fandd/2017/03/lee.htm
（2018 年 7 月 14 日閲覧）

分を混同している。外国人労働者は労働者であるからこそ短期的な滞在が許されているので、制度的に生活保護を受給できない。また、配偶者などの身分で来日した人は、日本国籍保持者と同じで就労は自由だし、一定の条件のもと生活保護の受給も可能である。

　図 5-5 を見ていただきたい。一般的に人間のライフコースは、20 代で就労するまでは、ほとんど他者依存であり、家族による扶養と社会保障費用から構成されている。後者は、先の定義によると「社会コスト」である。海外人材の受け入れは、こうした就労までの養育費用、教育費用などの「社会コスト」を負担することなくリクルートできるものであるにもかかわらず、その「社会コスト」節約的な側面が無視されているのだ。人口減少社会においては多くの場合、少子化対策を実施して出生率の向上を図ろうとする。それでは、本国人が出生した場合にも、その人材育成にかかる費用を社会コストと称するのであろうか。おそらくそうはならないであろう。

　伝統的な議論は、外国人労働者の導入は即戦力としての活用が可能であり、人材育成や一人前の労働力になるまでの費用を節約できるという考えで一致している。したがって日本人に対する教育費用は社会コストでなく、外国人のそれが社会コストというのはバイアスでしかない。

　制度的な観点からコストについて論じる場合もある。後藤 [2014] によれば、10 年で 4000 名程度しか導入しない EPA は、労働市場の 1 ％に満たず、制度

的効果は小さくなる。また、制度コストは受け入れ人数に比するとU字であり、少数の受け入れでは制度コストが高い。したがって、受け入れ人数を増やすことも一案だが、それを検討せず、政府は技能実習制度に介護の枠を増やすという、新たな仕組みを作った。これでは制度コストはより高くなり、非効率である。

　また、こうしたバイアスに加えて、コスト論では、海外人材による税負担だけでなく、経済活動や社会的貢献もカウントされていない。人口減少社会における慢性的な労働力不足における海外人材の労働投入は、経済学で論じられる労働供給量の増大による賃金の低下というシンプルなものではない。特に介護であれば、人材不足の分野において必要なサービスを提供し、社会の持続を担っているのだから、単なる税収増と社会保障費用負担という狭義の物差しだけでは測れない。人口減少社会においては社会の維持という観点からも再評価が必要であろう。

おわりに

　最近、外国人労働者が増大している。日常で立ち寄るコンビニでも飲食業界でも、外国人の雇用が増大していると容易に気づく。しかし、彼ら／彼女らは労働者として入国したのではなく、ほとんどが留学目的での来日だ。実際、サービス業に従事する外国人は、その過半数が留学生だ。サービス業に専属の外国人労働者が導入できないのは、日本政府が専門職以外の職種に外国人を導入することを法令上、許していないからだ。同じように、介護分野における人材の需給ギャップの拡大はかなり前から容易に予測されてきたにもかかわらず、政府は人材不足を否定してきたし、海外人材の受け入れに消極的であった。また、犯罪、労働市場の競合、ケアの質の低下に対する懸念も各方面から指摘されている。しかし、重ねて述べるが、これらは文脈依存的だ。様々な制度を変更すれば、状況も大きく違ってくる。

　事実、本章で示したように、人的資本投下の高いEPAで導入された外国人介護福祉士の仕事ぶりに対する評価は低いといえない。というのも、ケアの質についての評価は「同等」もしくは「増加した」がほとんどだからである。記録業務に関しては課題も残るが、コミュニケーションについては、笑顔や傾聴といった点で肯定的評価を受ける外国人介護職員も多い。さらに、外国人介護

福祉士候補者の受け入れを通じて、日本の多くの介護の現場が「施設入居者へのサービスの質が向上する」「職場が明るくなる」などの職場環境の改善を示している。

　ただし、今後もこうしたプラスの効果を継続して実現していくためには、従来の日本的雇用慣行を変えることが必要である。不適切な雇用は日本就労に対する不信感を抱かせ、生産性を下げ、職員の定着を妨げるため、こういった労働形態を変えなければならない。そうでなければ、（国籍を問わず）職員は定着しない。こうした変革は簡単ではないかもしれない。とはいえ、そうした変革は、外国人労働者だけでなく、女性や障害者、退職者といった多様な人々にとっても働きやすい環境をつくるという効果がある。したがって、外国人労働者の受け入れは、職場を変革していくチャンスである。その変革は、外国人労働者だけでなく、すべての労働者にとって良いものとなるだろう。

　かつての日本の経済成長は、男性中心の雇用体系でもたらされてきた。高度成長を支えたのは、「男性新卒の正社員を中心とした終身雇用」「年功賃金」に代表される日本型雇用である。ブレッドウィナーモデルという、性役割分業を前提とした成長モデルといえよう。当時は人口増加社会であり、多様な人々の包摂は問題とされなかった。しかし、人口減少という状況に照らし合わせるのであれば、多様性が成長の源泉となるような雇用マネジメントが模索されてしかるべきであろう。人口減少社会にあっては、女性、退職者、障害者、多様な性（LGBTQ）、非就業者、外国人住民、外国人労働者など様々な人々で社会を支えあうことが求められる。介護は、かねてより多様な背景を抱える人々が就業してきた。今後も、こうした人々が高いケアの質を維持できるような人材育成制度と雇用モデルの構築が求められる。つまり、「多様性が社会の豊かさを育む」というポジティブな発想から出発しなければならない。

注
1）候補者と呼ぶのは、来日した時点では日本での資格を有しないためである。
2）ただし医療部門においては、一部外注がなされている。例えばモルジブのある病院では、MRIの映像と診断書をインドなどの諸外国に送る。すると数時間後にはすべての分析結果が返送される。その費用は20ドルである。
3）以下よりアクセス可能。https://www.kantei.go.jp/jp/singi/syakaihosyoukokuminkaigi/（2018年1月26日閲覧）。
4）介護労働安定センター編［2009］。

5）以下よりアクセス可能。https://www.cas.go.jp/jp/seisaku/syakaihosyou/syutyukento/dai10/siryou1-2.pdf（2018 年 1 月 26 日閲覧）。2008 年の社会保障国民会議による予測との違いは、いくつかの条件を厚労省の検討をもとに変更している点である。入院から在宅への見込みを増やし、反対に医療から介護施設への移行を減少させた。サービス付高齢者住宅を考慮して在宅介護の増加を前提とした。さらに、介護予防の取り組みにより、要介護者が 3％程度減少するとした。
6）以下よりアクセス可能。http://www.mhlw.go.jp/stf/houdou/0000088998.html（2018 年 1 月 26 日閲覧）。
7）以下よりアクセス可能。http://www.meti.go.jp/press/2015/03/20160324004/20160324004-1.pdf（2018 年 1 月 26 日閲覧）。
8）ただし近年は、有資格者に対する支援の動きもみられるようになった。
9）筆者が実施した簡単なアンケート調査によっている。
10）また国際厚生事業団は、日本側への配慮として以下の諸点を示している：「近くで飲食しない」「食事するときに声掛けする」「（断食中は）飲食の勧めを断るが親切な気持ちは汲み取っている」「患者や利用者への周知」「日本の夏は暑いため断食中の体調確認を要する」「断食中における未明の食事と騒音に対する配慮」「食事介助は問題がない」「ラマダン明けの帰省費用の習慣への対応（帰省費用の支給は必要ない）」。https://jicwels.or.jp/?p=4009 を参照。
11）https://jicwels.or.jp/?page_id=25 を参照。
12）ジルバブ着用については、イスラム社会においても必ずしも対応は一致していない。ジャカルタでも、ジルバブ着用を禁じている病院がある。またインドネシアでは、イスラム教徒であってもジルバブを着用しない人も珍しくない。
13）https://jicwels.or.jp/?page_id=25 の事例集より。

参考文献

安里和晃［2007］「施設介護に従事する外国人労働者の実態——雇用主の評価をもとに——」リクルート・ワークス研究所『Works Review』Vol. 2。
安里和晃［2012］「EPA は介護・看護現場を変えたか」『POSSE』Vol. 16、141-153 頁。
安里和晃［2016］「経済連携協定を通じた海外人材の受け入れの可能性」『日本政策金融公庫論集』第 30 号。
安里和晃編著［2018］『国際移動と親密圏——ケア・結婚・セックス——』京都大学出版会。
安里和晃編著・前川典子編［2009］「始動する外国人材による看護・介護——受け入れ国と送り出し国の対話——」『国際ワークショップ報告書』笹川平和財団。
上野千鶴子［2011］『ケアの社会学』太田出版。
介護労働安定センター編［2009］『介護労働実態調査結果について』介護労働安定センター。

株式会社共立総合研究所［2009］『国際的な人材活用：外国人労働者受け入れハンドブック』グレーター・ナゴヤ・イニシアティブ協議会。
株式会社共立総合研究所［2013］「平成 24 年度外国人介護福祉士候補者受入れ施設巡回訪問実施結果について」公益社団法人国際厚生事業団ホームページ。
公益社団法人国際厚生事業団［2010］「巡回訪問・相談窓口などからの受入れ状況について」公益社団法人国際厚生事業団ホームページ。
公益社団法人国際厚生事業団［2013］「平成 24 年度外国人介護福祉士候補者受入れ施設巡回訪問実施結果について」公益社団法人国際厚生事業団ホームページ。
公益社団法人国際厚生事業団［2014］「受入支援等の取り組み・受入れ状況等について」公益社団法人国際厚生事業団ホームページ。
公益社団法人国際厚生事業団［2015a］『外国人介護労働者に関わる実態調査報告書』公益社団法人国際厚生事業団。
公益社団法人国際厚生事業団［2015b］「平成 26 年度看護師候補者巡回訪問実施結果について」公益社団法人国際厚生事業団。
公益社団法人国際厚生事業団［2015c］「平成 26 年度外国人介護福祉士候補者受け入れ施設巡回訪問実施結果について」公益社団法人国際厚生事業団
後藤純一［2013］「少子化対策を移民に頼るな」『文芸春秋』2 月号。
独立行政法人労働政策研究・研修機構編［2015］「諸外国における外国人受け入れ制度の概要と影響をめぐる各種議論に関する調査」資料シリーズ No. 153、独立行政法人 労働政策研究・研修機構。
日本看護協会［2008］「インドネシア人看護師候補者の受け入れにあたって日本看護協会の見解」日本看護協会。

第6章
外国人社員が活躍するための経営改革
―― 内なるグローバル化への処方箋 ――

安 部 哲 也

1　日本企業による外国人社員の雇用

　2017年6月末現在、在留外国人数は約247万人と過去最高となった［法務省2017］。そのうち、日本企業などで働く外国人労働者は約108万人［厚生労働省2017］で、日本の労働者の約2％を占めている。

　その背景には、日本国内における労働力不足がある。日本における完全失業率は、2014年3.6％　2015年3.4％　2016年3.1％　2017年2.8％［総務省2018］と低い水準かつ低下傾向にある。特に、サービス業、物流業、製造業などにおいては、思うように採用が進まず、深刻な人手不足になりつつある。なかでもIT分野の人材は、2030年には約59万人不足するとみられる［経済産業省2016］。よって、それを補う役割を外国人人材に期待するところは大きい。

　さらに、人口減少、高齢化が進む日本において、国内のビジネスだけでは大きな成長は期待しにくい。世界経済の成長率に比べて日本の成長率が低いため、1991年から2017年までの世界経済における日本のGDPの比率は、14.7％から6.1％へと低下した。このように世界における日本の経済的地位は下がる一方である。日本の人口は、2008年の約1.2億人をピークに2050年には約9500万人に減少すると予測されている。それに対して、世界の人口は、2017年の73億人から2050年には90億人を超えると予測されている。そのため、多くの日本企業にとって事業を拡大するためには、販売も、そして生産も、海外へシフトしていかざるを得なくなる。

　このように考えると、従来のように日本で日本人が中心となり、経営やビジネスを担っていく経営スタイルには限界が来はじめている。これからの日本企業は、外国人人材を取り込みながら、グローバル化を進めていかざるを得ない。

さらに、外国人社員の雇用は単純に人材不足を補うだけでなく、経営課題の解決の鍵となる側面もある。国籍を問わず優秀な人材を採用し、新しい発想で経営していかなければ、事業環境が激しく変化する現在において企業の存続さえも危うくなると言っても過言ではないだろう。

ただし、日本企業において、外国人社員が活躍できる社内環境作りは容易ではない。それを実現するためには、日本企業が持っている強みを残し生かしつつ、弱みを改善し、グローバル化に対応していく必要がある。

下記は、経済同友会による『新・日本流経営』(2008年7月)に基づく、日本企業の強みと弱みである。

強み　経営者の高い倫理観・道徳心、長期的視野に立った経営、事業のあらゆる分野における徹底した生産性・効率性の追求、コンセンサス経営とチームワークに基づく実行の精度の高さ、優れた擦り合わせ技術、プロセスイノベーション、環境に優しい技術・製品を生み出す力、サプライヤー・協力企業との連携の強さ

弱み　グローバルに通用するビジョンや理念が不明確、経営者のグローバルマインドの不足、ガバナンスが不明確、顧客や市場より内向き論理を優先しがちな経営姿勢、投資効率重視経営の視点が弱い、クリティカルシンキングが不足、大胆でスピーディーな意思決定は得意ではない、モノカルチャーでダイバーシティに欠ける

この内容から、日本企業の強みは長期志向、チーム志向、技術力などであり、弱みはグローバルビジョン、グローバルマインド、ダイバーシティの不足など、グローバルに関するものが多いことが分かる。

グローバルに通用するビジョン、グローバルマインド、ダイバーシティを高める1つの有効な処方箋は、企業が日本国内で、外国人を積極的に雇用し、"内なるグローバル化"を推進することである。例えば、世界一のアパレル会社を目指すユニクロ、GUなどを運営するファーストリテイリングは、社内公用語を英語化し、積極的に外国人人材を取り込んでいる。ユニクロの店舗に行くと、外国人社員が日本人に対しては日本語で接客し、外国人に対しては英語、中国語、母国語などで接客している。日本と海外の文化を理解し、接客やレジ作業などの現場の実績を積んだ彼らは、近い将来ユニクロの国内外の店舗で店長となったり、エリアスーパーバイザーやさらには国内外で経営幹部になった

りすることを期待されている。

本章は、"日本企業に勤める外国人社員"をテーマに、日本企業にとってのメリットとデメリットを挙げ、筆者がインタビューを行った企業における具体的事例も含めて解説する。そしてその解説に基づき、外国人社員を雇用する日本企業、また、外国人社員と一緒に働く日本人に向けて提言を行う。

本章の議論の対象とする外国人社員とは高度外国人材であり、それは次のような人々である。[2]

- 企業での職種…研究者やエンジニア等の専門職、海外進出等を担当する営業職、法務・会計等の専門職、経営に関わる役員や管理職を担うべき者
- 教育レベル…日本国内及び海外の大学・大学院以上の最終学歴を有する者

2　日本企業が外国人社員を採用する狙い

ディスコ社の調査によると、日本企業が外国人留学生を採用する目的は、1位：優秀な人材を確保するため、2位：外国人としての感性・国際感覚を発揮してもらうため、3位：海外の取引先に関する業務を行うため、4位：日本社員への影響も含めた社内活性化のため、5位：自社の海外法人に関する業務を行うため、である（図6-1）。

自動車生産設備製造の福設では、9人の設計担当者のうち2人がベトナム出身者である。そのうちの1人は、ベトナムの大学を卒業後に「日本の製造現場を学びたい」と来日した。当初は派遣社員として働いていたが、専門技術が評価されて2016年に正社員となった。[3]また、筆者がインタビューした大手電機メーカーでは、グローバル社員採用として、海外の名門大学を優秀な成績で卒業した外国人人材（特に理工学系出身者）を、毎年数十人単位で採用し、最初、日本語研修や日本のビジネス研修などを約3カ月間行い、その後、日本の職場でOJT（On the Job Training）を通じて戦力化している。[4]これらは、日本の少子高齢化が進み、理工学系の大学・大学院卒業者が不足してくるという問題に対応して、日本人に限らず、世界から幅広く優秀な人材を確保するためである。

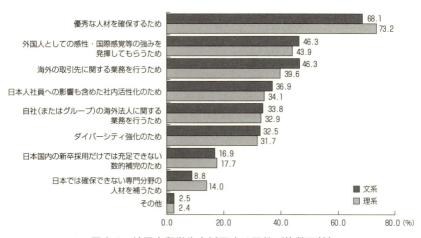

図6-1　外国人留学生を採用する目的（複数回答）

（出所）ディスコ [2013]。

　ディスコ社の調査によると、外国人採用による社内への好影響は、1位：異文化・多様性への理解の向上（71.3%）、2位：日本人社員への刺激・社内活性化（69.0%）、3位：グローバル化推進への理解、意識向上（57.5%）、4位：海外拠点や取引先との関係の向上（36.8%）、5位：国内での新規顧客の獲得（11.5%）である。

　反面、外国人採用による社内での問題点は、1位：文化・価値観、考え方の違いによるトラブル（66.1%）、2位：言葉の壁による意思疎通面でのトラブル（64.5%）、3位：受け入れ部署の負担増（41.9%）、4位：ビザなどの申請、手続き上のトラブル（19.4%）、5位：離職率の高さによる周囲への影響（14.5%）である。

　上述の筆者がインタビューした大手電機メーカーの人事責任者は、「高度技術系人材を日本人という限られた枠からだけではなく、広く外国人の枠からも採用できることのメリットは大きい」と述べている。特に近年、日本では、理系出身の技術系人材の不足が深刻な問題となっているため、それを補う方策として外国人採用は有効である。また日本人社員にとって、「優秀でモチベーションの高い外国人社員と一緒に働くことにより、よい刺激を受け、グローバルなビジネス感覚が身に着き、組織が活性化する」という。

　さらに、採用した外国人が、グローバル事業展開の際、出身地域における事

業のキーパーソンとなっていく可能性がある。ある大手建機メーカーに勤務するシリア人社員は、日本語と英語、そして現地語でコミュニケーションをとり、現地と日本本社の橋渡しとして、同社の中近東向けビジネスの重要な役割を担っている。

一方で、外国人社員が日本人社員と十分にコミュニケーションやチームワークをとれず、その結果、日本人社員だけで仕事をする場合と比べ、ビジネスのパフォーマンスが落ちることがある。例えば、日本人中心の会議に外国人が入った場合、言語や文化の違いからその内容を正確に理解できず、その後会議の意図と違った行動をとってしまい、問題が起こったケースもある。

また、外国人社員は日本人社員と比べ、1つの企業での平均勤続年数が短く、企業が教育投資したコストと時間を十分に回収できないことがある。加えて、外国人社員の他社への転職は、特に競合他社に転職した場合は技術やノウハウの流出リスクを生じさせるだけでなく、まわりの日本人社員のモチベーションを下げてしまうこともある。ある IT 企業の例では、グローバル化を目指し、毎年数名ずつ外国人の新卒社員を採用したが、3年以内にそのほとんどが退職した。

筆者がインタビューした、外国人社員を複数名雇用する日本の消費財メーカーの取締役は、外国人社員を雇用するデメリットとして、「日本人のみであれば、一般的に日本本社が決定した方針などについて社員は従う傾向にあるが、外国人社員の場合は、反対意見が出たり、時には方針に従わなかったりすることもある。また、同じ会社における平均的な勤務年数が、日本人に対して外国人は短くなり、仕事を覚えて実力をつけると辞めてしまうということがある。これは雇用形態や待遇面によるものもあるが、会社・組織に対する社員の姿勢の違い、文化の違いなどにもよる」と語っている。

このように、日本企業が外国人社員を雇用することは容易なことではない。そこで、筆者が行った調査結果や日本企業の現状をもとに、日本企業で外国人社員を雇用するメリットを最大限に活かし、デメリットを最小化するための提言を次節以降で行う。

3 日本企業が変革すべき3つのシステム

高度外国人人材の採用と雇用に関して、日本企業が行うべきことは、主とし

て、(1) 日本型雇用システムの変革、(2) 日本型マネジメント手法の変革、(3) 外国人の採用・教育システムの変革の3点である。

(1) 日本型雇用システムの変革

ジェームズ・アベグレンは、日本企業の経営手法を「日本的経営」として分析し、第二次世界大戦後の日本企業の発展の源泉が、1. 終身雇用、2. 年功序列制度（役職、賃金など）、3. 企業内組合にあると分析した。これらは、成長する日本経済、世界経済の中、社員が安心して働ける、企業側も安心して社員を雇用できる環境、関係性を作り出してきた [Abegglen 1958]。

一般的に日本企業に就職した新入社員は、大学、高校などを卒業後、数週間から数カ月間、時には1年以上にも及ぶ手厚い新入社員教育を受ける。業務を行いながら上司や先輩が部下の指導を行う OJT 教育や、さらにメーカーでは現場の作業層が製品の品質管理や作業能率の改善などのためにアイディアを出し合い議論する QC（Quality Control）サークル活動などにより、社員は中長期的な教育を受け、ビジネスパースンとして成長していく。また、終身雇用制度と年功序列賃金及び会社が市場価格よりも安価で住宅を提供する社宅制度、社員貯蓄制度などの福利厚生制度により、結婚、子育て、そして退職にいたるまで、安心して生活設計ができる。加えて、会社側から社員に対する一方的な解雇や待遇面の見直しなどがあった場合、企業内組合の支援などにより、社員の雇用や待遇面が守られていた。

こうした制度は、企業にとっても大きなメリットがあった。社員の企業への忠誠心が高くなる、社員同士の仲間意識や連帯意識が高まる、安定的な教育体系が構築できるなどの効果が生じた。

年功序列賃金に関しては、2010年代からパナソニック、ソニー、日立など大手日本企業が廃止の方向に動いてきた。他の多くの日本企業においても、廃止する方向に進んでいるが、依然として年功序列的な昇格、賃金が残っているのが現状である。

終身雇用については、上場企業でも早期退職制度などを実施するところが増えてきている。とはいえ、多くの日本企業は現在も長期雇用を前提としている。

終身雇用と年功序列型雇用は、優秀な外国人採用において弊害の1つとなる。終身雇用を前提にして入社する外国人社員は日本人社員に比べると圧倒的に少ない。海外では、1つの企業で数十年も働くことは、本人の能力・実績が不足

しており、他社に転職する能力や実績がない人材であると受け取られることが多い。さらに、欧米企業では、優秀であれば、例えば、20歳代でマネジャーや30歳代でゼネラルマネージャーなど、若くても昇進していく。これに対し、日本企業では、昇進するのに長い時間がかかることも、特に優秀な外国人にとって働く魅力を感じにくい要因の1つである。

多くの日本企業は、最低でも3年以上、できれば5～10年以上勤務して欲しいと考えているが、発想を変えて、より短期間でもその能力を生かして成果を上げられるしくみを作ることが重要である。ある大手食品メーカーでは、たとえ勤務期間が2～3年の短期間でもよいので、その勤務期間中に高い仕事のパフォーマンスを上げてもらうことを期待し、高度外国人を積極的に採用している。短期間で売上や利益を飛躍的に伸ばしたり、海外でのビジネスルートを新規開発したり、新しい商品を企画したりして、短期成果を上げる外国人の中の数名でも、長期に勤務し、将来のマネジャー、ひいては経営リーダーとなってもらえれば、会社としては十分に投資対効果が見込めるという。

ただし、終身雇用も、他の制度と組み合わせることで、外国人社員にとって魅力的なものとなる可能性がある。例えば、キヤノンは、終身雇用を維持しながらも、社員が新しいことへ挑戦しない、成長しないなどのデメリットを解決するために、"実力主義・終身雇用制度"を採用している。この制度は、基本的に定年まで働けるという終身雇用は維持しつつも、年功序列賃金は採用せず、本人の実力、実績に応じて、昇格や降格、昇給や減給を行う。この"実力主義・終身雇用制度"により、雇用自体は保証されているため、社員は急な解雇などによる失業を心配することなく安心して勤務し、安定した生活設計をできる。半面、実力・実績主義であるため、終身雇用制度に安住することなく、自身のスキルやノウハウを高め、目標達成に向かって積極的に努力、挑戦する必要がでてくる。一社への勤務年数が日本人と比べて短い傾向にある外国人社員にとっても、基本的な雇用は保証されつつ、実力に応じて昇格や昇給が期待できるため、年功序列的な要素が残る日本企業よりも、特に優秀な外国人にとっては魅力的な会社となる。この方式は、日本企業の強みを活かしながら、さらに弱みを改善する新しい日本型マネジメントの1つの形である。

"就社"からの変革

日本的経営のなかでも特に変えていくべきものが、過度なメンバーシップ型

雇用である。メンバーシップ型雇用とは、職務を決めずに採用され、企業のメンバーとして安定的な雇用と待遇との引き換えに、無限定的な働き方を求められる雇用形態である。つまり、日本における働き方は、実質的には"就職"ではなく"就社"である。それに対し欧米では、ジョブ型雇用という、特定の仕事に人を当てはめ、その業績や能力などに応じて、雇用の継続や待遇が決まる形がとられている。ジョブ型は、やりたい分野が決まっている社員の採用を促し、また社員の専門性を活かし向上させるというメリットがある。

　第二次世界大戦後の日本の高度経済成長期には、メンバーシップ型雇用が機能し、成功してきた。だが、グローバル化を含め事業を取巻く環境変化の激しい現代においては、事業環境が大きく変わっても一度採用したメンバーを雇用し続けなければならないことや、外国人に限らず優秀な日本人社員も採用しにくくなるなどメンバーシップ型のデメリットを考慮し、その雇用スタイルを見直していく必要がある。例えば、富士フイルムは、従来アナログの写真フィルムを事業の中核としていたが、そのアナログ写真事業が衰退し、デジタル写真が主流となっていった2005年から2010年にかけ、かつてのアナログ写真事業に従事した社員を中心に、約1万人のリストラを行った。

　また、優秀な外国人社員のなかには、自分のやりたい仕事を明確に決めており、その仕事における自分の能力を高めるために、ジョブ型雇用を希望している人が少なくない。日本の大学を卒業したあるインド人は、自分の専門能力を高めるために、「若いときから、できるだけ様々なことに挑戦し、成長していきたい」と語る。彼は、大学卒業後の6年間に日系企業2社での勤務経験を得て、その後、更なる挑戦と成長の機会を求め、日本にある米国系企業へ転職した。[5)]

　このことが示すように、行き過ぎたメンバーシップ型雇用を見直し、世界でも通用する雇用形態としていかなければ、優秀な外国人はもとより、優秀な日本人の採用、雇用継続も難しくなってくる可能性がある。ただし、こうしたジョブ型の採用は、高い専門性を持つ優秀な社員が他社に転職しやすいという問題点もある。

　今後日本企業は、グローバル組織化を推進するため、従来の完全なメンバーシップ型ではなく、メンバーシップ型とジョブ型を併用した日本型の新しい雇用形態へシフトしていくべきであろう。日本企業の長期的志向、チームワーク、会社への忠誠心などの良さを残すため、メンバーシップ型の要素を残しながら、

弱みであるスピード、リスクテイク、プロフェッショナル意識の向上を目指していく必要がある。

その際、従来の日本企業のように、どんなことでもチームで協力して行うというチーム志向の高さは、プラスの面もあるが、個人の役割・権限が不明確になり、特に外国人社員にとって仕事を進めにくくなる場合が多い。そうなると外国人社員が十分に実力を発揮できなかったり、モチベーションが下がったりして、退社に至ることもある。そこで、海外では一般的に用いられているジョブディスクリプション（職務記述書）などを活用して、個人の職務上の役割と責任、権限を明確化することは、外国人社員が成果を出しやすい環境を作る上で効果的である。

(2) 日本型マネジメント手法の変革
──ハイコンテクスト型マネジメントからの脱却──

外国人社員が働きやすい環境を作るためには、現場組織のマネジャーによるマネジメント手法も変革していく必要がある。

日本企業の日本本社と米国支店で勤務経験のあるフィリピン出身の女性社員は、「（同じ日本企業であっても）米国支店のほうが、役割分担、責任、目標、フィードバックなどが明確で、これらがあいまいである日本本社よりも働きやすかった」と語る。このようなことが起こる理由を理解するために、エドワード・ホールが唱えた、ハイコンテクスト、ローコンテクストという文化の識別法がある［Hall 1976］。

日本企業・組織の文化的な特徴はハイコンテクスト型マネジメントである。コンテクストとは、文脈と訳されることが多く、背景、状況、前後関係などの意味をもつ。ハイコンテクスト文化とは、互いの背景、状況などが共有されている度合いが高い文化のことで、あうんの呼吸、一を聞いて十を知る、空気を読むなどはハイコンテクスト文化の特徴である。調査によると、日本は、世界の中でも最もハイコンテクストな文化を持つ国の1つである。

逆に、欧米などはローコンテクスト文化に属する。コミュニケーションにおいては、5W1H（Why, What, When, Who, Where, How）をはっきりと伝えるハイコンテンツのコミュニケーションとなる。

日本のマネジメントはハイコンテクスト型であるため、日本人上司の指示が明確でなくとも、日本人部下がその背景や意図を察して、仕事を進める。だが、

一般的に外国人社員にはそれが難しい。日本企業で勤務経験があるフランス人社員は、日本企業のこのような「空気を読む」感覚が、外国人には極めて難しいと語っている。ただし、これは外国人社員に限ったことではなく、日本人社員であっても、上司の言っていることが理解できない、理解したと思って対応したが、後で上司に指示したことと違っていると言われることもある。同じ日本人でも、若い年代の社員は、年配の社員よりもローコンテクストになってきている傾向がある。まして、日本語能力がまだ十分ではなく、日本的なハイコンテクストコミュニケーションに慣れていない外国人にとっては、さらに理解や対応が難しくなる。

マネジメント改革は全社員に効果をもたらす

ローコンテクスト的に、5W1Hを明確に伝えたり、YES/NOをはっきりとしたりすることにより、外国人社員にビジネスの内容が理解しやすくなってくる。このことは外国人社員だけではなく、女性社員やしょうがい者、短時間勤務者、派遣社員など価値観や働き方の異なる社員にとっても、仕事が進めやすくなる効果がある。

また、一般的に日本企業では、海外企業と比べ、上司から部下へのフィードバックが少ない。同じ企業に長く勤める日本人であれば、たとえフィードバックが少なくとも、何が良く、何を改善すべきか、なんとなく分かってくることもあるが、外国人社員には理解が難しい。そこで、何が良くて継続すべきか、何を改善すべきなのかを、分かりやすく具体的かつ客観的に事実ベースで、タイムリーにフィードバックを行うことにより、外国人社員のモチベーション、今後の仕事の進め方の改善につながっていく。外国人社員が間違っている点、改善点なども、伝え方には配慮すべきであるが、明確に伝えないと、理解できない。

さらに日本の会社や組織は「ほめる」、「認める」、「感謝する」など、相手を承認することが欧米やアジア企業と比べてかなり少ない。ハイコンテクスト的に、当然分かっているだろうと済ませるのではなく、「よくがんばっている」、「大きな貢献をしている」、「たいへん助かっている」、「本当にありがとう」などの承認や感謝の言葉を、できるだけ具体的な内容やプロセスを含め、はっきりと伝えることにより、外国人社員や全社員のモチベーションも上がってくる。このような日本の職場のマネジメント変革は、そこで働く外国人社員にとって

だけではなく、日本人を含む全社員の仕事の効率やモチベーションを高め、より良い組織文化づくりに効果をもたらす。

(3) 外国人の採用・教育システムの変革

日本企業が外国人社員を採用する際に、組織文化や働き方、育成方針などに関して不明確であるために、誤解・問題が生じているケースも多い。日本企業は、外国人社員の採用・教育において、日本企業や自社の特徴、ワークスタイル、キャリアビジョンなどを十分に説明し、理解させることが必要である。そしてそれに合う人材を採用・育成していくべきである。

例えば、トヨタのアジア法人の元日本人責任者は、外国人社員との採用面談時に、「トヨタでは欧米のトップ企業と比べると、給料は低く、昇進スピードも遅いかもしれない。しかしながら、会社の経営理念（トヨタウェイ）がしっかりしており、中長期的雇用を前提とし、人材育成には大いに力を入れている。そのようなことを理解して、トヨタの経営理念に共感し、本気で成長、挑戦したいようであれば、ぜひ入社を検討してほしい。我々は全力でバックアップする」と伝え、採用するようにしている。このように、採用時に明確に会社側のスタンス・意図を伝えることにより、入社後、互いに「（入社前に）期待していたことと違う」、「知らなかった」というようなことが少なくなる。結果として比較的長期的に、同社で勤務を継続する外国人社員が多くなっているという。

逆に、このようなことを明確に伝えて、理解させた上で外国人社員を採用しないと、入社後にお互いの認識や期待のギャップ、問題が生じてしまい、外国人社員のモチベーションが上がらなかったり、短期間で退職に至ったりするケースもよくある。

教育システム

次に、教育システムについては、外国人に対しては、日本語、日本の企業・ビジネスに対する教育と、日本人に対しては外国人とのビジネスのための異文化理解、対応の教育を行うことが必要となる。ある大手電機メーカーでは、主任層昇格時に、グローバルカンパニーを目指す同社の社員として、グローバルマインドやスキルは当然のように身につけるべきであるとして、新任主任層全員に対し、2日間のグローバルマインドや交渉などを学ぶ、グローバルマネジメント研修を行っている。

また、集合教育以外の教育面では、外国人社員に対して、直接、仕事・業務に関する教育を行う指導員や、業務以外のキャリアや人生の悩みなどの相談にのるメンター（相談役）を設けることも効果的である。ある大手電機メーカーでは、通常、日本人である仕事の指導員とは別に、外国人社員に他部門の外国人の先輩社員をメンターとして、定期的なミーティングを持つようにしている。このメンター制度により、外国人社員が悩みがちな日本人とのコミュニケーション、人間関係のトラブルや私生活、休暇取得などに関する相談にのってもらえることで、外国人社員の雇用の継続につながっている。

　さらに、将来のキャリア設計をサポートすることや、キャリアビジョン（将来的なキャリアのイメージ）を見せることが重要である。外国人社員の場合、日本企業において将来のキャリアビジョンが見えない、あるいは見えにくいことが、モチベーションの低下、また退職の原因となっていることも多い。このため、具体的なキャリアビジョンをイメージさせることや、長く活躍してもらうためのキャリアプランをいくつか用意する、また、外国人社員が自分の強みを活かせるような仕事のチャンスを与えることも効果的である。例えば、日本本社でグローバル事業担当として活躍してもらう、海外で現地経営職・管理職人材として活躍してもらうなどがある。

4　外国人社員の存在が日本人社員へ与える影響

(1)　外国人社員と働くメリット

　筆者による大手日本企業の人事関係者へのインタビューなどに基づき、日本企業で、外国人社員と一緒に働く日本人社員にとってのメリットとしては、下記の点が挙げられる。

　① 語学力・異文化理解力が向上する

　日本語以外の言語を母国語とする外国人社員と一緒に働くことは、外国語でのコミュニケーションや異文化への対応が求められる。よって、語学力、グローバルマインド、異文化理解力向上のきっかけとなる。ある大手IT企業では、同社人事部門の外国人社員の提案によって、外国人社員と日本人社員とが集まって英語で対話するイングリッシュ・ランチタイムを設けて、互いの言語や文化、ビジネスの仕方などについての情報、意見交換を行っている。

　② 仕事への意欲、プロフェッショナル意識が高まる

外国人社員の成長意欲、達成意欲の高さに刺激を受け、日本人社員も自らのスキル・経験を高めようとする意欲をもつようになる場合が多い。

医療用設備のセントラルユニは、2014年に外国人2人を雇ったところ、周りに刺激を与えて日本人社員のやる気を引き出した。同期の日本人社員は「知識の習得スピードや行動力がすごい。見習わなくては」と話す。また、大手電機メーカーの海外貿易部門では、台湾出身の社員が中国語・英語・日本語の3カ国語を使いこなし、貿易のプロとしての資格取得に挑戦するため週末でも熱心に勉強している姿勢に、まわりの日本人社員は影響を受け、英語や中国語などの語学習得や資格取得への動きが盛んになっている。

③ 新しい視点、発想、グローバル視点が得られる

日本人だけだと気づけないこと、当たり前のこととして気にもとめていなかったことに、外国人ならではの視点・発想が持ち込まれることで、新しいアイディアやイノベーションが起きることがある。例えば、あるメーカーでは、日本人社員が当たり前に行っていた報告書類に対し、ある外国人社員が「この報告書類は必要性があるのか？」という疑問を投げかけたことにより、無駄な業務が削減され業務効率化が進んだ。

(2) 外国人社員と働くデメリット

反面、外国人社員と一緒に働く日本人社員にとって、メリットともなり得る異文化との接触が、デメリットとなることもある。

① コミュニケーション上のトラブルが発生する

まず、日本語が通じにくいことが大きな障壁となる。これは誤解を生じさせ、仕事上のミスやトラブルを招くことに直結する。

また、文化の違いによって、外国人社員が日本的なビジネススタイル、チームワークなどになじめない場合がある。外国人社員が自分の得意分野やしたい仕事ばかりをして、それ以外のことには取り組まない、同じ部署の社員がトラブルに対応しているような場合でも自分の担当業務でなければ手伝わないなど、外国人社員の振る舞いが日本人社員との軋轢を生むことにもなる。筆者は、大手IT企業のマネジャーから、部下の外国人社員が、そのマネジャーを含めたまわりの日本人社員と円滑なコミュニケーションが取れないと相談されたことがある。その外国人社員は、他の日本人社員とうまく協力できないことや、やるように指示したことの意図を理解できず、自分勝手に仕事を進め、上司を含

めたまわりの日本人社員の意向に合わないことが多かった。そこで、そのマネジャーは、本人の仕事の役割や目的、ルールを明確にし、よりストレートにフィードバックを行うようにして、徐々に状況を改善していくことができた。

② 外国人社員の短期間での転職、退職などによりまわりの社員のモチベーションが低下する

社内にうまく適応するように時間をかけて育成した外国人社員であっても、自身のスキル、キャリアアップなどのために、あっさりと転職していくことがある。その場合、それまで教育に投資したコスト、時間が無駄となる。そればかりか、日本人社員への心理的なダメージが大きい場合もある。ある企業では、外国籍の新人社員に長く勤務してもらおうと期待していたにもかかわらず、入社約2年で退職した。それにより、彼の教育に関わった日本人の上司や先輩たちは、たいへん落胆し、モチベーションが下がってしまった[9]。このようなケースが続くと、「せっかく時間とコストをかけて育成しても、すぐに転職してしまうから外国人は採用したくない」という日本企業が増えてくる。

外国人社員と働くことによるメリットを享受しつつ、デメリットを極力小さくする取り組みを進め、結果としてメリットがデメリットよりも大きくなる状態を実現していくことが必要である。

5 外国人社員と働く日本人社員への処方箋
――身につけるべき能力と働き方の変革――

(1) グローバル人材に求められる5つの力

好むと好まざるとにかかわらず、グローバル化の進展によって、日本人が国内外で外国人社員と一緒に働く機会が増えてくる。外国人とともに働く、またグローバル環境でビジネスができるグローバル人材として今後、下記の5つの力を身につけていくことが必要になってくる。

アジアのトップビジネススクールの1つであるシンガポール国立大学の教授であり、アジアのみならず世界でグローバル・リーダー育成に豊富な経験を持つプレム・シャムダサーニ博士(Dr. Prem Shamdasani)のアドバイスを得ながら、グローバル人材に求められるスキル及びマインドとして5Q(5つの力)と定義した。

① LQ(Language Quotient):語学力

LQとは、英語をはじめとする語学力である。外国人と一緒に働く、またグローバルでビジネスをできるようになるためには、英語をはじめとした語学力が必要となる。当然ながら、日本語でコミュニケーションが取れない、またある程度取れるが十分ではない外国人とともにビジネスを行うためには、英語をはじめとした語学力はあったほうがよい。

　語学力があることによって、グローバルで社内外のマネジメントや交渉を行いやすくなる。では、どこまで語学力を高める必要があるのか。筆者自身のグローバルビジネス経験と企業向けの人材教育やコンサルティング経験からすると、グローバルビジネスで特に非ネイティブ英語スピーカーとビジネスする英語は、ネイティブ・スピーカーに近い発音や表現などの難しい英語よりも、実践で使えるシンプルな英語のほうがよいと考える。単語、文法、表現の違いを気にしすぎて話せなくなるよりも、多少の間違いはあっても気にし過ぎず、積極的に聞く、話す、読む、書くなどでコミュニケーションをとっている人のほうが、ビジネスにおける成果を上げているようである。フランス人のポール・ネリエールが国際共通語として提唱した"グローバル（Global）"と"イングリッシュ（English）"を掛け合わせた造語である"グロービッシュ（Globish）"はその一例である。グロービッシュでは標準的な英文法を使い、使用頻度の最も高い英単語約1500語を使用する。グロービッシュに加え、マーケティング担当であればマーケティングの専門用語、技術担当であれば、技術の専門用語を活用すれば、多くのビジネスシーンで対応が可能となる。

　ブリヂストン社では、"ナショナル・イングリッシュ（同社内の造語）"を社内共通言語としている。"ナショナル・イングリッシュ"とは英米などのネイティブ・イングリッシュではなく、「自分の国で学んだ英語」である。日本人は日本で、中国人は中国で学んだ英語で対話をするというものである。英語が苦手な日本人でも気後れせずに積極的に、これまで学んできた英語で会話することができる。

　このような"グロービッシュ"や"ナショナル・イングリッシュ"は、グローバルビジネスのためのツール（道具）としての英語である。特に英語に苦手意識をもつ日本人には、すすめたい。外国人社員もネイティブ・イングリッシュスピーカーばかりではないため、むしろこのような"グロービッシュ"や"ナショナル・イングリッシュ"のほうが、日本人と外国人が一緒にビジネスする場合には効果的である。

英語が苦手な人は、まずは"グロービッシュ"を実践できるようにし、その後、さらに単語数や表現方法を増やし、より高いレベルの英語を習得、実践していくことを勧める。

②IQ（Intelligence Quotient）：専門知識と論理的思考力

IQには、2つの要素がある。1つはビジネスにおける専門性、ビジネス知識、実務スキルや経験などで、国内のみならず海外でも通用する専門性である。大手電機メーカーのあるエンジニアは、技術的な専門用語以外は、"YES"、"NO"、"OK"、"GOOD"など限られた単語しか話さなかったが、ジェスチャーを織り交ぜながら積極的にコミュニケーションをとり、同社の国内から海外への技術移転プロジェクトの責任者として重要な役割を果たした。これは、グローバルビジネスにおいて、語学能力以上に高い専門性が重要であることを示す例である。

IQのもう1つの要素は、論理的思考力、論理的コミュニケーション力である。論理的思考力とは、根拠と結論を明確にし筋道立てて考え説明すること、一貫して筋が通っていることである。

一緒に働く外国人にとって、語学力は優れているが論理的思考、コミュニケーションができない日本人よりも、多少語学力が劣っていても、論理的に思考、コミュニケーションができる日本人のほうが、一緒にビジネスを行いやすい。

大手電機メーカーのシンガポールにあるアジア統括拠点で筆者がインタビュー調査を行った際、どちらも日本国内では優秀な人材と評価されていた現地責任者A氏とB氏では、海外での評価が大きく異なる結果となった。論理的思考力があり、筋道立てて分かりやすく、論理的にコミュニケーションできるA氏は、海外の部下からの信頼が厚く、結果、大いに成果を上げた。一方、B氏のコミュニケーションは表現があいまいで論理的なコミュニケーションができず、外国人の部下に基本方針や考え方が伝わらなかったため、日本国内勤務においては高い成果を出していたにもかかわらず、海外では十分な成果を出すことができなかった。

③EQ（Emotional Quotient）：他者の感情理解力と他者への影響力

EQとは、他者の気持ちを理解することと他者の気持ちに対して効果的に働きかけができる能力である。同分野の研究者であるイェール大学のピーター・サロベイ博士などの調査研究では、IQよりもEQのほうが仕事の成果への影響が大きいという結果が報告されている。企業においても、IQは高いが、チ

ームで仕事をする上で重要な他者の気持ちを理解すること・対応することができずに、他者と共同作業がうまくできなかったり、上司になったとき部下をうまくリードできなかったりするケースが多数存在する。

外国人社員とのビジネスにおいても、国籍は違っても人間同士であるため、喜怒哀楽など感情的な面は、誰でも共通である。仕事で成功したり、人から親切にされたりすると喜び、人から侮辱されると怒る。仕事上の失敗や、何か不幸なことにあうと哀しいし、仕事が順調に進んだり、困難を乗り越えたりすると楽しいと感じる。このような、国籍は違っても人間として共通する部分に関しては、理解や共感を深めるよう心掛けたい。例えば、積極的にあいさつ・声掛けや傾聴を行い、また感謝・承認などを伝える前向きなコミュニケーションを行っていくとよい。

④ CQ（Cultural Quotient）：異文化理解力・対応力

IQ と EQ は、程度の違いはあれ、日本人とのビジネスにおいても外国人とのビジネスにおいても共通して必要となるスキルである。一方、CQ は、異文化を理解し異文化に対応する力であり、特に外国人とのビジネスや海外でのビジネスにおいて特に、重要となるスキルである。この CQ がグローバルビジネスで成果を上げられるかどうかの1つの重要な指標となる。

日本はいわゆる「あうん」の呼吸が通じるハイコンテクスト文化に属するため、異文化環境でのコミュニケーションにおいてはどうしても「言葉足らず」となってしまい、効果的なコミュニケーションができない場合が多くなる。ハイコンテクスト文化とは、背景や考え方が共有されているため、コンテンツ（内容）が十分でなくともコミュニケーションが成立しやすい文化である。そこで、外国人社員がいる環境では、5W1H（誰が、どこで、いつ、なぜ、何を、どのように）などを意識しながら、コミュニケーションをとっていく必要がある。

各国の文化の違いは、"違い"であって、"間違い"ではない。異文化理解の権威フォン・トロンペナー教授は、異文化対応を3つのステップとして、1. 異文化を理解すること、2. 異文化を尊重すること、3. 異文化の特徴をいかしうまく活用することと述べている。

具体的には、日本や他国の歴史・文化・宗教などを学ぶ、外国人の持つバックグラウンド、価値観などの文化を尊重しつつ、交流する機会を持つことが効果的である。

⑤ MQ（Mission & Management Quotient）：ミッション・マネジメント力

最後は、MQ である。何のためにビジネスを行うのかという経営理念や、ミッション（使命）、ビジョン（将来の目指すべき姿）の本質を理解し、実践することである。外国人を含めたグローバル組織をマネジメントするためには、この MQ が極めて重要となる。グローバル化に限らず、女性活躍やしょうがい者雇用などを支援するダイバーシティ推進において、"ダイバーシティ（多様性）＆インクルージョン（統一性）"が必要とされるが、多様な人材を集め、ダイバーシティを推進するためには、ミッションに基づくインクルージョンが不可欠となる。そしてインクルージョンを推進するためには、MQ が欠かせない。具体的には、会社の経営理念、ミッション、ビジョンなどを共有、理解、実践することである。例えば、パナソニックの経営理念は、"社会生活の改善と向上を図り、世界文化の進展に貢献すること"であり、経営判断やビジネスにおいて行動するとき、日本人、外国人社員を問わず、この経営理念をベースにしている。この MQ により、多様性のある外国人社員を同じ方向に向かってリードできるようになる。

(2) 働き方改革の必要性

以上の5Qを中心とした能力を高めるというスキル面の向上と併せて、日本企業において、外国人を採用、継続雇用するために必要なことは、労働時間の短縮と効率化である。日本人の場合、比較的、残業や長時間労働を前提とした働き方に慣れている。しかし、こういった長時間労働は、世界的に見れば異常であり、よって外国人にとって、日本企業で働くことは魅力的に見えない。

そこで、労働時間短縮のため、仕事の優先順位付けや時間配分、時間の感覚を変えていくことが必要となる。まず、残業時間を前提としない仕事の意識付けを行う必要がある。例えば、大手総合商社の伊藤忠商事は、深夜勤務（22～5時）の禁止、20～22時の勤務の原則禁止をするとともに、どうしても対応が必要な場合、朝9時以前に勤務する朝型残業を推奨している。これにより、労働時間を短縮しようとする意識が高まり、会議を減らす、意思決定を迅速化するなどした結果、同社の業務効率が向上した。

また、システム開発などを手掛ける SCSK は、残業時間の削減と業務の効率化を同時に行っていった。残業時間が減ると収入が減るという社員側のデメリットを解消するために、効率化を行い、残業時間を削減した社員に対して、

残業代見合いをボーナスとして社員に支払うことを実施している。その結果、同社は連続増収増益を実現し、会社にとっても、社員にとっても WIN-WIN の環境を作り出している。同社では、このような働く環境を整備しつつ、グローバル関連ビジネスの拡大に伴い、優秀な人材をグローバルで確保するべく海外の大学での採用活動を行うなど、外国籍社員の採用を積極的に進めている（2016 年 4 月 1 日現在 外国人社員数 37 名）。

働き方改革を進める具体策としては、部門と個人の目標設定、役割分担、PDCA サイクルを回す（計画・実行・評価・改善を繰り返すこと）、個人のメール対応を迅速化し、優先順位をつけ対応する、会議の時間・回数・参加者を制限したりするなどの取り組みがある。なかでも重要なのはマネジメントの強化である。労働時間短縮化や働き方効率化は、個人の努力だけでは限界があり、組織的な取り組みを行うことで大きな成果が出る。よって、このような"働き方改革"を個人、部門、全社で実践する必要がある。

さらに、このような"働き方改革"は、外国人採用のみならず、女性活躍、しょうがい者活躍などの全社のダイバーシティ経営推進にもプラスの効果をもたらす。したがって、外国人社員の採用をきっかけにして仕事の進め方を効率化することは、会社全体の活性化へとつながる。そして会社が活性化することは、グローバルビジネスを行う上で極めて重要となってくるのである。

おわりに

経済のグローバル化が進むなかで、日本企業が生き残り、そして発展していくためには、日本企業の強みを活かしつつも、経営のあり方をグローバル化していく必要がある。そして、この環境下で働く日本人社員自身も、そのビジネスを行う場所が国内か海外かを問わず、働き方の変革が求められている。

日本企業にとって、その処方箋は、(1) 日本型雇用システムの変革、(2) 日本型マネジメント手法の変革、(3) 外国人の採用・教育システムの変革である。また、グローバル化する環境の中で働く日本人は、グローバルビジネスで求められる能力である語学力、論理的思考力、他者の気持ちを理解する能力、異文化理解対応力、ミッション・マネジメント力を身につけていく必要がある。このような能力を身につけることは、グローバル化していく日本企業の中で活躍できるだけでなく、グローバルビジネスにおいて活躍するのに不可欠である。

同時に、ビジネスのやり方を改革し、労働時間を短縮し、働き方改革を進めるため、マネジメント力の強化を一層推し進める必要がある。それは、外国人社員のみならず、全社員の働き方を改善し、ビジネス効率を高めることにもつながる。そして、日本企業が海外で事業を展開していく際にも、日本型のマネジメントをそのまま海外に輸出するのではなく、日本型マネジメントの強みを活かしつつも、グローバルで適応させることで、日本企業のグローバルでのビジネス展開力を強化する処方箋ともなりうる。

日本企業や日本人が、その強みや特徴を生かしつつ自己変革を進め、外国人社員も効果的に取り込み、国内外を問わずグローバルで活躍、発展していくことを切に期待したい。

> **コラム　グローバル組織のための異文化理解について**
>
> 日本人にとっても、一緒に働く外国人にとっても、互いの文化の共通点と相違点を理解し、対応することが重要となる。本文中では、異文化理解に関して、エドワード・ホールのハイコンテクスト・ローコンテクストの考え方を紹介した。
>
> 異文化理解において著名なヘールト・ホフステード調査は、権力格差、個人主義化傾向、男性化傾向、不確実性の回避、長期的志向、寛大化傾向の6つの切り口で、各国の文化を分析している。
>
> これによると、日本では、権力格差が大きい（54／100）、男性化傾向が極めて強い（95／100）、不確実性回避が非常に高い（92／100）、長期的志向が強い（88／100）など、世界の中でもユニークな文化をもっている。このことから、日本の常識が世界の常識ではないことをよく理解しておく必要がある。
>
> 日本企業のなかには、日本人と外国人の文化的な強みを組み合わせて有効活用している企業がある。例えば、世界的な自転車部品の日系メーカーであるシマノでは、ものづくりや品質管理面では、不確実性回避が高い、長期的志向が強いなどの日本の強みを生かしながら世界トップレベルの品質を維持している。かたや、マーケティング戦略面では、不確実性回避が低い（＝リスクをとって挑戦できる）などのシンガポールの強みを生かし、世界最大の自転車メーカーである台湾のGIANT（ジャイアント）グループとのビジネスをはじめ、世界の自転車メーカーとのビジネスを積極的に、リスクを取りながら事業展開している。
>
> このように、異文化をいくつかの切り口で理解しながら、① 文化の共通点と相

第6章 外国人社員が活躍するための経営改革　125

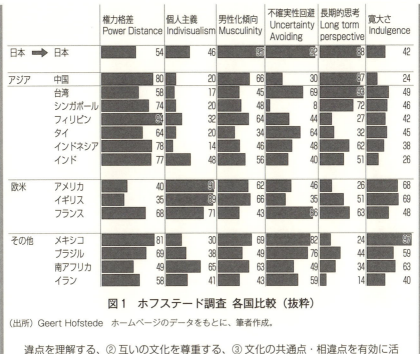

図1　ホフステード調査 各国比較（抜粋）

（出所）Geert Hofstede　ホームページのデータをもとに、筆者作成。

違点を理解する、②互いの文化を尊重する、③文化の共通点・相違点を有効に活用することがグローバルビジネスにおける異文化理解・対応のポイントとなる。

注
1) IMFのWorld Economic Outlook Databaseによる（http://www.imf.org/external/pubs/ft/weo/2018/01/weodata/index.aspx、2018年9月20日閲覧）。
2) 富士通総研［2013］。
3) 『西日本新聞』2017年4月11日。
4) 2017年2月、神奈川にてインタビューを行った。
5) 2017年3月、東京にてインタビューを行った。
6) 『日本経済新聞』2016年3月14日。
7) 2015年10月、東京にてインタビューを行った。
8) 2017年3月、神奈川にてインタビューを行った。
9) 2016年11月、東京にてインタビューを行った。

参考文献
（日本語文献）

安部哲也［2017］『課長の心得』総合法令出版。
経済産業省［2016］「IT人材の最新動向と将来推計に関する調査結果」。
経済同友会［2008］「第16回企業白書〜新・日本流経営の創造」。
厚生労働省［2017］「外国人雇用状況（2016年10月現在)」。
総務省［2018］「労働力調査（基本集計）平成30年（2018年）4月分」。
ディスコ［2013］「外国人留学生の就職活動状況」。
富士通総研［2013］「高度外国人材活用のための実践マニュアル」平成25年度厚生労働省委託事業。

（欧文献）

Abegglen, J. C. [1958] *The Japanese Factory: Aspects of its Social Organization*, Glencoe: Free Press（占部都美監訳『日本の経営』ダイヤモンド社、1958年).
Hall, E. T. [1976] *Beyond Culture, Garden City*, Anchor Press（岩田慶治・谷泰訳『文化を超えて』ティビーエス・ブリタニカ、1979年).

（参考HP）

ヘールト・ホフステード（https://geert-hofstede.com/jp.html、2017年4月1日閲覧)。
伊藤忠商事（https://www.itochu.co.jp/ja/、2017年12月11日閲覧)。
SCSK（https://www.scsk.jp/corp/csr/labor/diversity.html、2017年12月10日閲覧)。

第7章

中堅・中小製造企業における設計業務のオフショアリング
――「包括的オフショアリング」の進化――

徳 丸 宜 穂

はじめに

　外国へ製造・開発を委託する、あるいは外国へ製造・開発工程の一部分やサービス業務を委託することをオフショアリングと呼ぶ。オフショアリングは、新興国が発展するための機会として重要である。なかでも、欧米諸国からソフトウェア開発やサービス業務のオフショアリングを受注することを契機として発展してきたインドのICT（情報通信技術）産業は、その典型例である [Hirakawa *et al.* eds. 2013]。

　一方、新興国へのオフショアリングにより、先進国内において産業・雇用の空洞化をもたらすのか否かという議論が、政策論争と密接に関係して行われてきた。例えばCrinò [2010] は、サービスのオフショアリングによって高技能の雇用は増えたという推定結果を報告し、オフショアリングによる雇用へのインパクトは限定的であることを示唆している。他方Blinder [2009] は、米国では22～29％の職が現実にはオフショア可能だと推計し、インパクトが大きいことを示唆する。しかしMilberg and Winkler [2013] は、いずれの可能性が実現するかは企業・経済の対応にかかっていると論じている。本章は、ベトナムに進出した4社の日系金型製造企業の事例をもとに、企業がどの程度の範囲の業務をオフショアリングに出すのかを規定する諸要因を、日本企業の場合に即して明らかにする。なぜなら、オフショアリングの範囲こそが、雇用・産業へのインパクトを規定するからである。

　オフショアに出される工程を制約する要因について、近年の先行研究は次のように論じてきた。第1に、1つの製品における生産・流通工程の諸部分が細分化されて各国に配置されていることは、フラグメンテーションと呼ばれる。

これが、東アジア諸国において、取引費用が低い工程が切り出されて外国へ移転されるなかで起きている［木村 2009］。第2に、ICTの発展によって、知識集約型の労働でさえも脱熟練化され、新興国へ移転可能になっていることが、デジタル・テイラー主義という概念で論じられている［Brown *et al.* 2011］。第3に、ホワイトカラーの仕事の場合、それ以外の仕事との相互依存性が高いから、オフショアリングの難しさは倍加すると考えられている［Bair and Mahutga 2012］。日本についてみると、海外への工程移転には限度があると同時に、日本と新興国との間に補完的な分業関係が成り立つとする実証研究がなされてきている。例えば吉富［2003］や服部［2007］は、日本は技術・技能集約的な財生産に特化していることを実証している。また藤本・天野・新宅［2007］は、国際移転が容易な資本に比べて、設計・製造にかかわる組織能力は地理的に粘着的で国際移転が難しく、日本には複雑な構造を持つインテグラル・アーキテクチャ製品を設計する組織能力が偏在しているため、日本ではインテグラル・アーキテクチャ製品の設計・製造への特化が見られると論じている。

　このように、海外へ製造工程の一部を移転することは簡単ではない。しかし現実には、日本企業はますます多くの工程、とりわけ知識集約的な工程を新興国に出すようになっている。つまり、オフショアに出される範囲が拡大し、業務内容も高度化している［国際協力銀行 2014］。このことは、日本企業のオフショアリングをめぐる諸条件が変化しつつあることを示唆しており、オフショアリングの進化とそこに働く新たな力学を実証的に明らかにする必要がある。

　そこで本章は、熟練依存度が高くオフショアリングが相対的に難しいと考えられる金型産業を事例として、(1)オフショアリングの範囲はどの程度広がっているのか、また、(2)それを後押しする諸要因を、特に知識集約的な設計業務のオフショアリングに着目した事例研究によって検討したい。

　金型は、量産組立型製造業の部品生産に不可欠で、その精度と耐久性が、量産組立型製造業の競争力を大きく規定するとされてきた、いわゆるインテグラル・アーキテクチャ製品で、知識・技能集約型の製品である［田口 2011］。よって、日本および東アジアの製造業の将来を占う上でも、金型産業を事例にすることは重要な意義がある。また上述のように、インテグラル・アーキテクチャ製品の設計・製造工程を新興国に移転することは一般的に難しいと考えられてきたので、その移転の限界と可能性を検討する上で、金型産業の事例は好適であるとも考えられる。加えて日本企業にとってベトナムは、中国に代わるオ

フショアリング先として注目されて久しいが、金型にかかわる技術力は中国を含む東アジア諸国を下回っているとみられる。1) もしも技術力で劣位にあるベトナムにおいてすら、技術力を必要とする金型産業のオフショアリングが以前よりも進展しているとすれば、他の東アジア諸国ではベトナム以上にオフショアリングが進展する技術的素地があると考えることができる。その意味で、金型産業およびベトナムの事例に焦点を当てることは、本章にとって適切な選択であると考える。

本章の構成は以下の通りである。第1節ではベトナムに進出した日系金型企業4社を対象とした事例の叙述・分析を行う。第2節では、ここで見られるオフショアリングを「包括的オフショアリング」として概念化できることを論じ、その含意を述べる。

1　4社の日系金型製造企業への調査

本節では、聞き取り調査およびそれを補完する資料に基づき、ベトナムに進出した4社の日系金型製造企業の事例を分析する。そこで、金型産業の概要を述べておこう［田口 2011］。金型にはダイ型とモールド型がある。ダイ型の代表例はプレス用金型である。モールド型はプラスチック部品を射出成形するために用いる。特にモールド型では、中国や韓国との競争が激化している。日本では金型専業の企業が多く存在するものの、海外では、部品メーカーや製品メーカーが金型を内製することが多い。

金型の製造工程は大まかに捉えると、順に、(1)設計工程、(2)加工工程（外形加工工程・型彫り工程）、(3)仕上げ・組立・検査工程からなる。設計工程ではCAD（コンピュータ支援設計）の利用が主流であるが、事例研究で詳述する通り、それでもなお、成形やプレス加工の諸条件を反映した設計が必要であるため、設計者は工程全体を熟知している必要がある。加工工程では切削加工や放電加工が行われるが、自動化が進んでいる。仕上げ・組立・検査工程は、磨きや組立など、熟練技能が非常に必要な工程である。こうして完成した金型を用いて、部品のプレス加工や成形が行われる。

なお、大阪府立産業開発研究所の調査によると、金型生産において「最も技能を必要とする工程」を尋ねたところ、回答数が多かった順に「設計図作成」「CAMデータ作成」「仕上げ」「切削」「研削その他」「放電加工」であった［田

ロ 2011]。「CAM（コンピュータ支援製造）データ作成」も上記の(1)設計工程に含まれることを考えると、高い技能が必要な工程は、(1)設計工程と、(3)仕上げ・組立・検査工程であると言える。

(1) 事例企業の概要

まず、本章が事例研究対象とする4社の概要を表7-1に示す。筆者は、全企業のハノイ拠点で日本人駐在員に対する聞き取り調査を行った。加えてA社、B社については本社にも訪問し、経営幹部および現地駐在経験者に対する聞き取り調査を実施した。各社での調査概要は表の通りである。4社とも金型製造に携わっており、またハノイに拠点を設置している点では共通している。金型製造のみを行うA社以外の3社は、金型製造のみならず成形まで行っている。ベトナム進出が最も早かったのはB社（1995年）であり、これにA社、C社、D社の順で続く。また、ハノイ拠点の従業員数に比して日本人駐在員数が多いのはC社とD社であることが分かる。

次に、各社がベトナムに進出した動機、事業内容、および現在の販売先を見

表7-1 事例企業の概要

	A社	B社	C社	D社
本社事業内容	プラスチック用金型	プラスチック用金型・成形	プラスチック用金型・成形	プレス用金型・成形
本社従業員数	125名	330名	180名	315名
海外拠点（進出年）	ハノイ（2002）インドネシア（2012）	ホーチミン(1995)ハノイ（2005）	ハノイ（2004）	ハノイ（2010）
ハノイ拠点従業員数（うち日本人）	90名（3名）	800名（3名）	150名（6名）	87名（5名）
訪問日時	2014.7.18（本社・2時間）2014.9.26（本社・2時間）2014.10.17（ハノイ・3時間）2014.11.5（本社・2時間）	2014.10.13（ハノイ・3時間）2015.1.8（本社・2時間）	2014.10.13（ハノイ・2時間）	2014.10.16（ハノイ・2時間）

ておこう。A社は日本国内の顧客からのコストダウン要求に応えることを目的としてベトナムに進出した。日本国内で受注した金型をベトナムで生産するというのが当初の計画であった。しかし、現地での受注（現地の日系企業及び地場企業などからの受注）が予想以上に増加したため、現地向けの生産がその中心となった。

ハノイ拠点では金型の受注から設計、製造まで行っており、ベトナムに進出しているバイク用ランプメーカー（日系）が売上の6割を占める。残り4割はインドネシア拠点および本社向けの金型製造である。加えて、インドネシア拠点で製造する金型の設計もほぼ100％、ハノイ拠点で行っている。

B社は1990年代初頭に、大手家電メーカーのビデオ機器向け金型製造・成型を行っていたが、その家電メーカーの海外進出により、売上高が半減してしまった。そこで、B社も1993年4月に海外進出することを決め、ホーチミンに拠点を置くこととなった。ハノイに拠点を設置したのは、大手顧客であった日系精密機器メーカーがハノイに製造拠点を有しているためである。現在、ハノイ拠点の売上高の約90％は当該企業向けであり、それ以外の売上もほとんど日系企業向けである。ハノイ拠点の主要製品は、射出成形によるプラスチック部品と金型である。

C社がハノイに拠点を設置したのは、大手顧客であった日系精密機器メーカーからの勧誘がきっかけである。同社以外からの受注の可能性を調査した結果、進出を決断した。進出当初は、金型をベトナムで低コストで製造して日本に送るという事業も構想していたが、現実にはハノイ拠点は、金型の生産のほとんどを、ベトナム現地向けに製造するようになった。日本に製造拠点を残している顧客は日本では高付加価値製品を製造しているので、その顧客に提供する際には金型製造に短いリードタイムが求められるが、ベトナムで生産を行うとこの要求に応えることが難しいためである。ハノイの拠点では当初、小規模でも進出できる金型製造に特化していたが、現在ではプラスチック成形も行っている。バイク部品向けとプリンタ部品向けで売上高の約80％を占める。

4社のなかでハノイへの進出が最も遅いD社は、完成車メーカーのTier 1およびTier 2部品サプライヤ（日系）向けの売上が70％を占めている。これら顧客が海外進出したのに伴って、D社も海外進出を決めた。主要な製品は工業用ファスナーであり、その金型製造と成型を行っている。

以上より、4社に共通するのは、売上のほとんどが現地に進出している日系

企業向けだということである。またA社を除く3社は、当初から、顧客である日系企業の海外進出に対応してベトナムに進出したという点で共通している。

(2) ベトナム拠点の高度化と自立化

次に、どの程度高度な技術・技能を要する業務までベトナム拠点で行われているのか、またどの程度、日本本社に依存することなくベトナム拠点だけで業務を遂行できているのかを検討しよう。ここでは、本節冒頭で述べたように、最も技術・技能を必要とするとされる設計工程、特にその最上流工程である構想設計が現地で行われているかどうかに着目する。加えて、現地従業員に改善活動がどの程度定着しているかにも着目しよう。

A　社

ベトナム拠点設立当初から設計、加工、仕上げ・組立・検査の全工程が置かれたが、当初は設計のなかでも簡単な設計だけ行われており、難易度が高い設計は日本本社で行われた。しかし現在では、構想設計やCAD/CAMを用いた設計、またCAEによる解析など、難易度が非常に高い設計を含むすべての設計工程をベトナム拠点で行えるようになっている[4]。特に、設立当初から勤続する設計者は、最も難しいとされる構想設計を行うことができる。そのため、日本本社で製作する金型の設計を、難易度が高い構想設計も含めて依頼されることもある。そうしたケースも含めて、「ある部分の細かい設計をやって欲しい」などの依頼を受け、ベトナム拠点で設計を行って、設計データを日本に送る、というパターンが増加している。設計者は約20名である。なお、インドネシア拠点の設計はすべてベトナム拠点で行っている。将来的には、インドネシア拠点で製作する金型はもちろん、日本本社で作る金型もベトナム拠点ですべて設計するという構想もある。その際、日本では徐々に、ベトナム拠点では設計できないような、特別難易度が高い金型の設計に特化することになると予想されている。

顧客と打合せを行い、製作する金型の仕様や価格を決めるデザインレビュー（DR）は、金型技術全体の把握が必要な工程である。顧客とのDRはベトナム現地で行われ、ベトナム人従業員も参加する。また、改善活動は定着しており、日本で行われていないような新規性のある改善も実施されるようになってきている。

ベトナム拠点の中堅従業員が若手従業員に対して OJT（On the Job Training）を実施しており、「ベトナム拠点従業員によるベトナム拠点の技能形成」が行われるようになっているという意味で、技能形成が自立化してきていると言えるだろう。それに加えて、設置されて間もないインドネシア拠点の技術指導に従事するのは、ほぼすべてベトナム拠点の従業員である。日本人を派遣する場合と比べるとはるかに安価で済むので、会社にとっても合理的である。

上述のように、将来的にはベトナム拠点を全社の設計拠点とする構想があるのに加え、テクニカルセンターをベトナムに設立し、全社の研究開発拠点とすることも計画されている。新素材の研究など、最先端の研究開発については今後も日本で行うが、その際、優秀なベトナム人従業員を日本に呼び寄せて研究開発に従事させることになるだろうと予想している。さらに、財務的にもベトナム拠点を自立化させ、ベトナム拠点が得た収益をベトナムで投資するという形を取りたいと考えている。

B　社

かつては、難易度が高い金型は日本本社で設計・製作し、ベトナム拠点ではその金型を用いた成形のみを行っていたが、現在は金型設計から製作、成形まですべてベトナムで行っている。またかつては、金型の構想設計を日本で行っていた。これは、顧客企業の設計陣が日本にいたため、彼らとの密接な DR が必要だったためである。しかし現在は、顧客との DR、構想設計もベトナム人従業員のみで行うようになっている。顧客のベトナム人設計陣が現地にいるという状況になったことがその大きな要因である。以上のように現在では、金型設計・製作の全工程をベトナム人で完全に完結できるようになり、日本からの技術的支援は不要になっている。ベトナムで受注した金型の設計・製作成果を、日本本社側でチェックすることはもはやない。金型の形状によって設計の難易度は異なっているものの、設計者のレベルもベトナム拠点と日本本社とでほぼ同等になっている。特に、プリンタの小型部品向け金型の設計については、ベトナム拠点の方が得意としてさえいる。ただし、研究開発はベトナムでは行っていない。また、成形条件の設定など、難易度が高い立ち上げ作業は日本人が行っている。設計者は 8 名で、月に 30 型という製作型数に比べて不足していると考えられている。

改善活動が定着しているのはもちろんだが、新しいラインの設計も、基本的にベトナム人のみで可能である。日本人駐在員はそれに対してアドバイスを行うに過ぎない。日本人駐在員が細かい技術的な仕事までしてしまうと、ベトナム人従業員の人材育成上マイナスであるとの考えも、その背後にはある。日本人駐在員は主に、新規日系顧客の獲得など、営業活動に注力している。しかし将来的には、営業担当者はもちろん社長もベトナム人とし、人的な意味でも完全にベトナム拠点を自立化させることが目標である。

C 社

ベトナム拠点設立当初は行えていなかった構想設計を行えるようになっている。構想設計を行える設計者は3名おり、いずれも、ハノイ工科大学卒で勤続7-8年のマネジャーもしくはリーダーである。設計者は約30名いるが、不足しているという認識である。設計に限らず、ベトナム拠点と日本本社との技術レベルに差はなく、ベトナム拠点で設計・製作できない金型は日本本社でも設計・製作できないと考えている。このことは、日本本社とベトナム拠点の繁閑状況に応じて、互いの設計業務をしばしば手伝っているという事実からも示唆される。ただし解析については、設備の都合上、日本本社のみで行っている。顧客とのDRは現地で行われ、ベトナム人マネジャーも日本人駐在員と一緒に参加する。顧客側の設計陣も現地化が進んでいるため、将来的にはベトナム人どうしで行うDRが増えると考えられている。

改善提案は出されるようになってきた。だが、設備に関する提案が出される段階にはまだ達していない。日本人駐在員が6名おり、うち4名の主な役割は技術指導である（設計1名、機械加工1名、組立1名、工場管理1名）。日本人駐在員の人数を減らしたいが、部長級のベトナム人管理者が十分に育成されていない現状では、日本人の人数削減は難しい。しかし徐々に、ベトナム人上司がベトナム人従業員を管理・育成するという体制ができてきた。

D 社

現状では、金型設計はほとんど日本本社で行い、また難易度が高い金型の製作も日本本社で行っている。設計者が1名しかおらず、ごく簡単な金型設計しかできないこと、また、加工設備が十分ではないことがその理由である。ただし、将来的にはすべての工程をベトナム拠点で行う計画である。日本での設

計・製作工程が入ってしまうと、リードタイムが長くなってしまうためである。ただし、製造についてはベトナム人従業員のみで行えるようになっており、また改善提案も出されるようになってきた。

目下のところ、部品などについて日本本社から受けている支援が多すぎるため、コストを増大させてしまっている。日本本社からの支援を削減するために、20名いる現地スタッフを教育している。また、日本人駐在員が5名いるが、スタッフレベルの現地従業員が管理業務に習熟して、問題発見・解決を自律的に行えるようにならないと、彼らに任せて日本人駐在員を減らすことは難しいと考えている。

まとめ

以上から分かることは、第1に、各社ともベトナム拠点設置時点に比べると高度な業務を行うようになっていると言うことである。事例の4社中、A社とB社では設計業務の高度化と改善活動の定着が著しいが、特にA社では、ベトナム拠点を全社の設計拠点、研究開発拠点として位置づけようとしている点において、最も高度化が進んでいると考えられる。D社は業務の高度化が最も進んでいないと思われるが、これは同社のベトナム進出が最も遅かったことが一因であると考えられる。実際、すべての企業に共通するのは、ベトナム拠点で遂行する業務の高度化をさらに進めるという将来計画である。

上記の点と関連するが、第2に、日本本社もしくは日本人駐在員への依存度が減り、多かれ少なかれ各社とも、ベトナム拠点の自立化が進んでいると言うことである。4社のうちA社とB社で自立化がより顕著であることを象徴するのは、**表7-1**が示す、現地従業員数に対する日本人駐在員数の少なさである。C社、D社でこの数値が高いのは、進出時期が遅かったためだと推察される。ただしC社、D社ともに、日本本社もしくは日本人駐在員への依存度を低減させる方針を持っており、そのための現地中間管理職の育成が進められているので、自立化が進展するのも時間の問題であると考えられる。

第3に、ベトナム拠点の高度化・自立化を進めることは、企業にとって合理性があると言うことである。すなわち、顧客企業がますますベトナム現地で設計・生産を行うようになっている以上、ベトナム拠点で金型設計・製作から成形までを行うことが、時間面でもコスト面でも有利である。また、日本本社もしくは日本人駐在員への依存度が高いことはコストを押し上げるので、企業に

は常に高度化・自立化を進めるインセンティブがある。したがって、日本本社の業務の一部のみを補完する下請的拠点としてベトナム拠点を位置づけることは、少なくともこれら4社にとっては合理的な選択ではないと考えられる。

(3) 日本本社の対応

次に、以上のようなベトナム拠点の高度化・自立化という現実に対して、日本本社側がどのように対応しつつあるのかについて検討しよう。ただし、ベトナム拠点の設置から日が浅いC社、D社についてはほとんど情報が得られていないので、ここではA社およびB社について述べる。

A　社

ベトナム拠点での事業は主に2輪関係の金型設計・製作であるのに対して、日本本社では主に4輪関係の金型設計・製作に従事している。難易度は4輪関係の金型の方が高いが、ベトナム拠点で4輪関係の金型を製作し、日本本社に輸送することもあるので、金型設計・製作の技術水準が日本・ベトナム間で差があるとは必ずしも言えない。ただし、例えば、抜き取り型のように、構造が複雑で、設計に経験が必要な金型は、日本で設計・製作する。また、構想設計や解析が難しく、経験が必要な場合、それらの業務を日本で行う。例えば、解析に用いるCAEツールによる予測と現物との間にはギャップが発生する。その原因を推測・判断して設計を改善できる人は日本本社にしかいない。

日本本社では、先端的な研究開発を核にするという構想を持っている。現在のところ、研究開発担当者は2名おり、研究すべきテーマは新素材対応や軽量化方策などで無数にあると認識しているが、すでに述べたように、ベトナムに設立したテクニカルセンターも研究開発を実施するという構想があるため、どのように分業するかという課題は残っている。また製作についても、ベトナム拠点がレベルアップしたからと言って、その分の業務を日本本社で取りやめることはしない。最低限の製作工程を保持していないと、総合的な生産技術を維持することができなくなるためである。しかし、日本本社での設計・製造業務が減少しており、そのために技術・技能が落ちるかも知れないという懸念はある。だから、設計・製作が難しい金型をあえて日本本社で作るようにしなければならないと考えている。

日本本社の強みは、設計・製作・成形の全領域を深く知るエンジニア（マル

チエンジニア）が存在することと、周辺技術を有する企業のぶ厚い集積である。マルチエンジニアがいることによって、顧客に対してコスト削減や納期短縮の有効な提案が可能になる。また、研究開発の際、例えば表面処理技術など多くの周辺技術分野で、それら技術を有する他社と連携して開発することが必要になるが、こうした企業の集積度は、日本の方が圧倒的にぶ厚い[5]。マルチエンジニアも周辺技術企業の集積も、長年かかって形成された資産であり、日本本社の強みであると認識されている。

　他方、設計業務に従事できる人材の採用が難しいため、人材育成が重要になる。だが、ジョブ・ローテーションを行って多能工、ひいてはマルチエンジニアを育成することは難しい。この企業では、金型製作期間の圧縮が常に顧客から求められており、従来のように1人、もしくは少人数の従業員が複数工程にまたがって作業していては納期に間に合わないため、以前よりも多くの従業員を作業に投入し、1人当たりの担当作業範囲を限定するようになった。同じ理由から、ある作業に習熟していない従業員を、多能工化を図るためにあえて当該作業に投入する余地も少なくなった。

　ベトナム拠点から日本本社にベトナム人従業員を派遣する研修制度は、従業員のモチベーションを高め、離職率を低く抑えるのに有効であり続けている。ただし近年では日本本社側は、日本本社で手薄になっている技能を持ち、日本語もできる研修生を派遣するように求めている。例えば、仕上げ・組立・検査工程の中でも大切な作業である磨きは高い熟練技能を要するが、ベトナム人研修生の技能に依存する度合いが高い。つまり、彼らが、日本で失われつつある技能を補完する役割を果たしている。もちろん研修生は以前と同様に、先端技術を習得して帰国していることに変わりはない。しかし、研修生を戦力として捉えるようになっていることは、技能を再生産する基盤が日本本社からベトナム拠点の方に徐々にシフトしていることを示唆している。

B　社

　日本本社での金型設計・製作と成形は減少してきており、特に成形により部品を量産する業務はほとんどない。現在では、試作金型や手作り品に力点が置かれている。試作金型を設計・製作することで、量産用金型へのノウハウを蓄積することができる。もちろん、ベトナム拠点では不可能な、難しい加工・量産を行うという役割は残るが、日本本社はむしろ、ベトナム拠点で量産するた

めの仕事を受注する営業拠点としての役割が重要になっていくと予想している。

日本に派遣される研修生は、最新の技術を習得するという目的があるが、実際には日本本社に対するヘルプの役割も多い。日本本社はぎりぎりの人数で設計・製作を行っているので、そこで研修生に対して丁寧に教示するということは期待できない。むしろ、日本本社を助けられるくらいのレベルのベトナム人従業員を研修に派遣している。研修生が戦力化しているという事実は、日本本社からベトナム拠点へと技能形成の重心が移動しつつあることを、A社の場合と同様に示唆している。

　　ま　と　め

A社、B社ともに、日本本社の役割は、社内・社外で蓄積されてきた技能・技術を活かした設計・製作、および研究開発である。日本本社での設計・製作への注力度合については違いがあり、A社では現状維持を指向するのに対し、B社は限定された設計・製作機能を残し、基本的には日本本社を営業拠点として位置づけている。ただし、両社とも金型設計・製作にかかわる技能形成の中心はベトナムに移っていると考えられる点では共通しており、日本本社での金型設計・製作を日本人従業員だけで行うことが出来ず、ベトナム人研修生の技能を必要とする段階にすでに入っていると見られる。

(4)　人材採用と人材育成

ベトナム拠点の高度化・自立化は、現地での人材採用と育成にかかっていると考えられる。そこで最後に、人材採用・確保において特に重視されている設計者と管理者の場合を中心に、各社のベトナム拠点での人材採用・育成について検討しよう。

　　A　　社

離職率は数％に過ぎない。従業員のリテンション（流出の防止）を図れている要因は、第1には日本本社への研修制度がインセンティブになっていることであり、第2には立地場所がハノイから離れた農村地域であり、周囲に5社程度しかなく、転職先を相対的に見つけにくいためであると考えられている。事実、現在では、設計者も含めて出来るだけ近隣に住む人を採用するようにしている。それによって、離職の理由を確実に減らすことができるためである。設

計者は大卒、専門学校卒の新卒採用である。設立当初に幹部候補生として採用し、現在まで勤務する設計者はハノイ工科大学の卒業生であった。だが、ハノイ工科大学の卒業生であってもレベル差はかなりあり、なおかつ、トップ層の卒業生はしばしば起業してしまうので、採用しても長続きしない。現在では大学名にこだわらず採用している。日本本社では採用することが難しい大卒人材を採用することが出来るのは、ベトナム拠点のメリットである。製造職では必要に応じて中途採用もするが、ノウハウが各社で異なっているから、経験者であっても即戦力とは必ずしも言えず、育成に最低でも3年はかかる。

設計者には、平面図を見て頭の中に立体を描くことが出来るような幾何的なセンスと、QCD（品質・コスト・納期）を改善する提案能力である。特に後者は、金型全体のコストが設計によって大きく決まってしまうだけに重要だと考えられている。これらは個人の持つセンスに大きく依存するため、製造職で採用した従業員のうちでセンスのある人を設計者に「上げる」こともある。

設計者が提案力を身につけたり、また加工性に優れたよい設計が出来るようになったりするためには、製造現場を経験することが重要だと考えている。設計者の育成はまず6カ月程度、ベトナム人従業員のベテランがメンターとしてついて行われるOJTがあるが、加えて6カ月程度製造現場に投入されることになっている。これらを含めて、育成には最低でも3年はかかる。ジョブ・ローテーションは制度としてはないが、狭い範囲での多能工化や部署異動、例えば優秀な製造職従業員を設計に回すことなどはよく実施されている。日本本社並みの本格的な多能工を育てるのは今後の課題であるが、ジョブ・ローテーション自体は日本本社よりもベトナム拠点の方がやりやすくなってきている。それは第1に、高い人件費のために人員に余裕を持てない日本本社の場合と異なり、人件費が安いために人員に余裕があり、彼らを未経験の業務にアサインする余地があるためである。また第2に、多能工化に対するベトナム人従業員の抵抗感は払拭されてきているためである。

B　社

ハノイ拠点の離職率は1.3%と極めて低い。設計者は大卒や専門学校卒の新卒採用が中心で、中途採用者は少ない。大卒者だと機械工学の出身者が多くCADの操作は知っているが、さらに金型製作や成形についてよく知らないとよい設計が出来ないので、製造現場経験が必須だと考えている。そのため、た

とえ設計者として採用した大卒者であっても現場に投入する。設計者として採用された中途採用の経験者であっても、金型の分野が違うと材料、寸法、精度が異なるため、新たに習得すべきことが多い。そのため、新卒者の場合と同様にまずは現場に入ってもらう。

顧客と打合せをしながら金型のレイアウトを決めていく構想設計が、もっとも難しい工程である。構想設計者は、顧客の言いなりにそのままレイアウトを決めるのではなく、加工の難易度やコストも勘案し、広範なノウハウを反映したレイアウトを決めなくてはならないためである。育成に時間がかかる構想設計者が離職することをもっとも避けたいと考えている。

ジョブ・ローテーションは制度化されてはいないが、上述のように、設計者を育成するために彼らを現場に配置することは普通に実施している。またそれ以外にも、部門を超えた異動は実施している。例えば、営業強化策の一環として、技術力が高い従業員を営業に配置することがある。多能工化を進めることが重要だと考えている。それは、複数の業務をこなせる従業員が多数いれば、受注量の変動に対応しやすいからである。

C 社

離職率は20%程度と高い。これは、賃金の水準が、同社が所在する工業団地内の平均以下だからだと考えている。利益が出るようになってきたため、賃金を平均以上の水準に上げる予定である。金型のコスト、品質とリードタイムは構想設計の巧拙で決まってしまうので、構想設計ができる3名がキーパーソンであり、手厚く処遇している。設計人材は大卒で、ハノイ工科大学や交通大学などの優秀な大学から定期採用している。大学では基本的なCAD/CAM操作しか教育していないため、内部育成が必要であり、自社ノウハウを教育するのに1～2年は要する。現場実習も2～3週間実施する。設計人材育成のために、設計セクションに日本人が常駐しているが、徐々にベトナム人が育成を実施する体制になってきた。

ジョブ・ローテーションは、有望な人を選抜して行っている。一般のワーカーは、契約に書かれていないことを理由に嫌がることが多い。これまでは、ベトナム拠点で金型生産を早期に確立することを最優先していたため、工程分割をして、細分化された仕事を各人に習得させることに専念していた。各人が限られた作業しかできない状態は効率が悪いので、多能工を作り、そうした人を

リーダーに据えようとしている。そこで具体的には、例えば放電加工工程という限られた範囲内ですべての仕事をできるようになるというように、まずは小領域内での多能工を作る取り組みをしている。

設計技術の強化と並んで、管理者育成が課題だと認識している。ベトナム人管理者でないと、人材育成をはじめとする人材管理が難しいということと、日本人管理者では、隠れた問題を発見することが難しいということが理由である。

D 社

プレス加工工程のみ離職率が30％にのぼるが、それ以外の工程では数％である。この差が生じる理由は、プレス加工工程の作業内容の細かさにあると推測しているが、対策は特に講じていない。長期雇用を前提とし、日本と同様の人材育成をしようとしている。勤続してもらわないと仕事を覚えられず、効率も上がらないからである。採用時に、学歴は重視していないが、スタッフの採用の場合、中途採用者であれば、現場での管理経験があるかどうかという職歴を重視している。

ジョブ・ローテーションはまだ行っていないが、将来的には実施したいと考えている。ベトナム拠点の歴史が浅く、各人が専門化された仕事を習得するのに精一杯だった。また、急成長だったため、各人の仕事を専門化しないと急増する仕事量をこなすこともできなかった。そもそも日本本社でもジョブ・ローテーションをやり始めたところである。

目下のところ最も力を入れているのは、管理者の育成である。日本人駐在員だけでは管理しきれないので、ベトナム人管理者の育成は必須である。具体的には、スタッフ20名を対象に、年間計画を立てさせた上、四半期毎に面談を行い、「PDCAを回す」ことを体得させている。

まとめ

以上より、次のことが分かる。第1に、各社とも日本本社における雇用関係、人材管理を踏襲しようとしていることが確認される。現段階では、進出時期が遅かったC社、D社で離職率が高く、A社、B社で著しく低い。しかし、各社とも長期・内部指向の雇用関係を構築するという方針は共通している。また、現状では人材育成度合に差があるものの、多能工化を推し進め、高度な設計人材を育成・保持し、ベトナム人管理者を育成するという方針を、概ね各社とも

共有している。以上より、主に進出年次の違いを反映した差はあるものの、長期・内部指向の雇用関係を構築し、内部で人材育成を図るという、日本本社と同様の人材管理が指向されていると見ることができる。採用に関しても、少なくとも重要な人材に関しては、中途採用ではなく新卒採用を重視している点も概ね日本本社の場合と共通している。

　第2に、人材採用・育成において、日本本社には見られない、ベトナム拠点を利する諸条件が現れつつあることが確認できる。具体的には、以下の3点が看取できる。

> 1）D社を除いては、日本本社では採用することが難しくなっている大卒人材を、ベトナム拠点では採用可能であるということが、利点として指摘されている。言うまでもなく大卒者は、設計や技術開発の中心的な担当者となるので、ベトナム拠点での設計・技術開発の拡充にとって有利な条件だと考えられる。
> 2）設計者の育成にとって製造（金型製作と成形）現場が必要であることが、A社、B社、C社で強調されていた。日本本社で製造が減少していることを鑑みると、設計者育成にとってベトナム拠点の方が有利になり得ることを示唆している。
> 3）人件費の安さゆえにベトナム拠点では余剰人員を持つことができ、余剰人員を抱える余裕がない日本本社に比べてジョブ・ローテーションがやりやすいという指摘がA社でされていた。この指摘はA社以外の3社にも共通して妥当すると考えられる。現在は日本の方が多能工のレベルが高いとされているが、今後の多能工育成にとってはベトナム拠点の方が有利になる可能性を示唆している。

2　考察と結語：「包括的オフショアリング」の進展

　本章の冒頭で検討した文献を含めて、先行研究は日本企業によるオフショアリングの限界を強調してきた。また、Bair and Mahutga [2012] は、日本を含む調整型市場経済諸国の企業は、高技能と工程間の緊密な調整に依拠した組織を本国で作ると考えられるため、部分工程を本国から切り出しにくく、オフショアリングで切り出される工程が自由市場経済諸国の場合よりも小さくなると

いう議論をしている。したがって日本では、工程の一部分だけが新興国に移転されるという意味で、「部分的オフショアリング（partial offshoring）」が一般的になると予想される。しかし実際には、事例企業はいずれも、日本での設計・生産システムを包括的に、いわば「丸ごと」移転しようとしていると思われる。したがって、ここで観察されるオフショアリングは「包括的オフショアリング（comprehensive offshoring）」として概念化できるであろう。

「包括的」と呼ぶのには二重の意味がある。第1にそれは、製造業務のみならず設計業務をも海外移転しており、なおかつ、製造と設計を統合（すりあわせ）する技能集約的な業務も海外移転しているという意味である。説明しよう。CAD、CAM、CAE の発展が典型例であるデジタル化は、原理的に言えば、加工プロセスを投入・産出関係で記述することである［中岡 1971］。その結果、製造と設計の分離を可能にし、拠点間での工程の分離・再配置に道を開く。しかし事例研究から分かるように、金型製作および成形工程をよく知っていなければ、よい金型設計ができないという意味で、その分離は完全ではない。つまり、分離された製造と設計を統合するすりあわせの仕事がどうしても必要となる。したがって、設計・製造のインテグレーション機能をも海外移転していると言うことが、「包括的」という言葉の第1の本質的意味である。

第2にそれは、インテグレーション機能が海外に移転したという以上の意味がある。すなわち、工程を担い、刷新する重要な人材の獲得・育成という機能、換言すれば能力獲得・構築の基盤も、結果的に海外に移転されていることである。またゆくゆくは、技術開発拠点も徐々に海外にシフトしていくことが展望されてもいる。この第2の意味でも「包括的」なのである。第1の動きに比べて第2の動きは見えにくい。しかし、日本本社とベトナム拠点の分業関係を変容させていく原動力はこの第2の動きの方にあるから、一層本質的な変化だと言えるだろう。

事例研究の結果を踏まえると、以上2つの意味での包括的オフショアリングを推し進める要因は、本章の事例企業・産業に固有のものではないと考えられる。したがって、包括的オフショアリングへの傾向はより一般的に観察できるであろう。

さらに、第1節で論じたように、日本本社側に期待されているのは、新技術開発や難しい設計・加工業務の遂行であった。実際、A社で聞かれた通り、開発課題は「いくらでもある」というのが現状である。このためには、技術開発

への資源投入が必要であるのに加え、設計・加工にかかわる人材育成・技能継承が必要になる。しかし、第1節が示す通り、こうした要件を満たすことが徐々に困難になってきている。目下のところ、新技術開発や難しい設計・加工業務が日本本社で行われているのは、主にこれまでの技術・技能蓄積に依拠してのことだと考えられるが、早晩、その持続可能性が問題となると思われる。

他方、包括的オフショアリングの場合、部分的オフショアリングの場合と比べて、より広範かつインテンシブに技術・技能移転を行うため、ベトナムの経済発展への貢献はより大きなものとなると考えられる。馬場［2010］によれば、ベトナム金型企業の技術水準は現地外資系企業に比べて遅れているから、技術波及の余地は大きいと言える。現実にも、聞き取り調査先のA社でも、ベトナムにおいて協力企業を確保・育成しており、技術波及の重要な経路だと考えられる。

同時に、本章の内容は、日本企業がアジアの子会社からの補完を得て初めて国内生産を持続できるという、グローバル化の新しい形が現れていることを示している。A社では、ベトナム拠点で勤務する設計者が、最も難しいとされる構想設計を行うことができる。そのため、日本本社で製作する金型の設計を、難易度が高い構想設計も含めて担っている。つまり、ベトナム子会社が存在することにより、日本本社自身の業務の遂行が可能になっているのである。これが実現する一因は、ベトナムにおいて、日本では採用が難しい、高等教育を受けた技術系人材を採用することができたことにある。こうして、この会社は、グローバル化を活用することで経営を持続可能なものとしたのである。さらに、C社も、日本本社とベトナム拠点の間で、設計業務を互いに手伝うという関係になっている。

また、A社のベトナム拠点から日本本社へ研修に来るベトナム人社員は、研修ではあるものの、磨きという熟練を要する作業を日本本社において担っている。そしてB社からの研究生も、日本で業務に参加している。つまり、日本本社が、日本において失われつつある技能を、ベトナム人従業員によって補完している。このことも、日本企業がグローバル化を活用することで経営を持続可能なものとしたことを示している。このように、グローバル化を活用することは、日本の大手企業のみならず中堅・中小企業にとっても、事業を存続発展させるための重要な手段なのである。

本章では、金型産業のオフショアリングのパターンが部分的オフショアリン

グから包括的オフショアリングへと進化していることを論じた。この進化の原動力となっている諸要因は、金型産業に限らず日本製造業に一般的にみられるものだと考えられるから、包括的オフショアリングが日本の製造業企業のオフショアリングにとって一般的なものとなりつつあるのかもしれない。このことを確認する作業は、今後の課題としたい。

付記

　本章は、科学研究費補助金・基盤研究（A）「アジアにおける知識基盤型経済へ向けた共生的制度構築の研究」（課題番号 23243049）の助成を受けた。また本章の内容は、藤井彰人、足立明稔、久留島一馬（いずれも名古屋工業大学大学院：当時）の各氏と共同で行った現地調査に負っている。いずれも記して感謝したい。

注

1) 馬場［2010］によると、精度がそれほど必要ではない型はベトナム金型企業から調達できる段階になっているが、精度が必要な型については、現地の外資系金型企業から、もしくは輸入によって調達しなくてはならないという。また全体として輸入依存状態が続いている。本章が対象にするのは「現地の外資系金型企業」に該当する日系金型企業に限られているが、馬場が調査を実施した2009年以降の発展方向を明らかにする意味がある。
2) ただし、ベトナムでの金型製造コストは、当時も現在も中国よりも高いという。そのためA社は、ベトナムに製造拠点を持つ顧客に対しては、ベトナム現地で金型のメインテナンスが可能であるという利点を強調するようにしている（2014年11月5日聞き取り）。
3) Tier 1は、完成車メーカーへ部品を納入する企業。Tier 2は、Tier 1へ部品を納入する企業。
4) 金型を用いて成形を行う時に、どのような不具合が発生しうるかを事前に予測する作業が、解析（流動解析、温度解析、強度解析）であり、そのためのツールがCAE（Computer-Aided Engineering）である［青山 2011］。
5) 事実、ジェトロ「在アジア・オセアニア日系企業活動調査」（2013年）によると、「裾野産業の集積」を投資環境のメリットだと回答している日系企業は、1位のタイでも22.9%であり、ベトナムは10位で1.9%に過ぎない。
6) ここで想起されるのは、台湾の半導体ファウンドリ（製造専業）企業の例である。製造専業企業であるにもかかわらず、彼らは2000年代前半の時点で既に高い設計能力を蓄積していた［Tokumaru 2005］。これは、自社工場の製造プロセスに適合した設計技

術を、顧客である半導体ファブレス（設計専業）企業に提供するためである。この段階で既に、台湾を半導体製造拠点として理解するのは表面的であり、むしろより高付加価値化したインテグレーション拠点として理解する方が正確な理解であると思われる。

参考文献
（日本語文献）
青山英樹［2011］「金型製作を支える CAD/CAM/CAE 連係（携）技術」『精密工学会誌』77(7)。
木村福成［2009］「東アジア経済の新たな潮流と雁行形態論」、池間誠編『国際経済の新構図：雁行型経済発展の視点から』文眞堂。
国際協力銀行［2014］『わが国製造業企業の海外事業展開に関する調査報告』。
田口直樹［2011］『産業技術競争力と金型産業』ミネルヴァ書房。
冨浦英一［2014］『アウトソーシングの国際経済学——グローバル貿易の変貌と日本企業のミクロ・データ分析——』日本評論社。
中岡哲郎［1971］『工場の哲学』平凡社。
服部民夫［2007］『東アジア経済の発展と日本——組立型工業化と貿易関係——』東京大学出版会。
馬場敏幸［2010］「ベトナム金型産業の現状と発展段階について——自動車・二輪関連企業の生産・調達状況と貿易統計より——」『経済志林』77(4)。
藤本隆宏・天野倫文・新宅純二郎［2007］「アーキテクチャに基づく比較優位と国際分業」『組織科学』40(4)。
吉富勝［2003］『アジア経済の真実』東洋経済新報社。

（欧文献）
Bair, J. L. and M. C. Mahutga [2012] "*Varieties of Offshoring?: Spatial Fragmentation and the Organization of Production in Twenty-first Century Capitalism,*" G. Morgan and R. Whitley eds. *Capitalisms and Capitalism in the Twenty-First Century*, Oxford: Oxford University Press.
Blinder, A. S. [2009] "How Many US Jobs might be Offshorable?," *World Economics*, 10 (2).
Brown, P., H. Lauder and D. Ashton [2011] *The Global Auction: The Broken Promises of Education, Jobs and Incomes*, Oxford University Press.
Crinò, R. [2010] "Service Offshoring and White-Collar Employment," *The Review of Economic Studies*, 77(2).
Hirakawa, H., K. Lal, N. Shinkai, and N. Tokumaru eds. [2013] *Servitization, IT-ization and Innovation Models: Two-stage Industrial Cluster Theory*, Routledge.
Milberg, W. and D. Winkler [2013] *Outsourcing Economics: Global Value Chains in Capitalist Development*, Cambridge University Press.

Tokumaru, N. [2005] "Codification of Technological Knowledge, Technological Complexity and Division of Innovative Labour: A Case from the Semiconductor Industry in the 1990s," J. H. Finch and M. Orillard eds., *Complexity and the Economy: Implication for Economic Policy*, Edward Elgar.

第8章
アジア通貨危機

高橋信弘

　景気の良かった国が、突然不況に陥る。その影響で、この国に進出していた日本企業は、それまで順調に経営していたのに、経営状態が悪化し、大損失をこうむる。まさに、晴天の霹靂である。こうしたことが、1997年から翌年にかけて、東南アジアや韓国で起きた。これは、アジア通貨危機と呼ばれる。このようなことが起きた大きな理由は、外国資本にある。その国が、外国からの投資の受け入れを自由化すると、多額の資金がその国に投資されて好景気が起こり、その資金がその国から引き揚げられて外国へ出ていくと、突然不況になった。ここに、経済のグローバル化の無慈悲な残酷さが顕われている。世界から集まってきた膨大なマネーが突然流出すれば、小国の経済は簡単に崩壊する。そこに暮らす人々や、そこで運営する企業は、その波に飲み込まれるしかない。

　ただし、東南アジア諸国に進出していた日本企業については、すべてが被害を受けたわけではない。なかには、被害をほとんど受けなかった企業もある。その違いを生じさせたものは何なのか。それを知るためには、アジア通貨危機というマクロ経済的な現象がなぜ発生したのかと、アジア通貨危機が起きる前の時点で各日系企業がどのような経済活動をしていたのかを理解することが必要である。本章は、それを理解することを通じて、グローバル化のなかで経営に必要なことは何かを考えてみよう。

1　東南アジア諸国の好景気

　アジア通貨危機とは、1997年から翌年にかけて、東南アジア諸国や韓国などで、資金が国外へと引き揚げられて、それらの国の為替レートが大きく下落するとともに、好況から一転して不況に陥った事態のことである。まずは、この通貨危機が起こるまでの過程をみていこう。

（1）好景気と資本流入の好循環

1990年代前半、東南アジア諸国は急激な経済成長を実現していた。図8-1にあるように、多くの国が5％を超える成長率を持続していた。そのきっかけとなったのは、これらの国々が外国からの投資への規制を緩和したので、大量の外国投資がなされたことである。流入してきた外国資本は、低賃金労働者を用いて財を生産し、輸出したため、雇用が増加し景気も拡大したのである。

多くの日本企業も東南アジア諸国に工場を建設した。それは、日本や欧米などへの輸出目的だけではなく、現地での販売を目的としたものでもあった。現地販売は、最初の時点ではその市場規模が小さくても、将来の拡大が予想されるため、早いうちに現地での基盤をつくるというねらいがあった。

製造業企業が現地へ進出すれば、その企業と取引のある銀行も、融資のために現地へ進出する。そして先進国の銀行は、東南アジア諸国の高い経済成長率ゆえに、現地の銀行や企業向けの融資も拡大した。

さらに、東南アジア諸国では、国内金利が高く、外国との間に大きな金利差が生じていた。例えば1995年において、米国財務省証券金利が年率5％であるのに対し、タイの6カ月もの定期預金金利は年率11％であった。この高金利のため、資産運用目的で、外国から多大な資金がこれらの地域に投資され、預金や債券購入などにあてられた。また、資産運用のための外国投資は、株式購入にも向けられた。

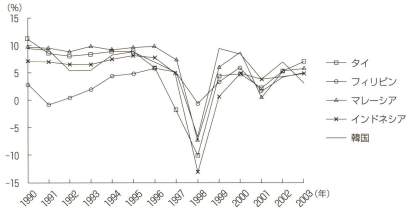

図8-1　東南アジア諸国・韓国の実質GDP成長率（1990～2003年）

（出所）経済企画庁『月間海外経済データ』より筆者作成。

こうした直接投資、銀行融資、証券投資により、先進国から東南アジア諸国への資本移動が拡大したのである。

以上の動きを理解するうえで忘れてはならないのは、当時の東南アジア諸国はドルとの固定相場制をとっていたことである（**図 8-2**）。これは、外国為替市場において、自国通貨がドルよりも安くなると政府が自国通貨を買い、自国通貨がドルよりも高くなると政府が自国通貨を売ることにより、ドルとの為替レートを一定に保つものである。もし変動相場制だったならば、外国から投資するとき、為替差損のリスクがある。例えば、ある時点で、タイの通貨バーツと、ドルとの為替レートが、1 ドル = 25 バーツだとしよう。ここで、1 ドルを売って 25 バーツを買い、それで利率 10% の債券を購入したとする。すると、一年後に 27.5 バーツを得られる。そのとき、為替レートが 1 ドル = 25 バーツのままなら、27.5 バーツを売ると 1.1 ドルを得られるが、バーツがドルに対し 10% 下落して 1 ドル = 27.5 バーツなら、1 ドルしか得られないので、ドルでみた実質利子率はゼロとなってしまう。しかし、東南アジア諸国の通貨はドルと固定されていたので、為替差損をこうむる心配はなかったわけである。

外国投資家からみれば、急激な経済成長のなかで株価は上昇し、債券などの金利は高く、そして工場などを運営してもその収益率は高い。さらに為替差損

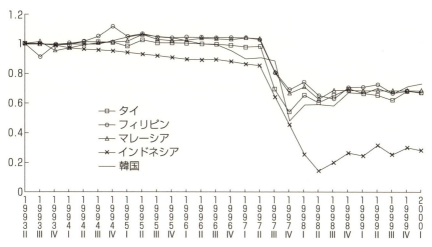

図 8-2　東南アジア諸国・韓国の通貨の対ドルレート推移

（注）各年四半期末の値。1993 年第 2 四半期の値を 1 としている。
（出所）IMF, International Financial Statistics より筆者作成。

表8-1　東南アジア諸国の国際収支

	経常収支	資本収支
1990年代前半	赤　字	黒　字
通貨危機発生時	赤　字	赤　字

をこうむる心配もない。こうしたことから、外国から資金が集まり、現地での生産が拡大する。すると景気がよくなる。景気がよくなると、さらに外国から資金が集まる。こういった好循環が生じていたわけである。言い換えれば、資本流入が好景気を生み出していたのである。

　また、1990年代前半、東南アジア諸国における経常収支は赤字となる傾向にあった（**表8-1**）。経常収支とは、貿易収支（財の輸出額−輸入額）、サービス収支（サービスの輸出額−輸入額）、所得収支（利子・配当収入の受取額−支払額）などの合計である。これが赤字となるのは、製品などを輸出する額よりも、部品などを輸入する額や、外国企業が保有する株式や債券などへの配当・利子の支払い額のほうが大きかったからである。他方、資本収支は黒字であった。資本収支とは、海外からその国への投資などの資本移動と、その国から海外への投資などの資本移動の差額である。これが黒字となるのは、外国から多額の投資がなされたためである。こうした経常収支赤字と資本収支黒字が、当時の東南アジア諸国にみられる特徴であった。

(2)　2つのミスマッチ

　以上のように、外国からの資本流入は好景気をもたらしたが、その過程で、東南アジアの現地銀行にとっては、資金調達および融資方法に関してリスク要因が生じていた。それが、以下に説明する2つのミスマッチである。

　1つは、借り入れと貸し付けの通貨が異なるというミスマッチである。銀行が外国から資金を借りて国内企業に融資する際、外国からの借り入れはドル建てで、貸し付けは現地通貨建てで行うということがしばしばみられた。この場合、もし融資を受けた時点と返済時点で為替レートが違うと、銀行は為替差損（または為替差益）をこうむる可能性がある。つまり、現地通貨の為替レートが下落すると、現地通貨で計算した返済額が膨らんでしまうわけである。しかし、固定レートが維持されているかぎりは、ドルと現地通貨の価値の比は一定なので、問題が生じなかった。

もう1つは、契約期間のミスマッチである。銀行のなかには、外国からの借り入れは短期で契約し、国内企業への貸し付けは長期で契約するということがよくみられた。例えば、借り入れは6カ月契約で、貸し付けは3年契約にする。短期のほうが金利が低いので、短期で借りて長期で貸せば、利ざやを稼げるからである。しかしこの行為は、同時にリスクを負うことにもなる。なぜなら、貸した資金は3年経たないと返済されないが、借りた資金は6カ月で満期となるため、資金を再度借りる契約を繰り返さなければならないからである。借り替え契約が順調に行われればよいが、突然契約の更新を拒否された場合には、その銀行は資金不足に陥ることになる。だが、これも、好景気が続くかぎりは、契約更新は問題なく行われていた。

(3) 投資の急増

　この頃の好景気は、今になって振り返れば、まさにバブルであった。その典型例が、タイでの自動車生産である。タイでの自動車販売量は、1995年に57.2万台であり、10年前の6.6倍となった。さらに、その後も需要拡大が続くことが期待された。このため、すでに進出していた日系自動車メーカーに加えて、GM、フォード＝マツダ、クライスラーなども、タイに工場建設を計画した。こうして、建設予定の各工場がフル稼働する2000年には、タイでの自動車の生産能力は110万台に達すると予想された。

　図8-3にあるように、この110万台という数字は、当時の需要拡大が2000年まで順調に伸びたとして予想される需要数よりもはるかに大きく、過剰設備であったと思われる。輸出が伸びる可能性もあるが、それも未知数である。よって、たとえ好景気が2000年以降も続いたとしても、その時点ですべての工場が稼動すれば、共倒れの危険性が十分あったわけである。しかし、各企業とも強気の投資を行っていた。

　こうした楽観的投資は他の産業でも行われており、工場やビルが次々と建設された。他方、銀行の融資方法にも問題があった。貸し付け先の企業の経営状況の審査などが不十分であり、安易に貸し付ける例が多くみられたのである。

　こうした強気の投資、生産、そして消費によって好景気が生じたため、輸入品である原材料や機械などへの莫大な需要が発生した。加えて、東南アジア諸国は、国内のサポーティングインダストリー（部品などを生産する産業）の未発達ゆえに、工業化や輸出拡大が進むと部品などの輸入も増えるという構造的

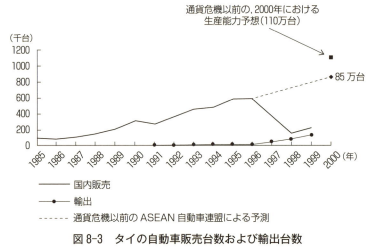

図 8-3　タイの自動車販売台数および輸出台数

(出所) 叶 [2000：表1]、中小企業金融公庫調査部 [1998：図1-8]、および『日本経済新聞』1997年9月9日付より筆者作成。

特徴をもっていた。このため、経済が成長するほど、経常収支赤字が拡大していったのである。

(4) 好景気へのかげり

さらに、好景気ゆえに徐々に物価が上昇し、また賃金も上昇した。しかし、為替レートは固定されている。物価水準が上昇しているのに為替レートが固定されているということは、実質為替レートが上昇することを意味する。また賃金上昇も、生産コストの上昇をもたらす。そのため輸出競争力が低下し、特に繊維製品などの輸出額は、1990年代半ば頃から低下しはじめていた。加えて、日本や中国の為替レートの下落も、輸出競争力の低下に拍車をかけた。これによって、企業のなかには現地から撤退して中国やベトナムなどへ移転するものもあり、経常収支赤字はますます拡大した。特にタイでは、経常収支赤字が、1995〜96年には対GDP比で8％に達していた。つまり、外国からの多額の資本流入が、景気加熱を通じて輸入を拡大させ、結果的に大幅な経常収支赤字を生んでしまったのである。

こうして、1996年にタイの経済成長率が伸び悩みはじめた。また同時期に、不動産業者の経営破綻が目立ちはじめ、不動産業者に多額の融資をしていた金

融機関も、経営状態が急速に悪化した。こうして好景気にかげりが見え始めた。すると、海外からの資本流入が減少する可能性が出て来る。つまり、これまでは景気が良かったので海外から資本がどんどん流入してきたが、その傾向が逆転するかもしれないと考えられたのである。

もし海外からの資本流入が大きく減れば、資本収支は、黒字から赤字と変わる。よって経常収支と資本収支がともに赤字となると、外国為替市場において、タイ政府が固定レートを維持することが難しくなる。

2 通貨危機の発生

次に、通貨危機の発生の過程を見ていこう。

(1) バーツ売りが広まる

タイの景気にかげりがみえるなかで、バーツ(タイの通貨)とドルとの固定相場制が維持できなくなり、近い将来にバーツの為替レートが下落するという予想が広がった。そこで、ヘッジファンドなど海外投機筋の一部が、バーツの先物売りを行った。バーツの先物売りとは、例えば3カ月先といった将来時点で、バーツを1ドル＝30バーツで売るといった契約を結ぶことである。海外投機筋は、先物売りを契約する一方で、その契約の履行される時期(3カ月先)になったら、バーツを売りドルを買う。バーツ売りドル買いを繰り返すことにより、バーツの為替レートが低下して、1ドル＝45バーツとなったとしよう。このとき、1ドルで45バーツを買い、それを先物契約の相手に30バーツ＝1ドルで売れば、1.5ドルが得られる。つまり、差し引き0.5ドルの利益が得られるわけである。こうして、ある通貨を先物市場で売る契約を結び、その契約履行時点となったら、直物市場でその通貨を大量に売る。これにより、その時点での為替レートを、先物契約における為替レートよりも下落させることができれば、利益を得ることができるわけである。

以上のような事情から、大量のバーツの売り注文が発生した。これに対して、固定為替レートを維持しようとするタイ中央銀行はバーツ買いを行った。中央銀行がバーツ買いを行うには、ドル資金をもっていることが必要である。ところが、民間による激しいバーツ売りに対抗してバーツ買いを続ければ、中央銀行の所有する外貨準備は次第に少なくなっていく。

その動きを察した人々は、将来バーツの為替レートが下落すると予想した。為替レートが将来下がるなら、いまのうちに資産をドルに替えておかないと資産価値を維持できない。よって人々は、外国人・自国民問わず、株式や債券を売って現金（バーツ）に換え、そしてバーツを売ってドルを買ったのである。また、先進国の多くの民間銀行が、タイの銀行・企業への融資を停止した。こうして、多くの人々が資金を引き揚げ始めたのである。これに対し、タイ中央銀行は、ドル売りバーツ買いにより、バーツの対ドル為替レートを維持し続けた。

1997年7月、タイ中央銀行は保有するドルをすべて使い果たしてしまった。そのため、ドルを売ってバーツを買うことができなくなり、バーツは下落しはじめた。バーツの下落をみて、ますます多くの人々が資金を引き揚げ、タイへの資金流入は激減した。従来、経常収支は赤字であり、資本流入によってバーツの為替レートは支えられていたわけであるから、この資本の流れが逆転し、資本流出が続けば、バーツの対ドルレートは下がる一方であったのである。

そうすると、資本流入が減少し、資本流出が増加するので、資本収支も赤字となる。つまり、経常収支と資本収支がともに赤字となったわけである（**表8-1**）。経常収支が赤字になるとは、外国為替市場において、輸入代金を支払うなどのためのバーツ売りドル買いが、輸出代金を受け取る際のドル売りバーツ買いを上回る状態である。また、資本収支が赤字となるとは、外国為替市場に

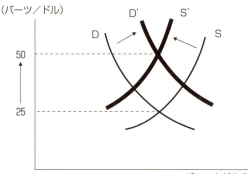

D→D'：資本流出の増加により、ドルの需要曲線Dが右シフト
S→S'：資本流入の減少により、ドルの供給曲線Sが左シフト

図8-4　アジア通貨危機における為替レートの下落

おいて、海外への投資などのためのバーツ売りドル買いが、海外から国内への投資などのためのドル売りバーツ買いを上回る状態である。

よって外国為替市場では、**図8-4**にあるように、ドル買いの増加によってドルの需要曲線が右にシフトし、同時に、ドル売りの減少によってドルの供給曲線は左へシフトする。その結果、1ドル＝25バーツから、1ドル＝50バーツを下回るまでになり、為替レートが大きく下落した。そのうえ、国内では投資が減少し、タイは厳しい不況に陥ったのである。

(2) 通貨を売る動きの波及

さらに、タイの周辺諸国であるインドネシア、マレーシア、フィリピンなどでも、同様のことが起こるのではないかという不安が広まった。このため、タイと同様に資本が流出しはじめ、ついには為替レートが下落した。それまでの楽観ムードは悲観論に転換し、また資金が引き揚げられたために、設備投資や消費は激減してしまった。さらにその動きが、年末には韓国に波及した。この結果、各国の経済成長率は大きく落ち込んだ。

アジア通貨危機に陥った国々は、経常収支赤字が大きく、また為替レートが本来あるべき値よりも高く設定されるなどの問題点を有していた。しかし、タイは別として、他の国々は、1990年代に通貨危機の起きたメキシコなどの国々に比べて、ファンダメンタルズ（経済成長率、財政収支、失業率、物価上昇率など）がさほど悪化していたとはいえない。それにもかかわらず、通貨危機が起きた。これはなぜだろうか。この原因は、群衆行動、パニック、および伝染という概念で説明することができる。

いま、みんながバーツ（あるいは現地通貨）を売ろうとする動きがあると知ったとしよう。そのとき、自分もバーツを売るのが最適行動となる。なぜなら、みんながバーツを売るとバーツの価値が低下するので、価値が低下する前に早めに売ってしまうほうがよいからである。こうした群衆行動のために、市場の動きに合わせて誰もが売る、という行為が起こる。

その結果起こるのがパニックである。パニックとは、投資家が累積的に弱気になり、いっせいに売り出すことをいう。金融市場の歴史を振り返ると、パニックは、これまで何度も発生している。例えば1987年10月19日、アメリカの株式市場で株式が大きく売られて、ダウ平均株価が前日比22.6%低下した。1日の下がり幅としては史上最高である。これは、多くの投資家がいっせいに

株式を売ったためであるが、パニックの過程では、本来売られる必然性がない優良企業の株式でさえ売られ、多くの株式の価格が暴落してしまう。つまり、売りが売りを呼ぶのである。そしてさらに、この出来事が世界中の投資家の心理を弱気にさせ、翌日以降、各国の株式が売られて株価が暴落した。これを伝染という。

群衆行動によって一国の通貨市場でパニックが発生し、それが他国の通貨市場に伝染したのがアジア通貨危機である。ただし、パニックの他国への伝染は、投資家の心理が弱気になったということ以外にも原因がある。一国の為替レートが低下すれば、その国と輸出財が競合している国の生産物は、輸出競争力を失うことになる。よって、一国で為替レートが低下すれば、他国でも通貨が売られて、為替レートが低下する。ファンダメンタルズに大きな問題のない台湾でさえも為替レートが下落したのは、このためである。また、経済的相互依存が強い国どうしでは、一国の景気が悪化すると他国の景気も悪化する。これも伝染の原因である。

このように、ファンダメンタルズがさほど悪くない国でさえも、パニックが起こることによって大きな被害を受けた。その意味で、ファンダメンタルズの悪化よりも、むしろパニックが、アジア通貨危機の根本的原因であったといえる。

また、アジア通貨危機の原因を、別の角度から考えることもできる。東南アジア諸国では、規制緩和によって各国に流入した外国資本が、その景気過熱を引き起こし、さらにその投資資金を急激に引き揚げることによって不況をもたらした。つまり、アジア通貨危機は、資本収支における急激な黒字の拡大と、その赤字への転落によって引き起こされたともいえる。その意味で、これは資本収支危機とみなすことができるのである［吉冨 2003］。

さて、ここで注目すべきは、中国である。中国は外国からの直接投資を大量に受け入れているが、東南アジア諸国と異なり、証券投資はほんのわずかしか受け入れていなかった。アジア通貨危機の際、証券投資による資金は大量に外国へ流出してパニックを引き起こしたが、直接投資による資金は、東南アジア諸国から引き揚げられることがあまりなかった。なぜなら、直接投資をした企業は、その地に長期間立地し、技術移転をして生産拠点をつくるつもりで投資しているので、生産拠点を簡単に放棄しないからである。中国は、外国投資のほとんどが直接投資であったため、アジア通貨危機による直接的な被害を受け

なかったのである。

(3) 金融グローバル化が引き起こす不安定性拡大

通貨危機が発生する背景には、金融のグローバル化がある。通信技術やコンピューターの発達は、多額の資金が極めて短時間に、そして低コストで移動することを可能とした。このため、巨額の資金が、金利格差による利ざや、株式・債券などの値上がり益、為替変動による利益などを求めて、世界中を駆けめぐるようになった。いわば、国際金融市場それ自身が、ギャンブルのためのカジノと化しているのである。

金融のグローバル化は、選択の機会を増やし、また効率的な資金の配分をもたらすという一面をもつ。だが、その一方で、金融市場の不安定性も拡大する。これこそが、通貨危機を引き起こしうる構造的要因なのである。したがって、アジア通貨危機は、金融のグローバル化の帰結であるということもできる。さらに、金融市場の混乱により、実体経済が大きく影響を受けるのが、今日の世界経済の姿なのである。

著名な経済学者であるコロンビア大学のバグワティ教授は、アジア通貨危機直後の1998年に、「『資本移動の自由化には、大きなメリットが伴う』という主張には説得力がない。かなりのメリットがあると主張されているが、実証されていない」と述べている。そして、アメリカ政府が国際通貨基金（IMF）を通じて発展途上国に資本移動の自由化を促し、それによってアメリカ金融街の利益を拡大させていることを、「ウォール街＝財務省複合体」と呼んだ。

そこで教授は、「採るべき方向は正反対、つまり資本の流れに規制を設ける方向である」と結論づけるとともに、多くのエコノミスト・政治家が「学校で教わった時には理解していたはずなのに、市場に内在する欠陥については無頓着になってしまっている」と述べている。つまり教授は、規制を緩和して自由に競争すれば最も効率的な状態が実現するという考え方を、痛烈に批判しているのである［Bhagwati 1998: 邦訳104-108］。

それゆえ、発展途上国が金融自由化を進める際には、自らのリスク管理能力に見合う範囲で、徐々に進めなくてはならない。自らのリスク管理能力の向上よりも金融自由化が先行してしまうと、経済全体が大きなリスクをはらむことになるのである。

なお、東南アジア諸国と日本・中国・韓国は2000年に、通貨危機が発生し

た際に、通貨交換の形でその国に資金を融通する取り決め（チェンマイ・イニシアティブ）を結んだ。その規模は、2007年4月末時点で総額800億ドルに達している。さらに、国際金融市場に投資資金を依存しすぎたことへの反省から、企業がアジア内で資金を調達するアジア債券市場の育成が検討されている。このように、現在では、通貨危機の再発を防ぐための国家間協力が進んでいるのである。

3　通貨危機の影響

通貨危機により、東南アジア諸国と韓国は、好景気から一転して厳しい不況に陥った。図8-1にあるように、1997年あるいは1998年にはマイナス成長となっている。このとき、各企業の売り上げは大幅に減少したことで、企業の倒産が相次いだほか、多くの企業が大規模な人員削減を行った。例えば、韓国のサムスン電子は、従業員数を1997年末の約5万7000名から1999年末の約3万9000名へ減らすというほぼ3分の1の削減を実施した。[1]

(1) 為替変動に関する教訓

さらに、東南アジア諸国に立地する企業のなかには、ドルや円などの外貨で融資を受けていた企業も少なくなかった。こうした企業は、為替レート下落により、現地通貨で計算した返済額が膨らんだ。つまり、1ドルが25バーツから50バーツへ下落すれば、1ドルを返済するのに50バーツを稼がなくてならない。それゆえ、不況で国内の売り上げが低下しているにもかかわらず、債務が拡大するという厳しい経営状態に陥ったのである。

もしも、外貨で融資を受けていた企業が、返済に必要な外貨を購入する契約を事前に結ぶという為替ヘッジを行っておけば、為替差損による被害を避けることができたはずである。しかし、日系企業の場合、その過半数は為替ヘッジをしていなかった。つまり、いくらかの費用を支払えばリスクを回避できたのだが、それをしなかったために、大きな損失をこうむることとなったのである。例えば東レのアジア現地法人は、1997年度に110億円の為替損失をこうむった。この損失は、東レがこの地域で得る平均的な年間営業利益に匹敵するという［深尾 2000：273、304］。

ここから、次の教訓が得られる。

教訓1　貿易や国際金融取引を行う際には、為替変動のリスクをつねに考慮し、それに対処できる体制を日頃からつくっておくことが必要である。

(2) ミスマッチから生じる問題の顕在化

他方、東南アジア諸国に立地する銀行は、融資先の企業が返済困難になったために、多額の不良債権を抱えた。さらに、銀行自身の為替差損によって債務が拡大したのに加えて、外国から短期融資の再契約を拒否されて返済を迫られたために、資金不足に陥った。つまり、前述した2つのミスマッチのもつ危険性が、最悪の形で現れたのである。

このため銀行は、企業への新規融資を手控えた。これによって多くの企業が、経営悪化のため融資を受けたいにもかかわらず、融資を受けるのが以前よりも難しくなった。このことが、個別企業の経営のみならず、経済全体へのデフレ効果をもたらし、それが個別企業の経営をさらに悪化させることになった。つまり、1990年代後半に日本で起きたのと同じ現象が、日本を上回る規模で発生したのである。

(3) IMFの指示が逆効果に

通貨危機に対処するために、タイ、インドネシア、韓国政府は、為替レートの下落を止めるために、国際通貨基金（IMF）からドル資金の融資を受けた。その際、融資を受ける条件として、IMFの指示する政策を実行することになった。ところが、そのIMFが指示した政策のうち、財政支出削減と高金利政策は、一時的にせよ、不況に拍車をかけるとともに、企業の資金調達をさらに困難にしてしまった。さらにIMFは、経営の悪化した民間銀行やノンバンクの閉鎖を命じた。するとインドネシアでは、人々の間に、自分が預金した銀行も閉鎖されるのではないかという不安が生じた。このため、経営状態の悪化していない銀行からも人々が預金を引き出しはじめ、ついにはインドネシア全土で銀行の取りつけ騒ぎが発生した。そのことが不況をさらに悪化させ、資金の外国への流出を増加させる結果となり、1998年に入っても為替レートの低下が止まらなかった。つまり、為替レートを安定させるための政策が、かえって逆の結果を生み出してしまったのである。国内の経済構造改革や需要引き締めなどにより、為替安定を実現しようとしたIMFの政策は、方向性は間違いでないにせよ、あまりに急激すぎたのである。

これらの結果、不況は悪化し、失業者がますます増加した。また、為替レートの低下は、輸入物価を上昇させた。特に、東南アジア諸国のなかでも比較的所得水準の低いインドネシアにおいては、通貨危機による為替レートの大幅な低下は、人々の生活に大きな打撃となった。なぜなら、インドネシアの通貨が対ドルで5分の1となったために、例えば赤ん坊に飲ませるミルクの値段は3倍にもなったからである。もともと低所得者が多く、しかも不況によって、失業者や所得が低下する人が増える。この状況での生活必需品の価格上昇は、まさに死活問題となる。このように、経済の混乱は、特に経済的・社会的弱者に対して大きな被害を与えるのである。

さらにインドネシアでは、1998年6月、IMFの指示による公共料金の値上げが実施された。すると、これをきっかけに暴動が起き、インドネシア全土が大混乱に陥った。つまり、ここでも、経済を改善しようとしてとった政策が、かえって経済を悪化させたわけである。このように、現地の人々の状況を理解していないIMFの指示は、失敗の連続であった。

4 現地日系企業の対応

以上では、アジア通貨危機によって、東南アジア諸国の経済が大きな打撃を受け、多くの企業の経営が悪化したことをみてきた。ところが、通貨危機の影響を受けなかった企業も存在する。それはなぜだろうか。その理由を考えてみよう。

(1) 販売と調達にもたらす影響

表8-2は、東南アジア諸国に立地する企業を、生産する財の販売先と、原材料などの調達先が、ASEAN（Association of South East Asian Nations：東南

表8-2 通貨危機による販売と調達への影響

	ASEAN 域内	ASEAN 域外
販売先	−	＋
調達先	＋/−	−

（注）＋はプラスの影響、−はマイナスの影響を意味する。

アジア諸国連合）の域内か域外かに分けて、通貨危機が販売と調達にもたらす影響を考察したものである。

　企業の販売先が ASEAN 域内のとき、不況によって販売量が低下するため、企業収益はマイナスの影響を受ける。他方、販売先が ASEAN 域外のときは、企業収益はプラスの影響を受ける。なぜなら、為替レートの下落により、例えば 1 ドルが 25 バーツから 50 バーツに下落すれば、輸出による 1 ドルの収入から 50 バーツが得られるので、増収となるからである。

　また、企業の原材料などの調達先が ASEAN 域内のとき、不況による物価下落によって、企業収益はプラスの影響を受けうる。ただし、相手国との為替レートの関係で、マイナスの影響を受ける場合もある。他方、調達先が ASEAN 域外のときは、為替レート下落による輸入物価上昇により、企業収益はマイナスの影響を受ける。

　なお、ここで注意しなければならないのは、サプライヤー（部品などを生産する企業）については、**表 8-2** のかぎりではないことである。なぜなら、サプライヤーの業績は、部品を供給する相手先企業の業績に左右されるからである。例えば、インドネシアへ進出していたある鋼板プレス加工メーカーは、顧客のほとんどが現地の日系大手組立企業であった。この企業は、輸出中心の日系メーカーからの受注ができたため、この鋼板プレス加工メーカーは、通貨危機の影響をあまり受けなかったのである［中小企業庁 2000：397］。

(2) 通貨危機の影響の産業による違い

　通貨危機の企業への影響を、より細かく分析してみよう。タイでは、日系自動車メーカーの販売台数が、1996 年の 540 万台から、1998 年の 130 万台へと、ピーク時の 4 分の 1 になった［叶 2000：表 1］。また、テレビ、エアコンなどの需要も落ち込んだ。通貨危機の起きた国では、程度の差こそあれ、同じような状況であった。

　ここで、タイ、フィリピン、マレーシア、インドネシアの 4 カ国を、ASEAN4 と呼ぶことにする。ASEAN4 へ進出している日系企業に対し、通貨危機の影響をアンケートしたのが**図 8-5** である。先に述べたように、通貨危機は、資金の調達困難や、融資の返済における為替差損に加えて、現地での売り上げ減少と輸入原材料の調達コスト上昇による収益減少などの、マイナスの影響を与える。その一方で、輸出収入増加と現地での原材料調達コスト低下によ

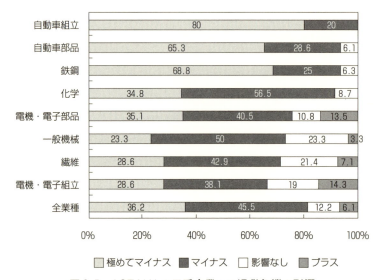

図 8-5 ASEAN4 の日系企業への通貨危機の影響

(出所) 西山他［1999］Ⅵ-1-1.

る収益増加など、プラスの影響も与える。各企業が、こうした影響を総合的に捉えて回答したのが、このアンケート結果である。

　図 8-5 によれば、通貨危機の影響は、産業ごとに大きく異なる。どうしてこの差が生まれるのか。その理由は、現地調達率と輸出比率の、産業ごとの違いにある。それを示したのが図 8-6 である。この2つの図より、自動車組立産業のように現地販売を主とするもの、またそれへ部品供給を行う自動車部品産業では、ほとんどの企業がマイナスの影響を受けていることが分かる。他方、輸出比率と現地調達率の高い電機・電子組立産業は、プラスになった企業の比率が最も高い。表 8-2 を考慮すると、図 8-6 において右上に位置する産業ほど、通貨危機による収益がプラスになり、左下にある産業ほど収益がマイナスになる傾向にあるとみなしうる。

　加えて、通貨危機の影響は、各国の状況にも依存する。例えば自動車組立産業において、インドネシアのように、販売が現地向けであり、かつ部品調達をほとんど輸入に依存するような場合には、大きな被害を受ける。これに対し、タイのように、輸出も行っており、国内にすでに部品産業が発達しているような場合には、被害は比較的小さい［西山他 1999：Ⅵ-1-3；経済企画庁 1999：65］。

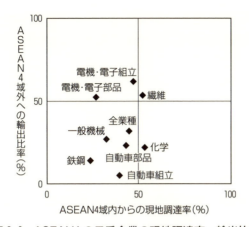

図 8-6 ASEAN4 の日系企業の現地調達率・輸出比率
(出所) 西山他 [1999：Ⅵ-1-2]。

これが、図 8-5 において、一産業内でも企業ごとに影響の大きさが異なっている理由の 1 つである。

(3) 販売・調達に関する教訓

売り上げの減少した企業は、場合によっては、工場を一時的に生産停止にするなどした。さらに、部品の仕入れ先を見直したり、調達価格を引き下げたりするなどの措置をとった。そのため、これらの企業に部品を供給していたサプライヤーは、売り上げ減少を補うために、企業の存続をかけて新たな販売先を探す必死の努力をしたという話も少なくない。同時に、多くの企業が、原材料・部品などの現地調達率を高め、また製品の輸出比率を高めた。つまり、図 8-6 において右上へ移行しようとしたのである。

その際、通貨危機以前に各企業がどんな経営戦略をとっていたかが、こうした企業行動の効果を大きく左右する。例えば三菱自動車は、以前からタイを輸出基地にしようと取り組んでおり、1989 年には乗用車輸出を開始し、1993 年にはピックアップ・トラックの輸出を開始していた。このため、通貨危機のなかでも輸出拡大を順調に進めることができたので、工場の稼働率低下を食い止められたのである [叶 2000：115]。

他の企業も、通貨危機後、輸出を増やそうとした。ところが、為替レートが下落したからといって、簡単に輸出が増やせるわけではない。その理由として

は、以下のことがあげられる。第1に、外国に輸出するためには、輸入国側の基準に合う高い品質が求められる。また、他国へ製品を輸出する際には、輸入国のニーズに合わせた製品づくりが求められるので、単に国内で販売していたものを輸出に回せばよいというわけにはいかない。例えば、タイの自動車にはヒーターが付いていない。これをオーストラリアに輸出しようとすると、ヒーターや様々な安全装置を取り付けるのに加えて、オーストラリアの基準を満たす衝突テストを行わなければならないのである。第2に、日本の本社が、日本国内での生産を減らして、アジアの現地法人からの輸入を増やす際には、新たな問題が生じる。日本のある自動車部品メーカーは、海外の「現地法人から輸入すると、在庫管理が大変。多めに在庫しなければならならないし、そうなると金利がかかる。しかも納期を絶えず心配しなければならない」と述べている［中小企業金融公庫調査部 1999：36］。

　こうしたことから、以下の教訓が得られる。

教訓2　複数の販売市場や調達ルートをもっていれば、経済状況が突然悪化して1つが機能しなくなっても、他のものを活用することによって対処できる。

注
 1）サムスン電子はさらに、残った従業員の約半分を新規事業分野に配置転換し、事業の変革をはかった。

参考文献
（日本語文献）
叶芳和［2000］「アジア再生の舞台見てある記・第8回タイ」『貿易と関税』 8月号。
経済企画庁［1999］『経済白書』大蔵省印刷局。
中小企業金融公庫調査部［1998］『中小公庫レポート』No.98-1。
中小企業金融公庫調査部［1999］『中小公庫レポート』No.99-2。
中小企業庁［2000］『中小企業白書』大蔵省印刷局。
西山洋平他［1999］「1998年度海外直接投資アンケート調査結果報告」『海外投資研究所報』1／2月号。
深尾京司［2000］「現地日系企業はアジアの通貨・経済危機にいかに対応したか」、青木昌彦・寺西重郎編『転換期の東アジアと日本企業』東洋経済新報社。
吉冨勝［2003］『アジア経済の真実』東洋経済新報社。

（欧文献）

Bhagwati, J. [1998] "The Capital Myth," *Foreign Affairs*, May/June（沢崎冬日訳「資本の神話　資本移動の自由を謳歌するウォール街＝財務省複合体」『週刊ダイヤモンド』1998 年 5 月 23 日).

第9章

韓国の外国人労働者受け入れ政策
―― 日本への示唆点 ――

佐野 孝治

はじめに

　日本は、近年、大胆な外国人労働者受け入れ拡大を進めている。外国人労働者は、2006年には39万人だったのが、2017年には128万人となり、11年で3倍以上に増加した。2016年11月には「外国人の技能実習の適正な実施及び技能実習生の保護に関する法律」(技能実習法)が公布され、2017年11月から施行された。これは介護など受け入れ分野の拡大と期間延長、そして監視体制の整備を図るものである。これに加えて、2018年6月に発表された「経済財政運営と改革の基本方針」では、建設・農業・介護・宿泊・造船の5業種を対象に新たな在留資格(上限5年間)を設けるとともに、2025年までに外国人労働者を50万人増やすことを検討している。
　これまでの研修・技能実習制度は、「開発途上国の経済発展を担う人づくりに寄与する」という国際貢献を目的としていたが、それは建て前でしかない。実際の目的は低賃金労働者の利用であり、しかも、賃金不払いや高額の仲介料を取る悪質なブローカーが存在していた。筆者が2008年に外国人労働者に関する研究を始めたのは、福島県の縫製工場で働いていたベトナム人研修生に対する支援活動がきっかけである。時給300円という低賃金で、朝8時から夜10時まで、土日・祝日も3年間休みなく働かされ、強制の積立貯金やパスポート取り上げのため逃げ出すこともできなかった。その上、賃金未払いのまま倒産したため、近所からの差し入れでなんとか食いつなぐ状態だった。そこで福島大学の坂本恵教授を中心に、われわれは法律家、労働組合とともに、地球市民の働き方ネットワークを立ち上げ、ベトナム人研修生が未払い賃金の支払い訴訟を開始するのを支援した。

その後、2010年7月に、新しく外国人技能実習制度が創設された。これにより、1年目から労働関係法令が適用されるなど労働者保護が強化されるとともに、受け入れ団体の責任・管理が技能実習終了時まで継続するなど、一定の改善が図られた。しかし、新制度でも2016年には7割に当たる事業場で労働基準関連法令違反が起きている。さらに、米国国務省『人身取引年次報告書』でも、2007年から10年間にわたって、日本の技能実習制度を「強制労働」や「人身取引」であると批判している。

　これとは対照的に、韓国の雇用許可制は国際的に高い評価を受けている。受け入れプロセスの透明性や人権擁護などから、2010年9月には、ILO（国際労働機関）からアジアの「先進的な移住管理システム」と評価され、翌年6月には、国連から、「公共行政における腐敗の防止と戦い」分野における最も権威のある賞とされる国連公共行政大賞を受賞した。さらに2017年には、世界銀行から、「優れた情報アクセスにより、アジア太平洋地域の外国人労働者たちの韓国での就業機会を大幅に増加させた」[World Bank 2017]と高く評価されている。

　韓国でも、当初は外国人労働者を受け入れる際に、日本をモデルとして、研修生・実習生制度を採用していたが、2004年に日本モデルを捨て、雇用許可制へ転換した。韓国の雇用許可制は2018年で14年目を迎えた。この間、韓国の経済・社会に対してプラス面だけではなく、不法労働者化、外国人による犯罪の増加などマイナス面での影響も表れてきており、この韓国の経験を、日本の外国人労働者政策に生かすことができると考える[2]。

　本章は、韓国における外国人労働者の現状を見たうえで、基本原則から韓国の雇用許可制を評価し、課題を明らかにする。そこから得られる示唆点をもとに、国際的評価が低い日本の技能実習制度の代替となりうる持続可能な外国人労働者受け入れシステムについて考察する。

1　韓国における外国人労働者の現状

(1) 日本モデルから韓国モデルへ

　韓国は、1980年代半ばまでは、中東などへの労働者の送出国であった。その後、高度経済成長と民主化運動のなか、いわゆる3K業種の中小企業で労働力不足が深刻化したため、1988年のソウルオリンピックの頃から外国人労働

者を受け入れ始めた。受け入れ当初は、日本の研修生制度をモデルとして、1993年には産業研修生制度、2000年には研修就業制度などを整備したが、送り出しプロセスでの不正、不法労働者化、人権侵害など問題点が多く、まさに現代版奴隷制度と呼ばれるほどであった。

しかし盧武鉉政権の下で、国民世論の後押しを受け、2004年8月に、外国人勤労者雇用などに関する法律が施行され、雇用許可制へと大きく転換した。この政策転換は、「私たちも人間です」とプラカードをあげて座り込んだ外国人労働者の声にきちんと向き合い、一緒に座り込んだ韓国の市民たちの力によるところが大きい。

そして2007年には、産業研修生制度が廃止され、外国国籍同胞訪問就業制が施行された。さらに在韓外国人処遇基本法(2007年)や多文化家族支援法(2008年)などが相次いで制定され、統合政策が進められている。このように韓国は2000年代前半から日本モデルを捨て、雇用許可制や統合政策などの面で日本よりも速いスピードで制度革新を進めている[佐野 2010]。

法務部の「出入国・外国人政策統計」によれば、在留外国人数は、1990年末には4.9万人だったのが、2007年末には100万人を突破し、2018年7月現在、229.9万人で、総人口の4.2%を占めている(図9-1)。

同様に就労ビザで在留している外国人労働者も1999年の9.2万人から、2018年7月には58.3万人に増加している。このうち専門労働者数は4.7万人であり、1999年に比べれば、3.7倍になっているが、増加率は低く、低調である。その内訳は会話指導(1.5万人)、特定活動(2.2万人)などが中心である。このように高度専門職は少ない。

他方、単純技能労働者は53.5万人であり、1999年から、6.8倍に増加している。雇用許可制に転換したことで、韓国の単純技能労働者の受け入れが加速したといえる。

外国人労働者の存在は労働力の増加を意味するので、生産の拡大を可能にする。カンドングァン他[2010]によれば、2008年の外国人労働者による生産誘発効果は29.5兆ウォン(約2.8兆円)であり、これはGDPの0.93%に相当する。内訳をみると、専門職は4.5兆ウォン、非専門職は25兆ウォンである。これに結婚移民者、留学生を含めれば、生産誘発効果は33.2兆ウォン(3.1兆円)に達する。

これに伴い、他の経済指標も拡大する。外国人労働者が5〜20%増加すれば、

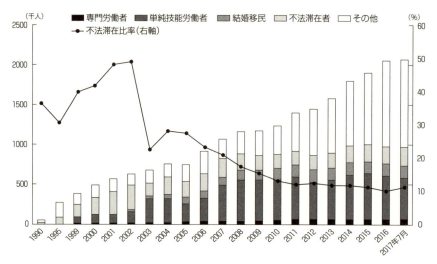

図 9-1　韓国における在留外国人数の推移

(出所) 法務部・出入国・外国人政策本部 (各月)「出入国・外国人政策統計月報」より筆者作成。

総雇用は 0.24〜0.83％増加し、実質民間消費は 0.07〜0.23％、輸出は 0.21〜0.72％増加すると推計されており、少子高齢化のなかで、韓国経済にとってプラス効果がある［カンドングァン他 2011］。

このように、外国人労働者は韓国経済の成長に必要不可欠な存在となっている。

(2)　韓国における外国人労働者の特徴

統計庁の「外国人雇用調査」によれば、2016 年 5 月現在、韓国国内の 15 歳以上の外国人は 142.5 万人である。うち、就業者が 96.2 万人であり、韓国の就業者数 2645 万人の 3.6％に相当する。以下、この調査によりながら、外国人労働者の特徴を見ておこう。

① 性別は、男性 66％ (63.8 万人)、女性 34％ (32.4 万人) である。
② 年齢階級別にみると、20〜29 歳が 26％、30〜39 歳が 29％、40〜49 歳が 20％、50〜59 歳が 18％となっている。
③ 在留資格別にみると、一般雇用許可制の非専門就業 27％ (27.6 万人) と特例雇用許可制の訪問就業 23％ (23.1 万人) に加えて、在外同胞

21％（19.9万人）、永住９％（8.8万人）、結婚移民６％（6.2万人）、専門労働者５％（4.6万人）となっている（**図9-2**）。近年、韓国は統合政策にシフトし、在外同胞などによる就労が増加している。

④ 産業別にみると、製造業45％（43.6万人）、卸小売・飲食・宿泊20％（19万人）、事業・個人・公共サービス19％（18.7万人）、建設業９％（8.5万人）の順である。性別をみると、男性は製造業（55％）中心、女性は、卸小売・飲食・宿泊（40％）などサービス業中心である。

⑤ 国籍別にみると、大部分がアジア人で、特に韓国語が話せる韓国系中国人が46％（44.1万人）と半分近くを占めている。次いでベトナム人７％（7.2万人）、韓国系以外の中国人７％（6.4万人）、北米５％（4.5万人）となっている。

⑥ 居住地域別にみると、ソウル（22％）、ソウルに隣接する京畿・仁川（42％）など首都圏が大部分（64％）を占めている。その他も、釜山、蔚山など大都市に集中している。

⑦ 職種別にみると、技能員・機械操作、組立従事者（39％）、単純労務従事者（32％）が中心で、管理者・専門家は11％にすぎない。

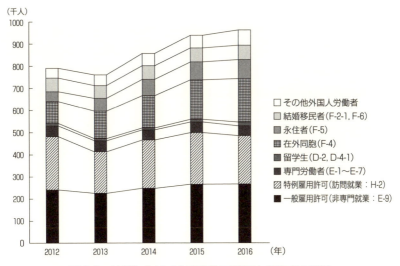

図9-2　韓国における在留資格別外国人労働者の推移

（出所）韓国統計庁（2012～2016）「外国人雇用調査結果」より筆者作成。

⑧ 学歴別にみると、大卒が27％、高卒が43％、中卒が21％である。ユンジョンヘ［2017］によれば、特に非専門就業でも大卒が2013年の7％から2016年の22％に増えてきている点が注目される。
⑨ 事業所規模別にみると、雇用許可制が外国人労働者を雇用できる事業体を中小企業に制限しているため、従業員300人以上の事業体は3％にすぎない。10～29人（27％）、1～4人（23％）、5～9人（20％）など、中小規模というよりは、零細規模の事業所が大部分を占めている。
⑩ 月額の賃金は300万ウォン以上が7％、200万～300万ウォンが38％、100万～200万ウォンが49％、100万ウォン未満が5％である。男性に比べて、女性の賃金水準が低く、100万ウォン未満では、男性のうちの1％に対し、女性のうちの11％であり、逆に200万～300万ウォンでは、男性のうちの46％に対し、女性のうちの23％である。

2　基本原則からみた雇用許可制の評価

（1）　韓国の雇用許可制とは

韓国の雇用許可制とは、「国内で労働者を雇用できない韓国企業が政府（雇用労働部）から雇用許可書を受給し、合法的に外国人労働者を雇用できる制度」である。2017年7月末現在、一般雇用許可制（非専門就業ビザ）27万6280人と特例雇用許可制（訪問就業ビザ）23万1462人からなり、合計で50万7742人に達する韓国の外国人労働者政策の根幹をなす制度である。

一般雇用許可制は、ベトナム、フィリピンなど16カ国政府との間で二国間協定を締結し、毎年、外国人労働者の受け入れ人数枠（クォータ：quota）を決めて実施する制度であり、中小製造業、農畜産業、漁業、建設業、サービス業の5業種が対象である。他方、特例雇用許可制は中国やCIS諸国など11カ国の韓国系外国人（在外同胞）を対象とし、サービス業など38業種が対象である。クォータ管理をせず、総在留規模で管理している。

雇用許可制は以下の4つの基本原則の下で、制度設計がなされ、運営が行われている。

第1に、労働市場補完性（韓国人優先雇用）の原則である。単純技能労働者の全面的な受け入れではなく、労働市場テスト（求人努力）を行い、国内で労

働者を雇用できない韓国企業に対して許可を与える。また、事業場移動が原則3回に制限されており、韓国人労働者と競合しないようにしている。さらに労働市場の需要動向を判断し、クォータにより受け入れ人数を調整している。

第2に、短期ローテーション（定住化防止）の原則であり、雇用期間は3年間（再雇用時は1年10カ月延長）に限定し、単純技能労働者の定住化防止を図っている。

第3に、均等待遇（差別禁止）の原則であり、外国人も韓国人と同様に、労働三権、最低賃金、国民年金、健康保険、雇用保険、産業災害補償保険などの適用を受ける。

第4に、外国人労働者受け入れプロセスの透明化の原則である。産業研修生制度では、民間事業者・ブローカーにより、不正が横行したことの反省から、送出国との間で二国間協定（MOU）を締結し、雇用労働部が主管して、韓国語教育から帰国までの全プロセスを運営している。

次に、この基本原則が達成されているかどうかという視点から、雇用許可制を評価してみよう。

(2) 労働市場補完性の原則

韓国政府は、外国人労働者を受け入れるに当たって労働市場補完性の原則を挙げ、韓国人労働者と競合しないようにしている。これを、以下の2点において検討する。

第1に、失業率との関係では、2003年から2016年にかけて、外国人労働者は46万人から96万人へと50万人増加したが、両時期の失業率はそれぞれ3.6％と3.7％であり、大きな変化はない。

第2に、一般雇用許可制と特例雇用許可制の違い、性別、業種別、導入時期によって、労働市場への影響が異なる点に注意が必要である。一般雇用許可制は、労働力不足率が高い3K業種の製造業中心に就労しているため、韓国人労働者との競合は少なく、補完的役割を果たしているといえる。

他方、特例雇用許可制では、韓国語を話せる韓国系外国人は、サービス業や建設業での就業が認められ、事業所変更も自由であるため、労働市場での代替現象が発生しているといわれている。イキュヨン［2017］によれば、外国人労働者の割合が1％増加するとき、男性の雇用には明らかな影響はないが、女性の雇用は0.15％減少する。また製造業では補完的だが、サービス業では代替

性が存在する。さらに時期別では、2007年4月から2011年までは韓国人雇用が0.6％増加したが、2012年以降は1.7％減少したと推計される。

(3) 短期ローテーション（定住化防止）の原則

単純技能外国人労働者の受け入れに関しては、韓国は、他の多くの国と同じく、短期ローテーション・システムを採用している。その理由は、滞在期間の長期化、不法労働者化、結婚や家族の呼び寄せなどに伴う社会的コストの増加を懸念しているためである。その詳細を見てみよう。

第1に、滞在期間については、企業の要望、訓練・採用コストの節約、在留期間の満了に伴う不法労働者化の抑制といった観点から、次第に長期化している。2009年の改正では、同じ事業所で再雇用する場合には、1年10カ月間延長できるようになった。また2012年から「誠実勤労者再入国就職制度」が開始され、条件を満たした外国人労働者が、事業主の要請により出国3カ月後に再入国でき、通算で9年8カ月間就労できるようになった。

さらに2011年から、条件を満たした単純技能労働者を対象に、在留資格を、自由に就労可能な「特定活動」、「居住」に変更できるようになった。この制度改正は、短期ローテーションの原則に対する一定の修正として注目される。

第2に、短期ローテーションを維持するためには、不法滞在者[7]を抑制する必要がある。不法滞在者は、2002年には30.8万人であったが、2004年の雇用許可制の導入に先立ち合法化措置を採り、18.4万人が合法化された。2017年7月現在の不法滞在者は23.2万人とそれほど減少してはいないが、在留外国人を分母とした不法滞在比率は、2002年の49％から2017年の11％へと大幅に低下している。

法務部の「出入国・外国人政策統計」によれば、2015年の不法滞在者は、在留資格別に「ビザ免除」5.6万人（26％）、「非専門就業」が4.9万人（23％）、「短期訪問」4.7万人（22％）となっている。近年では、「非専門就業」から不法滞在者になる割合が、2009年から2015年にかけて、7％から18％に上昇している。期間満了を迎える労働者は、2015年10.4万人、2016年5.6万人に上るため、これらの相当数が不法滞在者になると懸念されている。

国別のシェアでは、中国が34％と最大で、次いでタイ（21％）、ベトナム（13％）、フィリピン（6％）の順になっている。年齢別では、20歳代が23％、30歳代が33％、40歳代が27％と比較的若い世代が多い。

このように、雇用許可制が導入されたことによって、産業研修生制度の時期に比べれば不法滞在者、比率ともに大幅に改善した。しかし近年、一般雇用許可制で入国した者が、在留期間の満了に伴い不法労働者化している。その意味で、短期ローテーションの原則が揺らぎをみせている。

これに対し韓国政府は、外国人労働者の帰国を促す自発的帰還プログラムを整備するとともに、不法滞在者に対する取り締まりを強化し、2018年まで毎年5000人以上を強制帰国させる計画を立てている[8]。また不法滞在者が多かったベトナムに対しては、2012年にクォータの停止措置を採っている。

(4) 均等待遇の原則

韓国の産業研修生制度時代において、外国人労働者は、形式的に研修生であったため、労働者としての権利も保障されず、最低賃金未満で長時間労働を行っていた。またパスポートの取り上げ、暴行といった人権侵害のケースも数多くあった。雇用許可制に転換して、「外国人勤労者雇用等に関する法律」に差別禁止が明文化され（22条）、韓国人労働者との均等待遇の原則が採用されたが、実態はどうなっているのであろうか。

第1に、制度的には、外国人労働者は韓国人と同様に、勤労基準法、労働組合法、最低賃金法、産業災害補償保険法などの労働関連法が適用される。また、雇用契約の際も、賃金、労働時間、休日、勤務場所など労働条件および契約期間を明示した標準雇用契約書を取り交わし、不当に低い労働条件にならないようにしている。しかし、法務部の「2013年在留外国人実態調査」によれば、16％の外国人労働者が「雇用契約違反があった」と回答している。また外国人労働者を雇用している中小製造業者のうち、労働組合を有しているのは4％にすぎない。

初の外国人労働者の組合であるソウル京畿仁川移住労働者労働組合（移住労組）は、雇用許可制に伴う不法労働者（未登録労働者）の追放に反対して、約1000人の外国人労働者たちが明洞聖堂で座り込みの抗議活動をしたことに端を発している。2005年に設立申告書を提出したものの、不法労働者の労働組合結成権まで認めることはできないと、大法院（最高裁判所）で認められるまでに10年を要している。まだ未公認だった2009年当時に、移住労組で活動していたネパール人労働者A氏に対する筆者によるインタビューでは、韓国にネパール人は約7000人いて、40から50のコミュニティがあった。委員長を含

む幹部は 10 人弱だが、未登録状態のため、リーダーが何回も逮捕されて、組合の維持が困難になることもあった。「組合の建物の中でずっと生活をし、外出できないことが苦しいが、移住労組で長い間活動していた中で、企業の不当な待遇や未賃金等の相談を受けて、解決できた時が一番嬉しかった」と語っていた。その後 2015 年 8 月にようやく労働組合の設立が認められた。

第 2 に、社会保険については、国民健康保険と産業災害補償保険は加入の義務があるため、それぞれ 98％、96％の外国人労働者が加入している。雇用保険は任意加入であり、国民年金は送出国との相互主義の原則によって適用される。

その他の重要な保険として、使用者は、賃金未払いに備えるために 200 万ウォンで補償する賃金滞納保証保険と退職金を出国時に受け取れる出国満期保険とに加入しなければならず、外国人労働者は帰国時の航空運賃を積み立てておく帰国費用保険と事業場外でのケガに対応した傷害保険に加入しなければならない。世界銀行は、これらの保険が帰国のインセンティブとして機能していると高く評価している［World Bank 2017］。

第 3 に、賃金水準については、最低賃金すら法的に保障されていなかった産業研修生に比べれば改善した。図 9-3 が示すように、2005 年から 2015 年にか

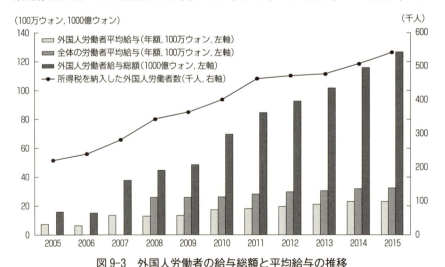

図 9-3　外国人労働者の給与総額と平均給与の推移

（注）年末清算を申告した外国人労働者を対象。給与総額は非課税所得を含まない。
（出所）国税庁［2007；2012；2016］『国税統計年報』より筆者作成。

けて、年間平均給与（年額）は720万ウォン（77万円）から、2330万ウォン（250万円）へと3.2倍に増加している。韓国全体の平均賃金と比べると2008年の50％から2015年には72％に上昇した。なお外国人労働者の労働生産性は韓国人の85.4％と評価されている。

第4に、賃金不払いに関しては、産業研修生の時代（2001年）には賃金不払いを経験した労働者の割合が37％であったのに対し、2013年には3％へと激減している。

第5に、外国人労働者の産業災害率は2004年の0.7％（4239人）から、2015年の0.9％（6044人）へと上昇している。これは韓国人労働者の1.8倍である。業種別では、製造業6割、建設業2割で、8割が30人未満の小規模事業場で発生している。例えば、2008年に京畿道利川で冷凍倉庫の火災事故が発生した際に、死亡者40人中、13人が外国人労働者だった。きちんとした安全対策がとられておらず、防寒具が支給されていない例もあるなど劣悪な労働環境が明るみになった。

最後に、産業研修生制度に比べれば、外国人労働者に対する人権侵害は大幅に減少したが、現在でも、人権侵害や差別が存在しているため、人権団体、外国人労働者支援団体や国際機関からも厳しい目が向けられている。特に農畜産業では、勤労基準法の適用を受けないため、外国人労働者は悲惨な状況に置かれやすい。例えば、済州島の畜産業で働くある外国人労働者はビニールハウスにカバーをかけた粗末な寮に住まわされ、朝から晩まで、月に1、2日の休暇で働いても、最低賃金を少し超える程度の給料しかもらえなかった。しかも、死んだ豚ばかり食べさせられていた。そのため、ソウルなど都市部へ逃げ出す外国人労働者も多い。国際的にも批判を受けており、2014年9月末に国連人種差別特別報告官のムトゥマ・ルティエレは、「国際差別撤廃条約加入と差別禁止に関する国内法条項により、改善を見せているものの、韓国には依然として深刻な人種差別が存在する」と指摘している。また国際人権団体アムネスティは、「搾取と強制労働のための人身売買をまん延させる恥ずべき制度」と強く批判している［Amnesty International 2014］。

（5） 受け入れプロセスの透明化の原則

産業研修生制度時代は民間の斡旋業者・ブローカーによって運営されていたため、送り出しプロセスは不透明で不正が横行していたが、雇用許可制では、

送出国と協力して、政府主導型の一貫した外国人労働者の受け入れプロセスを構築しており、プロセスの透明化と不正の減少に貢献している。支援団体や産業人力公団などへの調査でも、「雇用許可制により、透明性が増して、悪徳ブローカーは激減した」という声が多かった。それを具体的に見てみよう。

第1に、法務部の「2013年在留外国人実態調査」によれば、外国人労働者は、送り出しプロセスに対して「非常に公正」35.6％、「若干公正」30.7％と7割弱が肯定的に評価している（表9-1）。2010年調査の評価の平均は3.65であるのに対し、2013年調査は3.91と上昇している。

第2に、送り出し費用（韓国へ働きに行く前に自分が支払う費用）の各国の平均値は、2001年の3500ドルから2011年には927ドルに激減している。国際比較でも、シンガポールで働くには1万ドル、オーストラリア、アメリカ、ヨーロッパは1万5000ドルから2万ドルかかるのに対し、韓国はその1割程度である。初期費用が少ないため、多くのお金を稼ぐことができるので人気が

表9-1　外国人労働者の送出し費用と送出しプロセスに対する評価（単位：万ウォン、％）

	ベトナム	カンボジア	ネパール	インドネシア	フィリピン	スリランカ	タイ	全体	韓国系中国人
送出し費用総額	466	231	193	364	149	213	204	275	192
韓国語試験・教育	55	25	28	62	22	17	34	35	52
直接費用（航空機代）	102	109	118	149	79	138	84	117	67
海外出国負担金	57	38	15	116	14	28	47	40	
非公式的費用（斡旋料・急行料）	200	10	60	52	11	36	15	83	65
送出しプロセスに対する評価									
非常に不公正だ	3.9	0.7	0.7	2.3	0.8	5.7	1.7	2.6	
若干不公正だ	8.1	0.7	1.4	12	6.3	13.1	3.4	5.9	
どちらでもない	46.6	3.4	22.9	26.3	28.9	13.1	14.5	25.2	
若干公正だ	26.1	22.1	13.6	35.3	38.3	45.1	67.5	30.7	
非常に公正だ	15.3	73.1	61.4	24.1	25.8	23	12.8	35.6	
合計（％）	100	100	100	100	100	100	100	100	
2013年調査平均	3.41	4.66	4.34	3.67	3.82	3.66	3.86	3.91	
2010年調査平均	3.31	3.84	2.94	3.32	3.82	3.99	3.72	3.65	

（注）平均は非常に不公正1点、若干不公正2点、どちらでもない3点、若干公正4点、非常に公正5点で計算。
（出所）法務部・出入国・外国人政策本部［2013］より筆者作成。

高い。**表9-1**では、平均送り出し費用が275万ウォン（25万円）で、フィリピンが149万ウォン（13万円）と最も低く、ベトナムが466万ウォン（42万円）と最も高い。[9]

3　韓国の外国人労働者政策の課題

　基本原則の観点から雇用許可制をみると、産業研修生制度と比較して、大幅に改善されていると評価できる。特に、選抜から帰国支援までの全プロセスを公共機関が行う政府主導型システムにより、プロセスの透明化と不正の削減が達成されている点は高く評価できる。

　しかしながら、短期ローテーションや均等待遇の原則は完璧に運用されているとは言い難い。これに加えて、以下に述べるような課題も多く、そして治安の悪化も懸念されている。

(1)　顕在化した外国人労働者政策の問題点

　第1に、韓国系外国人を対象とした特例雇用許可制については、同胞政策と労働政策が混在し、方向が定まっていない。また一種の労働許可制のため、実態の把握が困難であり、韓国人労働者との競合可能性がある。

　第2に、農畜産業で働く外国人労働者は勤労基準法の適用が除外されるため、劣悪な労働条件・人権侵害にさらされやすく、これまでも国内外から多くの批判と改善要求が出ている。しかし、依然として人権侵害状況はなくなっていないどころか、2017年3月からは3カ月の超短期農畜産業季節勤労者制度を全国的に拡大している。

　第3に、外国人雇用企業の外国人依存度が上昇し、競争力のない零細企業・業種の延命につながっている面がある。このことが長期的には産業構造の高度化と国際競争力に対する阻害要因となる可能性もある。

　第4に、受益（中小企業）と負担（国民）の不一致問題がある。民間ではなく政府が管理・運営することにより、行政コストを税金で負担するのは国民である。また公的機関の非効率性や、民業圧迫になっているという指摘もある。

　第5に、高度専門労働者の受け入れについては、ゴールドカード[10]などで促進はしているものの、ほとんどが会話講師であり、質、量ともに低調である。

　第6に、雇用労働部、法務部、女性家族部など縦割り行政であり、事業の重

複も多いため、移民部のようなコントロールタワーが必要である。

　最後に、李明博政権以降、外国人労働者は軽視されている。ある支援センターのスタッフは「李明博元大統領の時には支援団体への補助金が減らされ、朴槿恵前大統領の時には、人権調査も実施されず抑圧的で異議申し立てさえできない雰囲気だった」[11]と語る。2017年5月の大統領選挙でも文在寅を含む大統領主要候補の公約には、外国人労働者問題は入っていなかった。

(2) 治安の悪化に対する懸念

　韓国における外国人犯罪検挙者数は、2001年の4328人から、2015年の3万5443人へと、14年で8.2倍の急激な増加を見せている（図9-4）。外国人10万人当たりでも763人から1865人に増加している。

　犯罪類型別では、最多は暴力で9786人と全体の28％を占めている。次いで、交通違反27％、知能犯11％、窃盗7％、強姦2％となっている。近年では、カード偽造、偽装結婚、電話金融詐欺など多様化が進んでいる。また殺人の検挙者は93人であるが、10万人当たりの検挙者数は5人であり、韓国平均の1.8人に対し、その3倍の水準である。

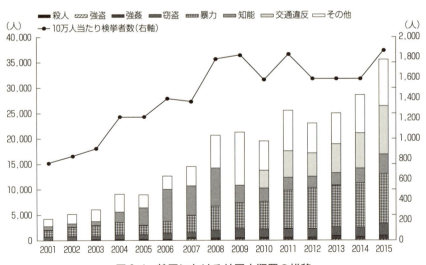

図9-4　韓国における外国人犯罪の推移

(注) 検挙者数。
(出所) 警察庁（各年）「警察犯罪統計」(犯罪情報管理システム) などより筆者作成。

国別では、中国が2万1279人（60％）と最多であり、殺人の55％、暴力の68％を占め、マスコミなどで連続殺人などが取り上げられることが多いため外国人犯罪＝中国人犯罪とみなされやすい。そのため中国人に対する、警戒感、差別意識が高まっている。

なお、不法滞在者による犯罪は、全体のなかでは、相対的に少ない。2011年において全外国人のうち不法滞在者の占める比率は12％だったが、すべての外国人犯罪者中、不法滞在者の犯罪は6％である。不法滞在者は、外部との接触を避け、問題を起こさないようにする傾向があり、むしろ脅迫などの被害者になるケースが多い［チェヨンシン・カンソクジン 2012］。

韓国における外国人労働者に関する世論調査では、「韓国経済に寄与する」という回答が63％と過半数を占める。その一方で、「犯罪率が上昇する」という回答も53％あり、社会不安が増大すると考えている人が多数存在している［キムジユン他 2014］。また、大都市の低価格住居地（ソウル市九老区、永登浦区など）では、低所得の外国人労働者や不法滞在者が集まり、スラム化が進んでいるため、夜間は危険で歩けないという評判が立ってしまった地域もある。なかでも、外国人労働者が住民の1割を占める安山市での調査では、「危険で住むことができない都市だというイメージを持たれている[12]」と住民たちが嘆いていた。

このように外国人労働者の受け入れは経済成長に貢献したものの、犯罪率の上昇という負の側面を生じさせた。この点では、むしろ日本の方が外国人犯罪を低水準に抑えている[13]。

4 韓国の経験から日本が学ぶべきこと

以上、韓国の外国人労働者受け入れ制度を見てきた。冒頭で韓国の制度はILOから高く評価されていると書いたが、その実態を分析すると、たくさんの問題を抱えていることが理解できたであろう。日本は、こうした韓国の経験から学び、日本にとっても外国人労働者にとって望ましい受け入れ制度を作っていかなければならない。なぜなら、現在、アジアにおいて経済成長と少子高齢化が進むなかで、外国人労働者争奪戦時代が起きているからである。それは、グローバル人材や高度専門労働者だけでなく、単純技能労働者に関しても生じている。そのためアジアの受け入れ各国では、外国人労働者を確保するために、

不断に制度革新を進め、韓国も雇用許可制の問題点を分析し、改善を進めている。

先述したように、日本では2016年11月に「外国人の技能実習の適正な実施及び技能実習生の保護に関する法律」（技能実習法）を公布し、2017年11月から施行した。これにより技能実習計画の認定及び監理団体の許可の制度を設けるとともに、人権侵害に対する罰則を規定した。そして外国人技能実習機構を設けることにより、技能実習制度の適正化を図った。また優良な実習実施者・監理団体に限定して、2年間の延長を可能とした。さらには、介護や家事など受け入れ分野の拡大も進めている。

しかし、この制度改革は、従来の技能実習制度の枠組みを維持したものであり、不十分である。日本と韓国の外国人単純労働者の受け入れ制度を比較してみると（**表9-2**）、外国人労働者からみた場合、韓国に比べて、日本は魅力的な出稼ぎ先とはみなされなくなってきている。例えば、在留資格については、韓国が労働者であるのに対し、日本は技能実習生である。次に、就労期間を見ると韓国は最長9年8カ月であるのに対し、日本は基本3年で、プラス2年間は優良な実習実施者・監理団体に限定される。さらに事業場変更については、韓国では3回できるのに対し、日本ではよほどの理由がないと変更できない。日韓の賃金水準も日本の長期的な経済停滞と円安によって、ほとんど差がなくなっている。製造業で見ると、日本より韓国の方が、平均賃金が高い。筆者によるベトナムでのインタビュー調査でも、人気があるのは台湾、マレーシア、韓国で、日本はその後塵を拝していた。また日本の「働く国としての魅力」は、IMD［2016］World Talent Reportによると、分析対象61カ国中52位である。日本と開発途上国の間に、まだまだ経済格差と賃金格差があることに油断をして、上から目線の「外国人労働者を受け入れてやる」という姿勢では、外国人労働者争奪戦に敗北としてしまうことは目に見えている。

そこで、韓国の雇用許可制の評価を踏まえて、日本が持続可能な外国人労働者受け入れシステムを持つためにすべきことを考えてみよう。

第1に、韓国の雇用許可制から学ぶべきことは、国際貢献と単純技能労働者の利用というダブルスタンダードのジレンマから一刻も早く抜け出すことである。そのため、単純技能労働者に対して就労目的の在留資格を新設すべきである。発展途上国の人々に技能を取得する機会を与える、つまり日本が国際貢献として行っているという建前は、世界から全く信じられていない。国連自由権

表9-2 外国人単純労働者受入れ制度の日韓比較

	韓 国	日 本
制 度	一般雇用許可制	外国人技能実習制度
受入れ人数	27.8万人	25.8万人
在留資格	労働者 (非専門就業)	技能実習生 (技能実習1号、2号)
運営主体	公的機関	民間(企業単独型、団体管理型)
就労期間	基本3年+1年10カ月 最長9年8カ月	3年+2年
事業場変更	原則3回	できない
①労働市場補完性の原則が守られているか	①労働市場テスト、クォータあり ②事業場変更制限あり ③3K業種のため補完的役割となっている	①受入れ人数枠が決められている ②事業場変更は原則不可能 ③労働力不足業種のため補完的役割となっている
②短期ローテーションの原則が守られているか	①滞在期間の長期化傾向 ②熟練技能外国人労働者対象に、在留資格の変更、永住権付与 ③帰国しない不法滞在者が増加傾向にあり、短期ローテーションが揺らいでいる(2009年1.2万人⇒2015年4.9万人)	雇用期間の制限(3年)があるが、失踪者は近年増加傾向にあり、短期ローテーションが揺らいでいる(2012年2005人⇒2015年5803人)
③均等待遇の原則が守られているか	①労働三権、最低賃金、保険適用がある ②韓国人との賃金格差がある ③農畜産業で人権侵害がみられる ④差別経験をした外国人労働者の割合は減少傾向だが、高水準である。	①7割にあたる4004事業場で労働基準関係法令違反(2016年) ②パスポート取り上げ、強制貯金など人権侵害 ③技能実習生の保護強化、外国人技能実習機構
④受入れプロセスの透明化の原則ができているか	①二国間協定の締結、政府機関による運営により、悪質ブローカーを排除し、透明性が向上した。 ②送出し費用が激減した(2001年3509ドル⇒2011年927ドル)	①悪質な送出し機関やブローカーの存在が続く。 ②高額な送り出し費用100万円もかかる。
国際的評価	①2010年、ILOからアジアの「先進的な移住管理システム」と評価された。 ②2011年、国連から、国連公共行政大賞を受賞した ③2017年、世界銀行から優れたシステムとして評価された	①2007年~2016年、米国国務省『人身取引年次報告書』で批判された ②2014年、国連自由権規約委員会で批判された

(注) 1. 韓国の特例雇用許可制については省略する。
   2. 日本の外国人技能実習制度は公的には「国際貢献」を目的としたものであり、単純技能労働者の受入れ制度ではない。2018年に就労目的の在留資格を新設する方針が出されている。
(出所) 各種資料より筆者作成。

規約委員会は2014年、人身取引の一形態として日本の技能実習制度を取り上げ、廃止を勧告している。また米国国務省『人身取引年次報告書』は2007年から10年間にわたって、日本に対し、「アジアからの移住労働者は、技能実習制度も含め強制労働の状態」と批判している。したがって、今年、「骨太の方針」で単純技能労働者に対して就労目的の在留資格を新設する方針が出されたことは評価できる。ただし従来の技能実習生制度を前提として、それに接ぎ木した制度設計になっている点は問題であり、改善が必要である。

　第2に、管理団体型の受け入れ制度を改め、二国間協定を締結し、政府主導型の一貫した受け入れ制度を構築すべきである。日本では、依然として悪質なブローカーや高額な送り出し費用が問題となっているのに対し、韓国の送り出し費用は、日本の1割から2割程度であり、ブローカーに借金をする必要がない。そのため、ILOや国連、そして世界銀行から透明性の高い、優れた受け入れシステムとして評価されている。韓国の雇用許可制から最も学ぶべきは、この透明性が高く、低コストの政府主導型の受け入れシステムである。

　第3に、均等待遇の原則を徹底すべきである。制度的には日韓ともに整備されているが、監視体制が不十分であり、依然として賃金格差や人権侵害が残っている。日本では、2016年に外国人技能実習生が働く事業所の7割に当たる4004事業所で、長時間労働、最低賃金以下などの労働基準法違反があり、3年連続で過去最多を更新している。2017年1月から外国人技能実習機構が新設され、技能実習計画の認定と検査などを実施されているが、人員などの点で実効性に懸念が残る。さらに事業場変更の自由が原則ないことも、労働条件の悪化や人権侵害につながり、大きな問題点であるといえる。少なくとも複数回の事業場変更を認めるべきである。

　第4に、雇用許可制から労働許可制への在留資格を変更するルートが必要である。韓国では、一定の条件を満たした単純技能労働者は、在留資格を「特定活動」や「居住」に変更することができる。[14] これは、自由に就労ができ、家族の呼び寄せも可能になる在留資格である。これにより外国人労働者のモチベーションが高まるとともに、中期的な労働力不足への対策にもつながると期待できる。日本の新制度では、高い専門性が認められれば、現行の専門的・技術的分野における在留資格への移行を認める措置が検討されている点では評価できる。

　最後に、2018年4月に筆者が日本弁護士会とともに実施した、外国人実習

生のシェルター（避難所）を運営する岡部文吾代表とベトナム人実習生に対するインタビューの内容を述べておこう。岡部代表は、ベトナム難民として、8歳の時に来日し、福島県郡山市でベトナム料理店を営んでいた。福岡から失踪したベトナム人実習生をかくまったことがきっかけで、福島外国人実習生・留学生支援ネットワークを立ち上げ、失踪した実習生のために奔走している。2018年1月からはシェルターを開設し、現在13人を保護している。筆者らが訪れた日、岡部代表は、会社倒産以外の理由で、全国で初めて技能実習生の失業保険給付が認定されたと喜んでいた。

筆者は、ここで実習生に話を聞いているうちに、今でも10年前とまったく同じ人権侵害が行われていることを実感した。例えば、ベトナム人実習生3人が、岩手県の建設会社と契約し、型枠施工・型枠工事作業と鉄筋施工・鉄筋組み立て作業を行うために来日したが、実際の仕事は福島県での除染作業だった。事前にまったく知らされず、研修もなく、しかも特殊勤務手当（危険手当）も未払いだった。ベトナム人実習生の1人は、「福島で除染作業をすると知っていたら、怖くて来なかった」と語る。彼が、仲介業者・ブローカーに支払ったお金は160万円、すべて借金である。1カ月の賃金は手取り12万円で、残業代も出ない。ベトナムに帰国しても、待っているのは借金地獄である。これを国際貢献と呼べるだろうか。

外国人労働者は、使い捨ての労働力ではなく、人間である。日本の外国人技能実習制度における国際貢献と単純技能労働者の利用というダブルスタンダードを一刻も早く改め、政府主導型の透明性の高い受け入れシステムに切り替えていく必要がある。さらに、ブラックな労働環境でも我慢するか、失踪せざるを得ない事業場移動制限を、早急に緩和すべきである。そのために、外国人技能実習制度を廃止し、雇用許可制や労働許可制の導入も含め、持続可能な外国人労働者受け入れ政策への転換を進め、そのためのロードマップを策定していくことが求められる。

注
1）2012年12月、福島地裁白河支部は、元ベトナム人研修生8名に対し、会社社長と同組合らに未払い賃金や慰謝料として計3340万円の支払いを命じた。その後、同組合の元役員2人が解決金を支払うことで和解した。
2）本章は、佐野［2017］を大幅に加筆修正したものである。

3）IMF.DATA により 2008 年の平均レート、1 ウォン＝0.096 で計算した。以下の円換算は、該当年の平均レートで計算した。
4）中国や CIS 諸国（旧ソ連地域）の韓国系外国人（在外同胞）を対象とした、5 年間有効のマルチビザ。
5）300 人未満あるいは資本金 80 億ウォン以下の企業。
6）100 ウォン＝9.99 円（2017 年 5 月 26 日現在）。
7）不法残留者（正規に入国した後、在留期間を経過してそのまま在留する者）と不法在留者（不法入国、不法上陸により、そのまま在留する者）に分けられる。統計的に把握できるのは、不法残留者であるが、ここでは一般的な用語である不法滞在者を使用する。韓国の市民団体は、不法労働者と呼ばず、未登録労働者と呼ぶ場合もある。
8）ただし、出入国管理の取り締り担当者は全国に 340 人程度であり、実効性に疑問がもたれている。
9）ベトナムでは、公務員に支払う非公式的な費用がかかるという回答は 12％、民間ブローカー費用がかかったという回答は 10％あり、依然として不正はなくなっていない。
10）特定技術分野で就労する高度外国人材に対する優遇措置制度。
11）韓国安山市でのインタビュー調査（2017 年 3 月 28 日実施）。
12）実際には、2011 年の外国人犯罪を全国平均と比較してみると、10 万人当たりでは安山市は全国平均よりも少ない。
13）日本では、外国人犯罪は 2006 年の 1 万 8872 人から 2016 年の 1 万 109 人に減少しており、外国人 10 万人当たりでも 420 人と韓国の 2 割程度である。
14）4 年以上合法的に就労、2 年制大学卒業以上、技能士以上の資格保有または最近 1 年間の賃金が同一職種の平均賃金以上など。

参考文献
（日本語文献）
佐野孝治［2010］「外国人労働者政策における「日本モデル」から「韓国モデル」への転換──韓国における雇用許可制の評価を中心に──」『地域創造』22(1)。
佐野孝治［2014］「韓国の『雇用許可制』と外国人労働者の現況」『地域創造』26(1)。
佐野孝治［2015］「韓国における『雇用許可制』の社会的・経済的影響」『地域創造』26(2)。
佐野孝治［2017］「韓国の『雇用許可制』にみる日本へのインプリケーション」『日本政策金融公庫論集』36。
佐野孝治［2018］「アジアにおける国際移民──メリットとデメリットを中心に──」朱永浩編『アジア共同体構想と地域協力の展開』文眞堂。
宣元錫［2013］「雇用許可制への転換と韓国の非熟練外国人労働者政策」『国際問題』626。
（韓国語文献）
キムジユン他［2014］「閉じられた大韓民国　韓国人の多文化認識と政策」『issue

BRIEF』04、峨山政策研究院。
イキュヨン［2017］「外国人力の労働市場影響と政策課題」『低出産・高齢化時代の外国人力政策方向シンポジウム』1月24日、報告資料。
カンドングァン他［2010］『移民の経済的効果』法務部報告書。
カンドングァン他［2011］『移民の経済的効果　京畿道地域を中心に』IOM 移民政策研究院研究報告書。
チェヨンシン・カンソクジン［2012］『外国人密集地域の犯罪と治安実態研究』韓国刑事政策研究院。
ユンジョンヘ［2017］「最近外国人就業者構成変化と特徴」『雇用動向ブリーフ』韓国雇用情報院。
韓国技術教育大学校［2007］『雇用許可制施行3周年評価および制度改善法案研究』労働部。
雇用労働部［2013］『中小企業人力需給のための雇用許可制先進化方案』。
雇用労働部・韓国産業人力公団［2014］『雇用許可制施行10周年　評価討論会』。
シンジョンホ［2013］「韓国移民政策の新しい探索」『Issue & Analysis』118。
大韓商工会議所［2012］『外国人労働者の雇用現況及び需要調査』。
中小企業中央会［2014］『労働人力分野　中小企業隘路及び課題』。
統計庁［2012〜2016］『外国人雇用調査結果』。
法務部・出入国・外国人政策本部［2013］『2013年在留外国人実態調査』。
法務部・出入国・外国人政策本部［2017］『出入国・外国人政策統計月報　7月』8月。

（欧文献）

Amnesty International [2014] *Bitter Harvest: Exploitation and Forced Labour of Migrant Agricultural Workers in South Korea*, Amnesty International.

United States Department of State [2016] *Trafficking in Persons Report 2016*.

World Bank [2017] *East Asia and Pacific Economic Update, April 2017: Sustaining Resilience*, World Bank Group.

第 10 章
欧州の移民政策に見るパラドクス

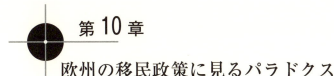

天瀬 光二

1　閉じる欧州、開く日本

(1)　岐路に立つ EU

　2017 年 5 月のフランス大統領選において、決戦投票の末、極右政党の国民戦線党首ルペンに勝利したマクロンが、その勝利宣言で口にしたのは、「この国に怒りや疑念、不安が存在することを理解している。一部の国民を極端な政党に向かわせた意見を尊重しなくてはならない」という言葉だった。移民排斥を公然と訴えるルペンの得票率は 34% に達した。つまり、4 割弱の国民が反移民を支持した。この数字は、こうした主張がこの国の中で無視できないレベルに達していたことを意味していた。イギリスが欧州連合（EU）からの離脱を決めた国民投票、トランプのアメリカ大統領への就任、世界各地で反グローバル化の動きが加速する中で迎えたこの選挙を、固唾を呑んで見守っていたのは何もフランス国民だけではなかった。世界中が何かを予感しつつこの選挙結果を見守っていた。その予感とは、欧州の分断、つまり、選挙結果によっては EU の統合ではなく分断が進むのではないかという懸念である。

　EU は、発足以来 2013 年の第 6 次拡大にいたるまで拡大の一途を辿った。クロアチアを加え 28 カ国体制となった一大経済圏は、物・金だけでなく、域内における人の自由な移動をも可能にし、域内経済に一定の繁栄をもたらした。そして、EU は今後も拡大路線を堅持し、さらなる統合の深化を目指す、はずであった。果たして EU は、いくつかのピースを残してやっと組み上がろうとしているこの巨大なパズルを、自身の手で再び崩してしまうのだろうか。もちろん、統合を管理するブリュッセルの面々は、いまだ統合推進の旗印を降ろしてはいない。しかし今、EU がいまだかつてない曲がり角にさしかかっている

ことは誰の目にも明らかであろう。

(2) 深刻な労働力不足に直面する日本

　一方、日本国内に目を転じると、労働力不足への懸念がかつてないほどのレベルまで高まっている。2017年4月の有効求人倍率は1.48倍となり、バブル期の最高値を超えた。また、総人口が漸減する中で、都心への一極集中という現象から都市と地方の二極化が進行している。深刻な人口減少に頭を悩ませる地方自治体は少なくない。若者は大人になると同時に故郷の町や村を離れ、都心へと向かう。残された高齢者だけで地方経済を支えるのには限界がある。耕されず放置されたままの田畑、シャッターを降ろし人影の消えた商店街、主を失い朽ち果てていく住居。われわれが地方で目にするこうした光景はもはや珍しいものではない。

　島根県出雲市は、2016年、「多文化共生推進プラン」を策定した。市内で暮らす外国人のうち、5年以上定住する人の割合を2021年に30％台にまで高めることを目標とする。そのために外国人の生活支援を強化し、行政窓口での多言語対応の体制を整えるという。市の外国人人口は、2015年末で2744人である。出雲市は、外国人を人手不足を補う単なる労働者として捉えているのではない。「共に暮らす地域住民として受け入れる」とこの計画に明記している。出雲市のように多文化共生に関する単独の計画をまとめている自治体は全国の5％に過ぎないが[1]、今後同様の取り組みが各地で増えていくことが予想される。「一刻の猶予も許されない」という地方の叫びは、日増しにその強さを増していくようである。

(3) 移民問題の複雑さ

　この相反する2つの事象をどうとらえればよいのだろう。閉じようとする欧州、開こうとする日本。単純化すればそういう見方になるかもしれない。だが、ここに横たわる問題はそう単純ではない。欧州にも人の移動を制限することに対する危惧がある。逆に日本には、移民に国境を開放することに反対する意見が根強くある。外国人材の受け入れは、一義的には国の判断である。日本は現下の外国人材受け入れについて、定住を前提とした、いわゆる移民の受け入れ政策とは異なるものであるというスタンスを公式には崩していない。

　いずれにおいても、移民の受け入れに関しては国民を二分する議論が行われ

ることが多い。2016年6月、イギリスがEUからの離脱を問うた国民投票の結果は、離脱票52%、残留票48%という僅差であった。離脱には移民問題が深く関係している。この結果はその日の投票者の気分による差に過ぎなかったかもしれない。もしこれが逆の結果だったら、と誰もが考える。しかし、現実には車は走り始めた。一旦走り始めた車を止めることは容易ではない。例え半数の人がその車を止めたいと考えていたとしてもである。

(4) テロ事件が排外主義を加速させる

問題を複雑にしているのが、テロ事件の頻発である。「われわれはテロリズムの新たな潮流に直面している。テロ対策のあり方を変えなければいけない」。2017年6月、ロンドン中心部で起きたテロ襲撃事件を受け、メイ首相はこう述べた。イギリスでは、3月のロンドン中心部国会議事堂付近での警官刺殺事件、5月の中部マンチェスターのコンサート会場爆破事件と、2017年に入りテロが続発していた。イギリスは2005年のロンドン同時多発テロを防げなかった反省から、情報部門や捜査部門を強化、過激思想の予防プログラムを導入するなど、テロ対策における先進的な取り組みを進めてきた。これが奏功し以降10年以上も大規模テロを未然に防いできたため、テロ対策のモデル国として目されていただけに、関係者のショックは大きかった。メイ首相の言葉はこれをよく表している。

イギリスだけではない。2015年1月のパリ雑誌社シャルリー・エブド襲撃事件では、フランス生まれであるアフリカ系移民3世の若者が、ムハマンドの風刺画を掲載した雑誌社を襲撃し12人を殺害した。また、同年11月にはパリと郊外の商業施設において同時多発テロが発生し、死者130名、負傷者300名以上という大惨事を招いたが、この事件もアフリカ系フランス人が関与したものであった。さらに翌2016年7月のパリ祭の日、ニースでトラックが暴走し、84人が死亡、202人が負傷した事件の主犯者はフランス居住権を有するアフリカ系移民であった。この他、ドイツ、ベルギー、デンマークなど欧州各地でテロによる事件が後を絶たない。そして事件のうちいくつかは、移民または移民の子孫が関与したものである。頻発するテロに有効な対策が打てないなかで、移民を排除せよと極右は声高に叫び、その結果社会において排外主義が強まっていく。排外主義は、移民の問題を客観的に考えることをできなくするのである。

こうした排外主義の背景には、社会において、移民と、その受け入れに反対する人の対立構造がある。移民の子孫である2世・3世は、その多くが、社会において差別的な待遇を受けた経験を持つ。また、彼らの失業率は、その社会の平均的な失業率よりも高い。つまり、彼らは仕事を見つけることが容易でない。それゆえ移民の子孫のなかには、社会にうまく適合して生活している人も多数いるが、反対に、社会から疎外されていると感じている人も多い。さらに、人生に半ば失望し、そうなったのは社会のせいだとして、社会に恨みを持っている人も少なくない。フランスで2005年に移民の子孫による大規模な暴動が起きたのも、このことが影響している。そして、そうした人の一部がテロリストとなり、反社会組織に参加したのである。

一方、移民に反対する人は、移民が来たために街並みや文化が変わってしまったという思いを持つだけでなく、移民が増えたせいで地価が上がり家賃が高騰して生活が苦しくなった、あるいは、移民という低賃金労働者が増えた結果、自分の所得がいつまでたっても上がらないという経済的な不満を持つ。さらに、移民がテロ事件を起こすことへの強い憤りを感じている。

(5) 複雑な問題を単純化する思想

また、世界各地でポピュリズム（大衆迎合主義）が台頭していることも、この問題をさらに難しくしている。ポピュリストの共通性の1つは、物事を単純化して見せることが得意なことである。物事にはたいていの場合オモテとウラがあるが、彼らは自分に都合のよいオモテの面しか見せない。都合の悪いウラ面に潜む複雑な事情は極力覆い隠す。言葉巧みに。だから有権者は見誤る。そもそも物事の一面しか見えていなければ判断をしようがない。例えば誰かが「移民は悪である」と決めつける。移民＝治安悪化的な図式でデマゴーグ（大衆扇動）を行う。その状況で国民が客観的な判断をできると言い切れるだろうか。そもそも物事の片方の面しか知らされていないのだとしたら。

もちろんこれと逆のことも起こり得る。誰かが「移民が必要」と主張する。少子高齢化に伴う労働力不足を解消するには移民導入しかないという理由で。もちろん労働市場が極端な労働力不足に陥っている場合、外国人労働力の導入が即効的にこの問題を解決する有効な処方箋の1つであることは間違いない。しかし、薬には副作用があることを忘れてはならない。即効的な効能を持つ劇薬であればなおさらだ。移民問題のように複雑な問題をあえて単純化して見せ

ようとする手法の裏には、常に危うさが潜んでいる。

(6) 歴史を学ぶことの必要性

　欧州においてこのように排外主義が台頭してきた背景には、過去の歴史が複雑に絡んでいる。今彼らが直面する問題は、過去に実施された政策に起因するものが多い。そのため、その因果関係を理解することは、類似の政策の導入を議論する際に有効となる。つまり、歴史を遡り、その国で実施された政策が後の世代にどのような影響を与えるのかというプロセスを正確に知っておくことが重要なのである。

　本章ではこうしたことを念頭に、まず欧州における移民政策の歴史を振り返る。その上で、現在欧州において展開されている移民政策を概観する。過去から現在に亘る欧州の移民政策を俯瞰することにより、そこに表出しているパラドクスを明らかにし、欧州社会に歪みを生じさせた元凶について考える。移民政策は、短期的に評価することが難しい政策である。この政策は、経済、社会、文化、歴史といった各要素が複雑に絡まりあい、時として政治の道具として使われることも少なくない。こうした移民政策を多角的視点から検討し、功罪の両面を浮き彫りにする。それはまさに本書のテーマでもある、移民政策における光と影を検証するアプローチでもある。

2　欧州の移民政策

(1) 欧州における移民政策の変遷

　欧州主要国が多くの外国人労働者を受け入れたのは、第二次世界大戦後の復興期に当たる1960年代のことである。このとき多くの労働者が、欧州における旺盛な労働需要に応えるため国境を越えた。イギリスは旧植民地であった新英連邦諸国（西インド諸島・インド・パキスタン）から、ドイツは二国間協定により年間100万人規模でトルコから、フランスもマグレブ系諸国（主にアルジェリア）から、大量の労働者を受け入れている。その多くは未熟練労働者であり、好景気に伴う一時的な労働力供給不足を補う存在と考えられていた。

　この受け入れ政策は、1970年代のオイルショックを引き金とする景気後退により突如停止される。そのとき受け入れ国は、彼らを、移民としではなくゲストワーカー、すなわち一時的滞在者と位置づけていたため、その国の労働需

要が減少すれば帰国するものとして考えていた。ところが実際には、すでにそれぞれの国で生活の基盤を築いていた労働者らは、政府の意に反して一部がそのまま滞留し、さらに家族を呼び寄せるなどして次第にその数を増やしていった。各国政府のローテーション方式は、この時点ですでに破綻していたといえる。欧州主要国はこの時の経験から、その後の新規移民の受け入れを制限するだけではなく、帰国促進策などを通じて移民の定住化を最小限に抑える抑制的移民政策を採り、1990年代に至るまでこれを堅持してきた。

　1990年代後半に入ると、こうした抑制的移民政策に微妙な変化が現れ始める。イギリスは、1971年の英連邦移民法により、移民の受け入れを原則停止していた。だが、1997年に保守党から政権を奪って登場したブレア労働党が、一部職種の規制を緩和するという方向で従来の政策に異なるベクトルを与えた。またドイツは、1998年の総選挙で成立したシュレーダー社民党政権（同盟90／緑の党との連立）が、同盟90／緑の党が主張する長期滞在外国人の滞在・就労権を強化するとともに、高度人材の受け入れを推進する新たな制度の導入に道筋を付けた。

　これらの動きは2000年代に入りより顕著なものとなる。イギリスは2001年に労働許可証の発給制限を一部緩和するとともに、ポイント制をベースとした高度人材に対する新たな受け入れスキームである高度技術移民プログラム（Highly Skilled Migration Programme-HSMP）を2002年に導入し、30年ぶりにゼロ移民政策からの転換を図った。当時のイギリスは経済成長が持続し失業率が低下して、ITや保健医療など幅広い分野で専門技術者が不足していた。これを放置すれば、厳しさを増す市場競争の中で負け組みになることは免れないという事情があった。

　ドイツでは、シュレーダー政権が2000年に高度人材スキームであるグリーンカード制度を導入し、IT技術者の受け入れを促進した。ドイツでも専門技術者を中心とした労働力不足が懸念されており、急激な少子高齢化による労働力人口の大幅な減少という将来推計が、この懸念に拍車をかけていた。連邦政府はこの問題に対処すべく、政府から独立した諮問委員会（ジュスムート委員会）を2001年発足させ、新たな移民政策への処方箋を求めた。すると諮問委員会は、「ドイツの生活水準を長期的に維持・確保していくためには、労働市場の動向に即した外国人材の受け入れが必要」とした報告書を政府に提出した。こうした英独の高度人材を自国に囲い込もうとする動きは、同じような事情を

抱える他の欧州諸国にも伝播していった。

　一方で、欧州主要国は時を同じくして1つの重大な課題に直面していた。1960年代に無秩序に受け入れた外国人労働者らの子孫がその規模を次第に拡大させ、社会における一定のグループ層を成すようになっていたのである。彼らの多くは貧困であり、教育水準が低く、よって就労機会が限定的であるという共通の傾向を持っていた。この状況を看過すれば、いずれ社会の不安定要素になることは明らかだった。そしてこの不安はいくつかの国で現実のものとなる。

　2005年夏、ロンドンで連続地下鉄爆破事件が起き、イギリス中を震撼させた。これはイスラム系移民の若者によるものだった。さらに同年10月、フランスで警官とのトラブルでアフリカ系移民若者が死亡した事件をきっかけに暴動が起こり、この暴動は11月の半ばまでフランス全土で荒れ狂った。これはフランス国外にも飛び火し、ベルリンでは移民ら貧困層が集住する地域で放火などが相次ぎ、ブリュッセルでも同様の事件が起きた。一方、オランダでは2004年、自由主義者で知られる映画監督のテオ・ファン・ゴッホが、イスラム系移民の若者に殺害されるという事件が起きた。監督はイスラム社会を批判する内容の映画を撮っていた著名な文化人であった。この事件は外国人に対して比較的寛容と言われていたオランダ社会に大きな衝撃を与えた。もちろん、これらの事件と移民を直接関連付けるわけにはいかない。それぞれの事件に各々異なる背景がある。しかしこれらの事件は偶然起きたわけではない。貧困、失業、社会からの疎外感が、移民の子孫である若者たちのフラストレーションを制御不能なレベルにまで高めていた。例えば、フランスの困窮都市地区（Zus：Zones Urbaines Sensibles）の約半分は移民出身者で占められるが、同地区の失業率は、フランス全体の平均の2倍以上と高く、特に若年の失業率が高い。また同地区においては、皮膚の色、国籍または出身を理由に不当な扱いや差別を受けたと考えている者の比率が同地区以外の者の3倍にのぼるという調査結果もある。移民は同じような境遇を持つ者が多く居住する土地に集住する傾向があるが、そこでまた新たな2世・3世という移民の子孫が生まれ、教育機会の制約などから貧困は連鎖する。進学や就職などで差別されたと感じた若者は、疎外感から社会に対して失望感を持つようになる。移民の子孫が社会から孤立していく典型的な構図である。このような経緯から、欧州社会はこれまで移民層を積極的に社会に包摂してこなかったつけを負わされることになっ

たのである。2000年以降、欧州各国は域外からの単純労働移民の制限を強めるとともに、不法移民の帰国を促進し、国境管理を厳重にするなど不法入国者への監視を強めた。

　こうして、移民政策には、望まれる移民を優遇する政策と望まれない移民を抑制する政策という2つの潮流が生まれた。そしてこの2つの機能の両方を併せ持った政策、つまり、国家が自国に必要な移民のみを受け入れ、そうでない移民を抑制するという積極的な選択のできる政策が必要という認識が序々に広がっていく。1990年代の後半を助走期間として、2000年代から始まった移民政策の新しい潮流を背景に、選択的移民政策という概念が確立された。

(2)　選択的移民政策へ

　イギリスは、従来の移民受け入れスキームを1つの体系に整理した入国管理5カ年計画を策定、2005年2月に発表した。この計画を説明した報告書の表題は、選択的受入れ（Selective Admission）である。この計画は、受け入れる移民を技能レベルで5段階の階層に分け、ポイント制をベースに入国を管理するというものであった。このうち、第1層は高度技術者を対象とし、雇用契約を前提としない受け入れとした。他方、第2層の技術労働者については就労許可を必要とし、労働市場テストにより国内労働市場への影響を配慮した。また、第4・5層についても、受け入れ機関等にスポンサー（受け入れ保証者）としてのライセンスの取得を義務付けるなど、受け入れ要件を絞った。さらに、未熟練労働者を対象とする第3層については、当面の間その受け入れの実施は凍結とされた。また一方で、違法労働者を承知の上で雇用した雇用主には罰則を設け、滞在許可期間を超えて滞在する不法滞在者は出身国に送還するなど、違法労働に対しては厳しい措置を講じた。つまりこの計画は、望まれる移民と望まれない移民を明確に区別し、前者については優遇措置を、後者については厳しい制限を加えるというものだった。

　ドイツは、IT技術者を囲い込むグリーンカード制度を2000年7月に導入した。さらに、2005年の新移民法（ZuwG）において、高度人材はドイツ入国後直ちに定住許可を取得できるとし、将来の高度人材の予備軍である留学生に対しても、卒業後の求職のための滞在許可延長を認めるなど、望まれる移民に対する優遇方針を鮮明にした。このほか、デンマーク、オランダなども高度人材を優遇する拡大政策をとっている。

一方で、フランスの選択的移民政策は、他の国とは幾分異なるニュアンスを持っていた。望まれる移民、つまり高度人材を優遇するという政策の一面は有しているものの、望まれない移民の排除により重点を置いたという点で他国と異なる。そしてこの政策を強力に推進したのが、2007年にシラク政権に代わって登場したサルコジ政権である。サルコジは大統領就任前の内相時代、2003年、2006年にも不法移民や家族呼び寄せなどを厳格化する方向で移民法を改正していた。そしてこの方向性を決定付けたのが、前述の2005年に起きた移民の背景を持つ者が関与する一連の暴動だった。彼はこのとき、「これまで採られてきた受身の移民政策のせいで移民の子孫が社会統合できないまま放置されている」と指摘、今後は移民の選別を強力に進めていくべきだと主張した。以降フランスは、選択的移民政策の色彩をより濃くしていく。

(3) さらなる抑制、そして排除へ

こうした欧州主要国の選択的移民政策は、各国における多少の濃淡はあるものの、基本的には今日まで引き継がれている。イギリスでは、労働党が政権から退出した後、保守党政権が移民政策に対する抑制的な色合いを強めていった。さらにEU域内の移動に関しても、国内の雇用を優先するとの立場から移民に何らかの制限を課そうという圧力が強まり、そのことがイギリスをEU離脱に踏み切らせる大きな要因となった。またドイツにおいては、移民が安易に社会保障にアクセスできることから、社会保障ツーリズム（コラム参照）ではないかとの批判が強まり、一部極右の台頭を許す状況を生じさせた。フランスも同様で、オランド社会党政権下においても、移民への門戸が大きく開くことはなかった。そして上述の通り、移民排斥を公言するルペン率いる極右政党の国民戦線は、政権奪取一歩手前まで行ってみせ、その存在感を内外に示したのである。

ここまで、戦後の復興期から今日に到るまでの欧州における移民政策の変遷を概観した。現在EUは、域外からの移民については厳しく移入制限しているにもかかわらず、なぜ欧州主要国には多くの移民層が存在し、そしてなぜ彼らの一部が社会の中でリスク要因と目されるようになったのかがお判りいただけたのではないかと思う。

> **コラム** 社会保障ツーリズム
>
> 　他国のより整った社会保障給付や医療などの制度を目当てとした移住に対し、これを批判するときの表現として使われる。社会保障制度が整備されているドイツ、イギリス、北欧諸国などへ移住する移民は、比較的安易に当該国の社会保障制度にアクセスできることから、これに一定の制限を加えるべきという議論である。欧州で最も経済が堅調なドイツは、社会保障についても移民に比較的寛容なことで知られている。したがって東欧圏などからの移民の最終渡航地として人気が高い。しかしドイツでも最近、移民に対する風当たりは強くなっている。
>
> 　2014年、EUの最高裁判所である欧州司法裁判所は、ドイツ・ライプツィヒ市のジョブセンターが、同市に移住したルーマニア国籍の母子（子はドイツ生まれ）に対して社会保障の給付を拒否した事案をめぐり、同措置はEU法に抵触しないとの判決を下した。この母親は専門資格を一切保有しておらず、これまでドイツおよびルーマニアにおいて専門資格を取得しようとした形跡がない。ドイツへは職を求めて入国したわけではないことが明らかだった。このような場合、不適切な社会保障の支出を避けるために受け入れ国が給付を拒否することを、EU法は妨げないという判断である。
>
> 　ドイツの社会保障制度下では、社会保険料の納付がなくても就労可能性や要扶助性等が存する限り、原則として地域の窓口に受給申請をすることができる。一方、ドイツ現行法は、ドイツに移住してから職を探したり、あるいは社会保障給付が目的と判断されるEU市民には原則として受給権を認めないという「排除条項」を設けている。こうしたドイツ人とEU出身者を異別に取り扱う「排除条項」がEU法に抵触するか否かが争われていた。このような移民と社会保障をめぐる議論は、ドイツだけではなく他の欧州諸国でも見られる。

3　社会統合政策

(1)　なぜ社会統合が必要か

　選択的移民政策とは、望まれる移民を優遇する面と、望まれない移民を抑制する面という2つの側面を持つ政策であると先述した。しかし望まれる移民として優遇はできないが、望まれない移民として排除すべきとまでは言えないと

いった中間地点に存在する移民が多数存在している。移民の2世・3世などがここに含まれるが、この層が占める割合は大きい。この層を可能な限り望まれる移民につくりかえるという趣旨を持った政策、これが社会統合政策である。この政策は、従来の抑制的移民政策においては放置されてきた層に対するアプローチであり[9]、最近の移民政策の特徴の1つは、この社会統合にかなりの国費を投じることである（もちろん国により差はあるが）。

では、なぜこうした層に社会統合が必要なのだろうか。移民1世というのは、基本的には自己の意志によって移住（時に強制的なケースもあり得るが）してきた人々であり、そうした意味では例え渡航先で不遇な目にあったとしても自己責任との諦観もあり得よう。しかし、幼少期から自己意志とは関係なく被差別という特殊な環境に置かれる（ケースの多い）移民の2世・3世にはそうした観念はない。また、近年の研究で明らかになっているのは、移民の2世・3世におけるアイデンティティの欠如という問題である。移民家庭の中には、親が母国語しか話せず、子供は学校教育を通して移住先の言語を習得するため、親子のコミュニケーションがうまくいかなくなるというケースがある。特に成長期に相談すべき親との意思疎通がうまく図れない場合、子はその悩みを1人で抱え込むことになる。特に肌の色の違いや人種といった差別・偏見に根ざすいじめを学校や職場で受けたとしても、それを解決すべき術がない。そうすると、その子は、自分が一体何者なのかという疑問を持ち始め、自分の存在自体を受け入れられなくなる。自己のアイデンティティの確立ができないまま、次第にコミュニティーから孤立するようになり、社会からの疎外感を感じ、やがて自分の存在する社会に対して敵意を抱くようになる。そして最悪の場合、過激な思想を持つグループがその受け皿となる場合がある。このような悪循環の芽を早期に摘み取り、社会にインテグレート（統合）していく施策が必要となる。

(2) 社会統合のアプローチ

社会統合の核心は言語教育であるとされる。移民は、その土地で労働者としてだけではなく生活者として社会の構成員となる。つまり、社会の秩序を保つためには、彼らにその社会のルールを理解してもらわなければならない。そのためには、まずその国の言語を習得させることが第一歩となる。こうした理由から、社会統合を行っている国はどこでも、言語教育が社会統合政策の主要な

部分を占める。

　ドイツでは、社会統合政策の中で言語教育に最も重点が置かれている。ドイツの統合講習は、ドイツ語教育講座（欧州共通基準 B1 レベル習得を目指す）と、ドイツの法律、文化、歴史などを学ぶ市民教育講座で構成される。統合講習には、300 授業単位の基礎言語講習と言語向上講習がある。この基本パターンのほか、若年者や女性、子を持つ親、読み書きのできない人などの特定層を対象に授業単位を延長した講習もある。言語学習と併せて実施される市民教育講習の総受講時間は、2012 年に 45 時間から 60 時間へと引き上げられた。これら統合教育に、2011 年には総額 2 億 1800 万ユーロを連邦政府が負担し、2012 年の連邦政府予算では 2 億 2400 億ユーロが計上されている。2005 年以降、統合教育のために投入された予算は、総額で実に 10 億ユーロを超える。2000 年代以降、ドイツだけでなく、移民が存在する欧州主要国はどの国もこの社会統合に相当の予算を投じている。

(3) 社会統合の担い手

　社会統合の実施主体は、政府など公的機関だけではない。移民受け入れの歴史が長い国においては、従来から民間ベースで言語教育など移民への支援が行われてきた。欧州の場合、教会や各種ボランティア団体など移民の生活支援を行う様々な非営利団体（NPO）が存在する。また、これら NPO と自治体などのコミュニティーが一体となって行われるケースもある。例えばドイツにおいては、60 年代から多くのトルコ系移民を受け入れたが、民間のボランティア団体が外国人の子女のための家庭教師や塾を無料で開設するなど、移民に対する支援を行ってきた［野川 1993］。また、イギリスではチャリティ（Charity）[10]などのボランタリーセクターが数多く組織されており、移民への支援サービスを提供している。中央政府は社会統合の直接の実施主体とはならず、ボランタリーセクターを通して移民を社会統合するアプローチをとっている。このように、移民の社会統合に関しては地域コミュニティーの果たす役割が極めて重要である。換言すると、地域コミュニティーに移民を受け入れるインフラが整っていない場合においては、移民受け入れは破綻するリスクが高いと言えよう。

(4) 重要性を増す社会統合政策

　社会の中で、経済の循環が良好な局面においては、移民に対する風当たりは

あまり強くない。しかし、一旦経済が下降局面に入り雇用状況が悪化すれば、移民に対するフラストレーションは一気に増大する。こうして人々の中にゼノフォビア（外国人嫌悪）といった感情が次第に色濃くなり、排外主義が台頭するようになる。そして、移民は社会の中でより孤立していく。欧州各国が、過去の政策のつけを押し付けられる形で、現在の国民に多大な犠牲を強いてまで、社会統合政策を展開しなければならない理由はここにある。

　社会統合政策は現在欧州各国で実施されているが、この政策の効果を測ることはなかなか難しい。この政策を推進したからといって、目に見えて経済指標が改善するなどの効果が得られるわけではない。かといって、これを何もせずに放置すれば、社会不安の増大につながることは明らかである。したがって、社会統合政策は、過去に実施された政策のつけを負わされているという側面が強いものの、もはや欧州における現代の政策として不可避な政策と言ってよいだろう。社会統合政策の導入当初は、多額の税金を移民の教育などに投入することから、ネガティヴな意見も少なからず見られた。だが、その後の度重なる移民が関与する事件や暴動等の影響もあり、最近では、社会統合政策は移民政策の中でも最も重要な政策の1つとしてのコンセンサスが確立された感がある。そして近年においては、ますますその重要性を増してきているのである。

おわりに

　移民政策の難しさは、やり直しがきかないことにある。それは時として時代を越えて次の世代に影響を及ぼす。それはこの政策が、物や金とは違い人を扱う政策だからにほかならない。これまで見てきた通り、欧州の移民政策は決して平坦な道のりを歩いてきたわけではない。そこには多くの矛盾が存在し、その帰結として、現代社会は様々な問題に直面している。欧州は、社会統合という形でその歪みを少しでも正そうというアプローチをとっているが、すべてが成功しているとは言い難い。移民が関与した事件が起きるたびに、移民を社会に統合させるアプローチは後退を余儀なくさせられる。統合ではなく排斥を叫ぶ人の声の方が大きくなるからだ。統合か排斥か。この問題は移民社会において過去より行われてきた議論である。そして、移民が社会に存在し続ける限り、この議論は今後も繰り返し行われていくことだろう。このことは、社会統合の成就が如何に難しいかという証左だとも言える。

他方、日本はこれまで、日系人や高度人材など一部の例外を除いて外国人労働者の移入を認めてこなかった。その分社会統合の経験は少ない。国内労働市場への影響や、治安悪化など社会的リスクの回避を優先しようとするとき、このような消極的施策が支持される。逆に今日のように国際的市場競争が激化する中、人口が減少し労働力不足が喫緊の課題となっている状況下においては、積極的施策を支持する声が前面にでてくる。積極的施策は、直面する労働力不足を緩和し、経済を潤し、社会に一定の光をもたらす。事実、今日われわれが目にする欧州都市の繁栄は、戦後復興期の経済を支えた外国人労働者の献身的働きに負うところが少なくないと言われる。

　しかし、受け入れた労働者の2世・3世の失業率は高く、差別により生じるコミュニティ間の断絶は社会に閉塞感をもたらした。こうしたその後の欧州の苦悩については、本章で述べてきた通りである。光の裏側には常に影が付き従ってきた。現在においても、彼らは影の部分である過去からの歪みを正すために莫大な負担を強いられている。走り出した車を止めるのは容易ではない。欧州の経験は、走り出す前に何を考えるべきかということを、われわれに教えてくれるのである。

注
1）「外国人受け入れ課題」『日本経済新聞』2017年5月15日。
2）一定の出稼ぎ期間が終了したら当該労働者を原則帰国させ、また別の労働者を受け入れる方式（回転ドア方式とも呼ばれる）。主に未熟練労働分野に用いられる。
3）移民および庇護法（1999年）により、医師・看護師・教員・IT関連職種に対する受け入れを緩和した。
4）雇用主の有無にかかわらず、申請者の資格や過去の収入等に基づくポイントにより受け入れの可否を判断する制度。
5）またその半数以上をマグレブ系（北アフリカのモロッコ・アルジェリア・チュニジアの3国＝フランスの旧植民地）出身者が占める。
6）「移民出身者が多い困窮都市地区で失業率が上昇――脆弱都市地区観測所報告――」（JILPT海外労働情報2011年11月）。
7）第3層は、2018年現在に至るまで停止された状態のまま、一度も開かれていない。
8）「EuGH法務官意見書――「社会保障ツーリズム」の歯止めとなるか――」（JILPT海外労働情報ドイツ2014年8月）。
9）従来の抑制的移民政策においては、新規移民の移入制限のみが重視され、すでに在住する移民及び移民子孫の公的ケアにはほとんど目が向けられてこなかった。

10) チャリティとは、一般に博愛的な意味を持つ概念であり、ボランタリーセクターの多くを占める。法律上チャリティとして成り立つためには、私的利益ではなく公的利益のための目的を持たなくてはならないとされる。

参考文献
(日本語文献)
野川忍［1993］『外国人労働者法 ドイツの成果と日本の展望』信山社。
労働政策研究・研修機構編［2006］労働政策研究報告書 No. 59『欧州における外国人労働者受入れ制度と社会統合』大東印刷工業。
労働政策研究・研修機構編［2008］JILPT 資料シリーズ No. 46『諸外国の外国人労働者受入れ制度と実態 2008』相模プリント。
労働政策研究・研修機構編［2013］JILPT 資料シリーズ No. 114『諸外国における高度人材を中心とした外国人労働者受入れ政策』相模プリント。
労働政策研究・研修機構編［2015］JILPT 資料シリーズ No. 151『地域における雇用機会と就業行動』富士プリント。
労働政策研究・研修機構編［2016］JILPT 調査シリーズ No. 152『UIJ ターンの促進・支援と地方の活性化――若年期の地域移動に関する調査結果――』富士プリント。

(欧文献)
Constant, A. and K. F. Zimmermann ［2005］ *Immigrant Performance and Selective Immigration Policy: A European Perspective*, IZA.
Toms, H. and K. Thorpe ［2012］ *Practical Measures for Reducing Irregular Migration*, Home Office.

第11章

EUの東方拡大と農業・食品産業

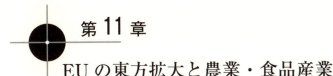

高橋信弘・豊 嘉哲

はじめに

　本章の目的は、経済のグローバル化がもたらした正と負両方の影響を、EU（European Union：欧州連合）[1]の農業と食品産業を事例として、特にEUの東方拡大に関連づけて描写することである。EUの東方拡大とは、2004年および2007年に中東欧諸国（ポーランド、ハンガリー、チェコその他）がEUに加盟し、EU加盟国の数が増加したことを指す。

　第1節ではEUの市場統合の内容を示す。第2節では東方拡大に関わる中東欧諸国の農業関連指標の変化に言及した後、東方拡大による競争激化が農業と食品産業に何をもたらしたかを描写する。第3節ではグローバル化の負の側面の例として2013年の馬肉スキャンダルを取り上げる。

1　EUにおける市場統合の進展

(1) EU概説

　EUとは何か？　この問いに対する1つの答えは、EUは、ヨーロッパの諸国と人々が、国境を越えた共通問題に共同で対処する統治「組合（ユニオン）」である、というものである。すなわち、各国が個別に対処するより、共同の組合（EU）で話し合い、共通の解決策（政策や立法）を決定し、メンバー（EU構成国＝EU各国）がそろって組合（EU）の決定に従うほうが効果的な問題もある。そのような共通問題を発見し対処する制度がEUである。1950年代から80年代までは、EC（European Communities）と呼ばれ、ヨーロッパを単一の経済市場にするための組合だった。1990年代以降は、加えて外交や安

表 11-1　EU 加盟国一覧

年	加盟国数	加盟国
1958	6	イタリア、オランダ、ドイツ、フランス、ベルギー、ルクセンブルグ
1973	9	アイルランド、英国、デンマーク
1981	10	ギリシア
1986	12	スペイン、ポルトガル
1995	15	オーストリア、スウェーデン、フィンランド
2004	25	エストニア、キプロス、スロバキア、スロベニア、チェコ、ハンガリー、ポーランド、マルタ、ラトビア、リトアニア
2007	27	ブルガリア、ルーマニア
2013	28	クロアチア
2019	27	英国離脱？

(注) 下線が付された国はユーロを導入している。
(出所) 中村 [2015：98] に基づいて作成。

全保障など政治的な問題も扱うことができる組合になった。それが今日の EU である [中村 2015：7]。同時に、**表 11-1** が示すように、EU 加盟国は増加してきた。

　EU の行政部門である欧州委員会の統計局のデータによると、2013 年において EU 28 カ国全体で人口は 5 億人、国内総生産は 13 兆ユーロ、輸出額は 5.9 兆ユーロ、輸入額は 5.5 兆ユーロである。1 ユーロ＝129.6 円（2013 年平均）で計算すると、国内総生産は日本の 3 倍を超える規模である。政府の歳入と歳出を見ると、一般政府（すなわち中央政府、地方政府および各政府の社会保障基金）では 6.2 兆ユーロの歳入に対して 6.6 兆ユーロの歳出、中央政府のみでは 3.3 兆ユーロの歳入に対して 3.7 兆ユーロの歳出である。これらの数値は EU 28 カ国のそれぞれの金額をユーロ建てで合計したものである。一方、加盟国政府の財政とは別に存在している EU 財政を見ると、その規模は 7 年間で約 1 兆ユーロ（一年平均 0.15 兆ユーロ弱）に過ぎない。ちなみにドイツ中央政府の年間歳出規模が 0.4 兆ユーロ弱、フランス中央政府とイタリア中央政府のそれは 0.5 兆ユーロ程度であり、EU 財政はそれらよりはるかに小さい。

(2) EUにおけるモノの自由移動

EUでは国境を越える商品の自由移動が認められている。とはいえ歴史的には、単一市場が形成されていく過程で、いくつもの争いが起こり裁判になった。その理由は、商品の売買に関係する法律は加盟国それぞれによって制定されていたからである。したがって、単一市場を創設するという政治的判断があればそれはあっさり誕生するというわけではない。この点を理解するために、マーガリンと酒の事例を紹介しよう。両者はともに1982年にEU司法裁判所で判断が下されたものである。

ベルギーの輸入業者が、丸い容器に入ったドイツのマーガリンを輸入しようとしたところ、それをベルギーの法律によって阻まれた。なぜなら当時のベルギーの法律は、マーガリンとバターの混同を避けるため、前者を角型の、後者を丸型の容器に入れて販売しなくてはならないとしていたからである。この法律は商品の自由移動を妨げるのでEU法違反だと業者が訴えたところ、その言い分が認められた。つまり、マーガリンとバターの混同の防止のために容器の型まで指定するのは過剰だというわけである。

同じくベルギーでは、第一次世界大戦直後にアルコール依存症の人が増えたため、アルコール度数が22度以上の酒を公衆の場所で販売も提供もしてはならないと法律で定められていた。この法律を守らず強い酒を提供した店主が訴えられた際、ベルギーの法律が原因で外国の強い酒を提供できず商品の自由移動が妨げられるからこの法律はEU法違反だと反論した。しかしEU司法裁判所は、ベルギーの法律は正当と判断した。この法律は公衆の健康の保護という正当な目的を持っている一方で、酒屋で強い酒を購入することなどは禁じていないため、商品の移動を妨げる程度が重すぎないからである［中村 2015：31-32］。

(3) EUにおけるヒトの自由移動

2015年、欧州にアフリカや中東から押し寄せる難民の数が激増した。彼らが最初に到着するのはギリシアやイタリアである。しかし彼らの多くにとって最終目的地はドイツやスウェーデンなどである。そのため、そこにたどり着くまでに彼らが通過する国（クロアチア、ハンガリー、オーストリア、スロベニアなど）で、現地住民と難民との軋轢が生じている。その背景にはシェンゲン協定、すなわちEU国籍を持っているか否かにかかわらずすべての人が国境検

問なしに域内を自由に行き来することを認める協定の存在がある［駐日欧州連合代表部 2016］。

　単なる越境ではなく、外国に移って働くという行動について、EU ではどのように定められているだろうか。EU では EU 機能条約第 45 条に基づき加盟国の国籍を持つ労働者の自由移動が保障されているだけでなく、移住労働者が移住先の加盟国で完全な平等待遇を受けることを EU 司法裁判所が要求している。現実には EU 市民のうち他の加盟国に移住する人の割合は 2000 年頃まで 1％程度、EU からの離脱を決めた英国では 2％程度で、大きな人数とは言えなかった。

　この状況が一変するきっかけとなったのが、EU の東方拡大である[3]。例えば英国では、ポーランドからの移民労働者が東方拡大以降急増した。2004 年に英国に住むポーランド人の数は 6 万 9000 人に過ぎなかったが、2014 年には 85 万 3000 人にまで増え 10 倍以上となった。英国居住の人数が多い順に外国籍を並べるとポーランド、インド、アイルランドとなり、2014 年においてポーランド人の数はインド人およびアイルランド人の数の約 2 倍である［庄司 2016：166-168］。

> **コラム　国外にポストされた労働者**
>
> 　欧州委員会の雇用を扱うサイト[4]には、ポストされた労働者（Posted Workers）という項目がある。その定義によればポストされた労働者[5]とは、サービスを提供するために雇用主から他の EU 加盟国に一時的に送られる被用者を意味し、彼らが受け入れ国の労働市場に入ることはない。A 国の会社に雇われ B 国にポストされる労働者は、ポストする会社が立地する A 国の法律に従う一方で、B 国で認められている労働者の権利（最低賃金、労働時間の上限、有給休暇の下限など）を享受できるので、労働者にとって望ましい方の条件で働くことができると EU が保証している。
>
> 　EU 加盟国のうち賃金が比較的高い国（オランダ、デンマーク、ドイツ、フランスなど）の農業は、建設業や輸送業とともにポストされた労働者に支えられている。その背景には、できるだけ低い賃金で農場労働者を雇いたい EU 高賃金国の農場主と、その最低賃金ですら魅力的と感じる中東欧諸国の労働者の存在がある。しかし、そうした労働者が多数存在し、また農場主はスーパーマーケットなどからの価格引き下げ圧力に直面しているため（本章第 2 節を参照）、ポストされた労働者の待遇

が不当に引き下げられる、すなわち社会的ダンピングが発生する可能性は常に存在している (Bernaciak ed. [2015] および Voss et al. [2016] を参照)。

2 東方拡大は農業と食品産業に何をもたらしたか

(1) 共通農業政策（CAP）

　EUの政策は、加盟国全体に共通するものと、各国に任されるもの（例えば社会保障政策）とに分けられる。農業政策は前者であり、共通農業政策（CAP：Common Agricultural Policy）と呼ばれる。1962年に始まったCAPは、5つの目的を持つ。第1に農業生産性の向上、第2に農業従事者の個人所得の増大、第3に農産物市場の安定、第4に安全な食料備蓄、第5に適切な価格での食糧の供給である。CAPのもとで、ヨーロッパには農産物の単一市場が形成され、また、農産物生産者に対する補助金の支出のルールも統一された。なお、この補助金はEU財政によって負担されている。

　生産者支援は、かつては、農産物に関する高水準の最低保証価格と公的機関による余剰農産物の買い取りによって実施されていた。このとき、生産者の立場で考えると、需要を無視して生産しても政府が買ってくれる訳だからできる限り多く作ろう、ということになる。それゆえ過剰生産、買い取り費用の増大、そして生産増加のための農薬・化学肥料の使用の増加による環境悪化という問題が発生した。

　これに対処するため、そしてEUによる農産物の厳しい輸入制限に対し米国等からの批判が強まったため、EUは1992年以降、度重なるCAP改革を実施し、現在では直接支払い[6]という方式の補助金が生産者支援の中心となっている。この方式では、農家は必ずしも生産しなくてはならないわけではなく、牧草地等を環境に配慮した状態で維持していれば、生産量ゼロの農地所有者も補助金を受け取れる場合もある。

　直接支払いの導入は、最低保証価格の引き下げまたは撤廃を可能とし、輸出補助金なしにEU産品を輸出できる水準にまでEU価格を低下させた。そしてEUの農産物だけではなく、それを原料として生産される食品についてもそのような状況が生じた。このため発展途上国は、EUの直接支払いは事実上の輸出補助金として機能していると不満を表明している［豊 2016：第8章］。

(2) 中東欧諸国の農業関連指標の変化とその原因

EUの東方拡大の結果、CAPは新たにEUに加盟した中東欧諸国にも適用されることになったが、その農業部門の粗付加価値がどのように変化したかを、Csaki and Jambor [2016] に基づいて確認しよう。

図11-1は3つの期間、すなわち第1期（1999-2003年）、第2期（2004-08年）および第3期（2009-13年）の実質粗付加価値を比較している。それらが示すのは、東方拡大に伴う実質粗付加価値の変化はその幅だけではなく向きについても国ごとに異なるという事実である。例えば図11-1に示されたポーランドの実質粗付加価値額の平均値を見ると第1期から順に53.2億ユーロ、65.5億ユーロ、73.9億ユーロと増加している。第1期から第3期への増加率は38.8％である。またリトアニアでは実質粗付加価値額はポーランドよりも小さいが、その増加率は39.9％である。この値が正となった国はリトアニアとポーランドの他にエストニアしかなく、他の7カ国の農業部門は実質粗付加価値額を減らしている。

第3期すなわち2009年から13年はリーマン・ショック以後の経済的混乱が極めて深刻だった時期である。この時期に国内総生産成長率が正の値を記録した中東欧諸国はエストニアとポーランドだけであり、一国全体のマクロ経済環境が農業部門に大きな影響を与えたと言える [Csaki and Jambor 2016 : 39]。

農業部門のパフォーマンスの差は何に由来するのか。その重要な要因の1つは、首尾一貫した農業政策である。選挙のたびに政策がころころと変わり将来の見通しを立てられないという状況では長期的な農業食品部門の成長は見込めない。これとは対照的に、ポーランドはこうした状況に陥らなかった。

また、農地と農場の集積についての政策も、パフォーマンスを左右する。ハンガリーは、これらの集積に制限的な政策を採用したため、非農業部門からの資金流入が乏しく、EU加盟で拡大した市場を上手く活用できなかった。これに対しバルト海諸国は、比較的自由な土地政策が採用したため、農業部門により多くの資源が投入され、結果的にEU加盟の好機を生かすことができた。

さらに、外国人による所有も要因の1つに数えられる。多くの中東欧諸国は、1990年代に社会主義を放棄した後、農業食品部門の民営化を大規模に実施した。チェコやポーランドなどでは、現地の農場主が食品加工会社を所有することになり比較的良好な結果を残した。これに対して、民営化と同時に外国人の所有を急速に推し進めた国（ブルガリア、ハンガリー、ルーマニア）では、長

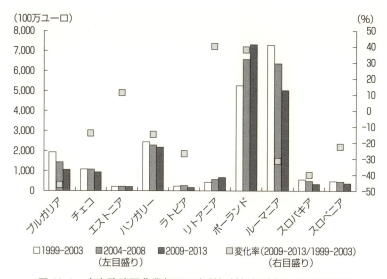

図11-1 中東欧諸国農業部門の実質粗付加価値額とその変化率
(出所) Csaki and Jambor [2016 : figure 1].

期的パフォーマンスが芳しいとは言えない [Csaki and Jambor 2016]。

(3) 食品産業の国際的統合と欧州各地の多様性の維持

　前述のパフォーマンスの変化の基盤にあるのは、EUへの加盟と、それによって生じた競争の激化である。例えばポーランドでは、EU加盟を境に、隣国ドイツとの農産物および食品の貿易について、輸出額だけではなく輸入額も急増した（**図11-2**を参照）。

　すなわち、EUに加盟した国の農業部門は、巨大な潜在的輸出機会を得る一方で、国内市場での著しく激化した競争に直面することになったのである [Csaki and Jambor 2010 : 12]。この事態が出現した理由は、EUに加盟することでEU各国との貿易の際に関税がかからなくなったからだけではない。競争激化の大きな理由は、食品産業における垂直的統合が国境を越えて急速に進んだからである。その主役は、国際的に展開するスーパーマーケットや食品加工業者である。彼らがEU内の各地で調達と販売を行うことを通じて、農産物生産者を含む供給側に価格引き下げ圧力をかけたため、市場における外国製品のシェアが高まると同時に低価格製品が数多く流通するようになったのである。こ

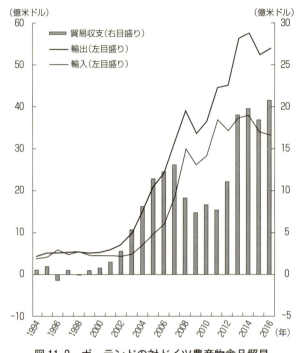

図 11-2　ポーランドの対ドイツ農産物食品貿易

（注）ここでの農産物と食品は HS コード 02〜04、07〜11、15〜24。
（出所）国連 Comtrade Database。

うした安価な製品の中には、安い（場合によっては不適切な）原料で生産されたために品質が疑わしいものもある。さらに、巨大な国際的流通チェーンが求める条件や取引方法に対応できない生産者も存在している。

　食品部門での統合が国境を越えて進んでいるということは、この部門で商慣行や商品の収斂、同質化が進んでいるということを意味する。この種の事態の展開を支えているのは、種類も品質も月並みな農産物が低価格の原材料として安定的に調達可能な状態になっていることである。この状態に対応できるのは比較的生産規模の大きな生産者である。なぜなら、生産の低コスト化と安定を実現するには規模が大きい方が有利だからである。その一方で小規模生産者の活路は狭められており、また限られた地域でしか育たない農産物も生産者から選択されにくくなっている。

　EU はこの種の画一化に対して、様々な地域でその地域特有の農産物や食品

が伝統的方法で生産されるという状態を維持し、それらの品質を保証するための政策を採用している。この政策の目的は、第1に多様な農業生産の支援、第2に生産物の名称の誤用および偽造の防止、第3に特徴ある生産物の情報の消費者への伝達の支援である。これを実現するためにEUは、PDO（Protected Designation of Origin：保護された原産地呼称）、PGI（Protected Geographical Indication：保護された地理的表示）、そしてTSG（Traditional Speciality Guaranteed：保証された伝統的特産品）という3種類の認証を設けて、EU内に多様に存在する高品質の農産物と食品の名前の保護と普及を図っている。PDOの対象は、認定されたノウハウを用いて特定の地域内で生産、加工および製品化がなされた農産物と食品である。例えばフランスのボルドー・ワインやギリシアのマノウリ・チーズがこの認証を獲得している。それに対してPGIは、品質や評判が特定の地域に関連づけられる農産物と食品を対象としており、生産、加工および製品化のうち少なくとも1つの工程が当該地域内で実施される必要がある（原料が当該地域産品である必要はない）。TSGの対象となるのは、生産物が伝統的な要素で構成されている場合または伝統的な生産方法が採用されている場合である。

　ここまで述べてきたように、東方拡大はEUの消費者へ食品価格低下という利益をもたらしたが、それが可能となったのは食品産業における垂直的統合がEU市場で進行し競争が激化したからである。改めて言うまでもなく、競争は負の側面も伴う。ここで指摘しておきたいのは、流通ルートに乗りにくい農産物の生産機会が減少するという形で農産物と食品の多様性が損なわれつつあることと、この望ましくない変化に対抗する農産物品質政策が十分とは言えないにせよEUで採用されていることである。この政策は、多様性の喪失に対抗する生産者を支援するというEUの意思の表れであり、より広く見れば、多面的機能などの面で社会に貢献する生産者は税金で保護するに値するというEUの方針の具体化とも言える。

　このことは、日本にとっても大きな含意を持つ。2018年7月、日本とEUは経済連携協定について署名した。この協定において、日本はEUから輸入するチーズ、ワイン、豚肉、牛肉、チョコレートなどの農産物について、またEUは日本から輸入する自動車や自動車部品について、その関税を引き下げるか撤廃する。これにより日本の農業と食品産業はより厳しい競争環境に直面することになり、一連の動向の中で日本の農業保護をどうするのかに注目が集ま

る。また、競争力のない農業生産者はつぶれてしまえ、といった乱暴な主張も登場するだろう。EUの農業保護の経験から言えることは、生産者がどのような形で社会に貢献すれば保護を受けられるのかが明確に示されば、納税者の了解を得られるということだ。前述の例で言えば、多様性の喪失を防ぐという点で貢献しているからEUにおける農産物の生産者は支援されるわけである。したがって日本でも、農産物の生産者は、彼らが受ける支援と、彼らによる社会的貢献との関係の明示および承認を経て、堂々と政策的支援を受け取ればよいのである。

3 2013年の馬肉スキャンダル

国境をまたぐ広大な市場にネットワークが形成されたとき、そこで悪事を意図的に働こうとする者が現れれば何が起きるのか。2013年の馬肉スキャンダルはその実例である [Lawrence 2013]。

2012年11月にアイルランド食品安全庁が、スーパーマーケットに並ぶ何種類もの安価な冷凍ビーフバーガーを対象として、明記されていない動物のDNAが含まれていないかを検査した。その結果、検査されたビーフバーガーの3分の1以上から馬のDNAが、そして85％から豚のDNAが見つかった。

この検査を受けて、英国食品基準庁が英国内食品産業に対して検査を求めたところ、大手スーパーマーケット三社で販売されていたある冷凍食品（ラザニアとミートソーススパゲティ）について、そのラベルには牛肉など英国で一般的に食べられる肉が使用されていると記されていたにもかかわらず、実際には100％馬肉であると判明した。それを製造したのはフランスのC社であった。C社の納入先は欧州16カ国のスーパーマーケットや食品企業だったため、馬肉スキャンダルは欧州全体で問題となった。図11-3が示すように、C社が馬肉混入製品を製造する過程もまた欧州5カ国に広がっている。例えば英国の冷凍食品会社が、牛肉のラザニアをC社に発注する。C社はルクセンブルグの子会社に製造を要請するが、この子会社に原料となる肉が届くまでにフランス、キプロス、オランダ、そしてルーマニアの4カ国で取引が実施され、その過程で不正が行われていた。このように、原料調達が何段階にも渡るなどサプライチェーンが広域化・複雑化し、EU各国の企業がその生産過程に参加していると、実際に誰がその食品を作っているのかが分かりにくくなる。こうしたサプ

第11章 EUの東方拡大と農業・食品産業　217

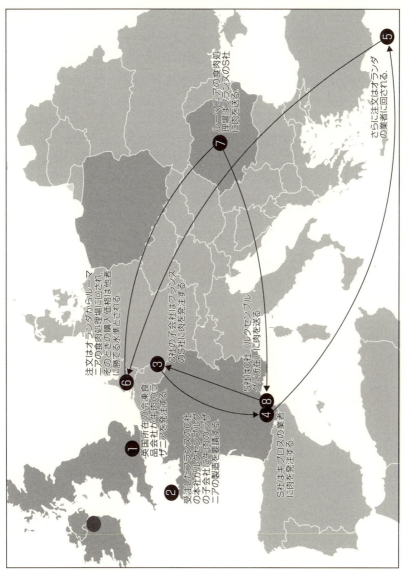

図11-3　馬肉スキャンダルの広がり

(出所) Lawrence [2013] に筆者が手を加えた。

ライチェーンにおいて、不正が起こったのである。

　さらに、馬肉を混入する作業を実際に行ったのはどのような人なのかにも注目したい。そこで、馬肉不正をしたある企業の事例を見てみよう。オランダ当局が 2013 年 2 月に摘発した食肉処理場では、過去 2 年間に加工した肉のうち、5 万トン以上の由来が不明である。ここではポーランドからの移民労働者が作業に従事していた。彼らは、週当たりの労働時間が明記されない形で結ばれる雇用契約、すなわちゼロ時間契約[11)]で働き、その月収は 500 ユーロに満たなかった。これは食肉産業における労働者の最低賃金を下回っている。馬肉混入作業に関わったのはこうした劣悪な環境で働く移民労働者である [Lawrence and Domokos 2013]。このように、EU の東方拡大によって生じた労働市場の底辺に位置する人々が、馬肉を混入する実際の作業を担っていた。つまり EU の東方拡大が、労働力の観点からも今回の事件を引き起こす遠因となってしまったのである。

　市場が拡大すれば犯罪行為も拡大する、というのは暴論である。しかし市場が拡大すれば競争は激化し、社会的ダンピング、すなわち「競争上の優位を得るために社会的な規範および規制を損ねる、またはそれから逃れる行い」[Bernaciak ed. 2015 : 226] を通じて競争を勝ち抜こうとするものが現れても不思議ではない。もちろん誠実な大規模流通業者はこの種の不正に巻き込まれることを嫌うため、サプライチェーンが広範囲に渡ったとしても、食品偽装などのリスクを洗い出した上で、それを入念に構築し監視し続ける。しかしスーパーマーケットの店頭に並ぶ品目は 4 万種類にもなる。これらすべての流れを監視し、それを継続するのは容易ではない。加えて、小規模店は大規模店と同レベルのチェックを行う余裕がないため、食品偽装に巻き込まれるリスクはさらに大きい [Levitt 2016]。

おわりに

　本章で見てきたように、グローバル化によって消費者は、食品価格が低下するというメリットを得られる。しかし同時に、グローバル化によって生じるサプライチェーンの広域化・複雑化は、食の安全性を脅かす。EU では、食品の流通に関わる生産者、加工業者、流通業者そして監督官庁（食品を専門的に担当する官庁だけではなく司法警察部門も含む）が緊密に情報交換を行い、不正

を発見する体制の構築に努めている。しかし、EUにおいて食品不正を根絶する手段や制度が生み出されたわけではない。したがって、グローバル化を推進する際には、財やサービスの安全性をどう確保するのかという点を軽視してはならない。特に食品は、人々の生命や健康に直接関わることなので、その安全性の確保については慎重に判断すべきである。EUという組合でさえ、この問題を取り扱うのに苦労していることを、教訓とすべきである。

注

1) 1993年に誕生したEUは、かつて欧州経済共同体や欧州共同体として存在してきたが、本章では便宜的に、これらすべてにEUという表現を用いる。
2) http://ec.europa.eu/eurostat/web/main （2017年5月21日閲覧）。
3) 東方拡大以前にEUに加盟していた15カ国は新規加盟国から移住してくる労働者を最大7年間制限できたが、英国、アイルランドおよびスウェーデンは制限しなかった。
4) http://ec.europa.eu/social/main.jsp?catId=471&langId=en （2017年5月28日閲覧）。
5) Posted Workersには、人材派遣業者によって派遣された労働者以外のひとも該当するため、これを派遣労働者とは訳さずポストされた労働者とした。
6) 2012年から14年の3年間について、CAPに充てられた年間予算は約550億ユーロで、そのうち約400億ユーロが直接支払いとして支出された。
7) ここでの粗付加価値とは基本価格で算出された実質値である。基本価格については注8を参照。
8) 注7で述べたように図11-1の値は、生産者価格ではなく基本価格で算出されている。生産者価格とは、生産者が生産物を販売したときに購入者から受け取る金額から付加価値税額を引いた値から算出される価格である。基本価格とは、購入者から受け取る金額に補助金額を加え、そして付加価値税だけではなくすべての税を引いた値から算出される価格である。つまり、補助金額がゼロならば、粗付加価値は、生産者価格で算出する方が基本価格で算出するより大きい。筆者が欧州委員会統計局のデータ（Economic accounts for agriculture-values at real prices）を確認したところ（2017年5月23日閲覧）、生産者価格で算出すればポーランドの粗付加価値の平均値は第1期から順に52.2億ユーロ、55.7億ユーロ、65.3億ユーロとなる。このようにポーランドの粗付加価値は、基本価格で算出する方が生産者価格値で算出するより大きく、しかも両者の差が拡大傾向にあることから、生産者が受け取る補助金額は年々増加していると考えられる。
9) 生産性という基準を設定すれば生産規模の大きな農場が競争的市場で生き残ることに不都合はないが、別の基準を設定すれば小規模生産者の継続的生産を支援すべきとの見解が採用されうる。例えば生物多様性への貢献という基準に則って考えると、わずかな種類の農産物しか育てない商業的大規模農場よりも混合農業を実践する小規模な生産者の方が政策的支援の対象として望ましいことになる。

10）多面的機能とは、農地や農村が食料生産以外にも多くの有益な役割を果たしていることを意味する用語である。例えば農地が適切に管理されることにより、それが様々な動植物にとって生育可能な場所として機能することなどを指す。
11）ゼロ時間契約では、労働者は雇用主が必要とする時間のみ就労し、報酬は就労時間に対してのみ支払われる。つまり待機中は無報酬である。だが事実上常に待機しておかなくてはならず、しかも直前の変更やキャンセルがありえるため、極めて不安定な雇用環境に置かれる。これに肯定的な見方をする人は、育児や介護などの理由によりフルタイムで働くことが難しい人、学生、定年退職した人が働きやすいと主張する。一方、ゼロ時間契約の労働者は正規雇用者が得ている休暇や手当などの権利を与えられない上、彼らの週当たり労働時間が一定ではないため、所得が不安定になるだけではなく各種手当てや税控除等への申請も難しくなるとの主張もある。英国ではこの10年間で低賃金の職種で急速に増加するとともに専門職にも広がっており、その増加が問題視されている［山下 2014］。

参考文献
（日本語文献）
庄司克宏［2016］『欧州の危機』東洋経済新報社。
駐日欧州連合代表部［2016］「難民危機とEU」『EU MAG』(http://eumag.jp/feature/b1116/、2017年6月30日閲覧)。
中村民雄［2015］『EUとは何か』信山社。
山下順子［2014］「ゼロ時間契約の増加はなぜ問題か」『労働調査』2月号。
豊嘉哲［2016］『欧州統合と共通農業政策』芦書房。
労働政策研究・研修機構［2017］「EU離脱後の移民動向をめぐる予測」(http://www.jil.go.jp/foreign/jihou/2017/04/uk_01.html、2017年5月24日閲覧)。

（欧文献）
Bernaciak, M. ed. [2015] *Market Expansion and Social Dumping in Europe*, Abingdon: Routledge.
Csaki, C. and A. Jambor [2010] "Five Years of Accession: Impacts on Agriculture in the NMS," *EuroChoices*, 9(2).
Csaki, C. and A. Jambor [2016] "Ten Years of Membership: How Agricultural Performance Differs in the New Member States," *EuroChoices*, 15(2).
Lawrence, F. [2013] "Horsemeat Scandal: The Essential Guide," *Guardian*, 15 February (https://www.theguardian.com/uk/2013/feb/15/horsemeat-scandal-the-essential-guide、2017年5月30日閲覧).
Lawrence, F. and J. Domokos [2013] "Horsemeat Company Regularly Mixed Horse in with Beef, Say Polish Workers," *Guardian*, 24 May (https://www.theguardian.com/uk/2013/may/24/horsemeat-beef-meat-dutch-factory、2017年5月30日閲覧).

Levitt, T. [2016] "Three Years on from the Horsemeat Scandal: 3 Lessons We have Learned," *Guardian*, 7 January (https://www.theguardian.com/sustainable-business/2016/jan/07/horsemeat-scandal-food-safety-uk-criminal-networks-supermarkets、2017年6月30日閲覧).

Voss, E., M. Faioli, J. Lhernould, and F. Iudicone [2016] *Posting of Workers Directive-Current Situation and Challenges*, European Parliament's Committee on Employment and Social Affairs, IP/A/EMPL/2016-07.

第12章
世界貿易機関

高橋信弘

　商店へ行くと、店内に海外の製品が多数並んでいる。これは現在では当たり前のことだが、昔はそうではなかった。戦後直後、日本は多くの財に対し、輸入数量を制限したり、輸入品へ高い関税を課したりしていた。そのため国内では輸入品の販売量が限られ、そしてその販売価格は、輸出元の価格よりもはるかに高かったのである。そのような政策をとった大きな理由の1つは、国内の産業を保護することであった。つまり、輸入数量制限や高い関税により、国内製品よりも安価な製品や品質の高い製品が海外から流入してくるのを防いでいたのである。

　当時、日本だけでなく、多くの国が同様のことをしていた。だが、これでは各国の輸出が増えない。そこで、各国が集まって交渉を積み重ねて、輸入数量制限をなくし、そして関税率を引き下げていくことを互いに実施していった。その結果、海外の財を国内で入手しやすくなった。つまり、各国の長年の取り組みが、現在のような状態を作り上げたのである。

　このように、自由貿易は消費者に対し大きな恩恵をもたらした。また、自由貿易は戦後、先進国や日本の経済成長を促進した。よって、現在において多国間交渉を主導する世界貿易機関（WTO：World Trade Organization）の活動は、世界の多くの人に支持されている。

　だが一方で、WTOに対して、貿易自由化ばかりが優先されて、貿易に伴って生じる諸問題をきちんと取り扱っていないという主張がある。すなわち、WTOは環境保護に反している、あるいは、WTOは食の安全性を軽視しているなどの批判が存在する。このようにWTOは強い批判にさらされていることも事実である。

　そこで本章は、WTOの歴史と意義について理解したうえで、貿易と環境の問題や、貿易と食の安全性の問題について見ていく。

1　GATTの成立とその成果

　WTOは、自由貿易促進を主たる目的とし、世界164の国・地域が加盟する国際機関である（2016年7月29日時点）。WTOの説明に先立って、その前身である、関税及び貿易に関する一般協定（GATT）がどのような理由でつくられ、どのような成果を生んだかを概観しておこう。

(1)　ブロック経済と第二次世界大戦

　1930年代、世界が大恐慌に陥った大きな理由の1つは、貿易が減少したことである。当時、イギリス、フランスなどの西欧諸国は多くの植民地を持っていた。1929年に世界恐慌が起こると、それらの国々は国内産業を保護するために、自国と植民地以外からの輸入に高い関税をかけた。すると輸入品の国内販売価格が高まるので、その購入が難しくなる。こうして、域外からの輸入を事実上出来なくするブロック経済を形成したのである。またアメリカも、高い関税を設定して輸入を制限した。

　このようにブロック経済がいくつも作られて、互いに輸入を制限したことにより、各ブロック経済からの輸出も減少した。これが大きな原因となり、世界の貿易額は減少し続けた。キンドルバーガーが図12-1で示したように、1933年1月の貿易額は、1929年1月の3分の1にまで激減したのである[Kindleberger 1973]。このため、各国の所得はそれ以前よりも低下した。つまり、自国の所得低下を防ぐためにブロック経済を作ったのに、かえって所得が低下する結果となったのである。特に、ドイツ経済の疲弊はひどかった。ドイツは、第一次世界大戦の賠償金を支払う必要があったため、輸出が減少したことで経済は困窮した。それがヒトラーの台頭を生み、1939年に第二次世界大戦が引き起こされた。この経験が示すように、財が国境を越えないときには、軍隊が国境を越えるのである。

(2)　GATT創設と日本の復興

　このことへの強い反省から、第二次世界大戦後、関税及び貿易に関する一般協定（GATT）が創設された。GATTとは、貿易自由化などを進めるために多くの国が締結した国際協定である。GATTでは、ラウンドと呼ばれる多国

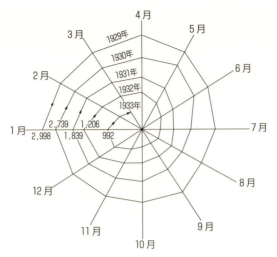

図12-1　1929年1月―33年3月における世界貿易のらせん状の収縮

(注) 75カ国の総輸入額、単位は100万旧金ドル。
(出所) Kindleberger [1973：邦訳 第8図]。

間交渉が行われ、その結果各国は互いに関税や貿易障壁を低下させた。特に1960年代、関税の大幅な引き下げが実現した。また1970年代、オイルショックにより各国の景気が悪化していたにもかかわらず関税率低下が進んだことに関して、GATTの存在なくしてはあり得なかったと言えよう。

このことは、戦後の日本の輸出拡大を大きく支えた。特にアメリカは、自国の市場を開放して日本からの輸入を受け入れた。それが日本の復興を促進し、さらには高度経済成長を生み出す一因となった。そして日本だけでなく、ヨーロッパ諸国も、アメリカの市場開放によって1950～60年代に高い経済成長を実現することができた。

(3) GATTの成果とWTOの創設

GATTでは、1947年に23カ国による第1回の交渉が行われ、その後も、参加国数を増やしながら数回の交渉が行われた。ただし、それは二国間交渉であったため、関税の引き下げには限界があった。そこで1964～67年のケネディ・ラウンド（46カ国参加）では、参加国の一律引き下げ方式が新たにとられ、約3万品目について平均35％の関税率引き下げが行われた。これは、貿

易自由化を推し進める上で画期的なことであった。その後も、1973～79年の東京ラウンド（99カ国とEC参加）では、石油危機とその後の不況のなかで長時間を要したが、鉱工業品の世界輸入額の約60％について関税引き下げがなされた。その際、日本は約2600品目について約20％の関税率引き下げを行うとともに、アメリカは約30％、欧州共同体（EC）は約25％前後の引き下げを行った。そして、1986～94年のウルグアイ・ラウンドでも、関税引き下げがなされたほか、多くの通商問題が議論された。

さらに、1995年に世界貿易機関（WTO）が創設された。WTOは、その加盟国が集まって貿易自由化などのルール作りを話し合うための国際機関である。2001年には、カタールのドーハで開催された第4回WTO閣僚会議で、新しいラウンドの開始が決定された。この貿易交渉の正式名称はドーハ開発アジェンダだが、日本では、通称であるドーハ・ラウンドと呼ばれることが多い。

各国にとって、貿易障壁を取り除き輸入を拡大することは容易なことではない。それをしようとすれば、輸入品と競合する産業が必ず反対するからである。そのため、戦後の世界的な貿易自由化の実現において、GATTとWTOが果たした役割はとても大きかった。

しかしその反面、GATTとWTOは、国益のために争う利害対立の場でもある。各国は、自らに有利になるよう交渉を導こうとする。つまり、自らの競争力のある財については、各国に自由化を促し、自らの競争力のない財については、保護主義を維持しようとするのである。なかでも、先進国と発展途上国が、互いの自由化を求めて対立し続けている。このため、ドーハ・ラウンドは、開始から17年後の2018年6月の時点でも、自由化の内容について合意に達していない。

2 WTOの原則

(1) GATTとWTOの原則とその矛盾

GATTとWTOは、その加盟国間の貿易に関して、以下のことを原則としている。

1. 関税以外の方法で国家が貿易に影響を与えることを原則として禁止する。

2. 最恵国待遇
3. 内国民待遇

1. は、財の輸入の際には、原則として数量制限をなくし、関税化しなくてはならないという意味である。2. は、外外差別の除去、つまり、すべての加盟国に対し同じ条件を与えなくてはならないことを意味する。例えば、A国が、ある財に関して、B国から輸入する際の関税率を10%へと引き下げたときには、それと同じ関税率を他の加盟国すべてに適用しなくてはならない。3. は、内外差別の除去、つまり、自国と外国の企業を差別しないという意味である。

これらの原則は、一見当然のように思われるが、大きな矛盾を含んでいる。例えば、ある財に関して、A国、B国、C国がいずれも関税率を20%に設定していた（図12-2a）。ここで、A国とB国が、貿易自由化を進めるために互いの関税率を20%から10%へと引き下げたとする。このとき、A国とB国は、C国からの輸入にも関税率を10%とする必要がある。すると、C国はその関税率を20%に維持したままで、A国とB国への輸出には関税率10%が適用される（図12-2b）。

このように、GATTの原則は本質的に矛盾を含んでいる。そのため、1980年代以降、アメリカの通商政策は相互主義的色彩を強め、相手国に対しアメリカと同じだけの市場開放を求めるようになったのである。

(2) GATTの例外措置

同時に、GATTには、様々な例外措置が存在した。まず、ある財について輸入量が前年に比べて急増したときには、輸入を制限する権利が認められた。

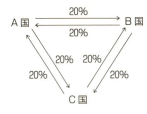

図12-2a　ある財における当初の関税率

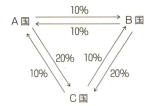

図12-2b　A国とB国が輸入関税率を10%へ引き下げたときの関税率

これは、緊急輸入制限（セーフガード）と呼ばれる。また、かつては、GATT参加国の多くが賛成すれば、ある財について輸入数量制限を行うことができるというウェーバー条項が存在した。これを利用して、アメリカは長年にわたり、いくつかの農産物の輸入を制限した。さらに、1974年より2004年まで、多角的繊維取決め（MFA）により繊維製品については例外的に輸入数量制限が許された。以上に加えて、自由貿易地域が認められていたため、ECや、北米自由貿易協定（NAFTA：アメリカ、カナダ、メキシコ）など、多くの自由貿易地域や関税同盟が設立された。

貿易自由化は、その国の生産者や消費者に大きな影響を与える。輸出の拡大は、その国の経済成長を促進する。また、輸入数量制限をなくすことや、輸入関税を低下させることは、海外の資源や食料、製品などをこれまでよりも安価に得られるようになるため、そうした輸入原材料を必要とする企業や消費者にとって購入費用が低下する。しかし一方で、輸入品の増加により、それと競合する商品を生産する企業や農家にとっては、経営が厳しくなる可能性がある。

GATTの例外措置は、貿易によって受ける被害を小さくするよう作用した。したがって、このような例外措置は、貿易の自由化を進める上で不可欠なものであった。GATTが長い間存続できたのは、こうした様々な例外措置が存在したゆえであるとも解釈できる。そしてGATTが長い間存続した結果、戦後の貿易自由化が進展したのである。

3　貿易と環境

WTOは、多国間交渉による貿易などの自由化に加えて、加盟国同士の貿易上の紛争を解決するための機能も持っている。ある国の貿易などについての行為がWTOのルールに違反していると思われるとき、他の国がWTOへ提訴することができる。するとWTOは、その問題の専門家による紛争処理委員会（パネル）を設置し、審査を行って判定を下す。そして、判定に不服な国は、上訴することができる。そのときには上級委員会が設置され、判定を下す。いわば、二審制の裁判である。さらに、その後も敗訴した国がその違反行為を改めないときには、被害を受けている国が、WTOの承認に基づいて報復関税などの措置をとることができる。以下、パネルが設置された事例をとりあげ、貿易と環境のどちらが優先されるべきかという問題を考えていこう。

(1) マグロ輸入禁止措置

　GATT 20条は、動植物の生命保護や天然資源の保存のために貿易を規制することを例外的に認めている。そこで1990年、アメリカはメキシコからのマグロの輸入を禁止した。これは、東太平洋の熱帯部で、マグロ漁の際にイルカが犠牲になっていたからである。マグロは、イルカの群れの下に群れを作る。それを、重りがついた長さ1マイルのきんちゃく網で、海水面にいるイルカごと囲い込む。この一網打尽的な漁法により、30年間に700万頭のイルカが死んだ。そのためアメリカは、海洋哺乳類保護法により、国内産か外国産かを問わず、きんちゃく網で獲ったマグロの販売を禁止したのである。

　メキシコは、アメリカの輸入禁止措置をGATTに提訴した。パネルは1991年、「アメリカの領海外の生物保護のために、貿易制限はできない」として、メキシコの訴えを認めた。ただし、当時のGATTの裁定は、それがすぐに強制力を持つわけではなかった。ところが、その後WTOが成立した。WTOの裁定は強制力を持つ。そこでメキシコは、アメリカに対し、WTOへの提訴をちらつかせて輸入禁止解除を迫った。すると、WTOでの敗訴を避けたいクリントン政権は、議会に対し輸入解除を出来るよう働きかけた。その結果、海洋哺乳類保護法を骨抜きにする法案が議会に提出された。この法案は、環境保護団体や海洋哺乳類保護法を成立させた議員からの反対が強く廃案となるが、1997年同様の法案が可決された。その法律に基づき、1999年秋よりきんちゃく網で獲ったマグロがアメリカの市場で販売されることとなった。

(2) エビ輸入禁止措置

　アメリカは、その後も同様の問題で外国から訴えられることになる。アメリカの絶滅危惧種法は、ウミガメ混獲予防措置がついた網で獲ったエビだけに、アメリカでの販売を認めていた。この措置が付いていれば、エビ漁網からウミガメは逃げ出すことができる。この法律に各国が異議を唱え、WTOに提訴した。

　アメリカは、この法律がアメリカと外国のエビ業者に対し平等に適用されるのであれば、内外無差別の観点からWTOのルールに違反しておらず、よってGATT 20条に基づきこの規制は認められるべきだと主張した。しかしパネルは、問題のアメリカの法律がWTOの意図に反しているとの判定を下し、アメリカは敗訴した。この判定に対しては、環境保護団体だけでなく、アメリ

カのマスコミや多くの論者が批判した。

　アメリカ政府は、パネルの決定を不服として上訴した。ところが WTO の上級委員会は、GATT 20 条に基づく環境保護の重要性を認めつつ、この件については甚だしく、また身勝手なほど差別的な運用が行われていると判断して、再びアメリカは敗訴した。アメリカはその決定を受け入れ、各国とエビ輸入に関する合意に至った。2003 年の時点では、39 カ国と 1 経済圏に対してアメリカへのエビ輸出が認められている。その認定に際して、ウミガメ混獲予防措置がついた網で獲ったエビだけという条件に基づき、アメリカ商務省海洋漁業局出身の専門家からなる組織が当該国で実施した現地調査の結果が考慮されるしくみとなっている。

4　貿易と食の安全性

　パネルで争われる問題は、他にも多数存在する。なかでも大きな問題となるのが、貿易と食の安全性はどちらが優先されるべきかである。

(1)　ホルモン牛肉事件

　欧州共同体（EC）は、1981 年及び 1988 年に出された EC 指令により、農用動物に対する 6 種類の成長ホルモンの使用と、その成長ホルモンを使用した牛肉の輸入を禁止した。一方アメリカでは、これらの成長ホルモンの使用が認められていた。アメリカは EC の輸入禁止措置が域内産牛肉の保護のためであるとみなし、WTO の前身である GATT に提訴した。しかし、当時の紛争解決メカニズムの不備のため、その手続きが進まなかった。

　WTO 成立後、アメリカとカナダはこの問題を提訴し、1996 年にパネルが設置され、EC は敗訴する[1]。EC は上訴するものの、1998 年、上級委員会で再び敗訴する。しかし EC は、その後も依然として輸入禁止措置を続けており、成長ホルモンの発がん性が疫学的に認められるとした意見書を何度も発表している。よって WTO は、アメリカとカナダに対し制裁措置をとることを認めた。アメリカは、1 億 1680 万ドルの制裁を認められ、1999 年 7 月より、ヨーロッパ 4 カ国から輸入する製品に対する関税率を引き上げたのである。

　EC が輸入禁止措置をとった背景には、予防原則という考え方がある。これは、現時点では具体的な環境被害や健康被害が発生していなくても、その兆候

があるならば、被害の発生を待たずして、現時点で何らかの予防措置をとるべきとする行動原則とされる。しかしパネルは、予防原則でもってリスク評価の不十分さを立証することは出来ないと判断したのである。

その後、2003年にECが新たな規制措置を導入したものの、アメリカは制裁を続けていた。そこでECはアメリカの制裁の継続についてWTOに対し提訴し、2004年11月にパネルが設置された。2008年3月に出されたパネル報告は、アメリカにより制裁継続を違反と認定した。ところが、同年10月に出された上級委員会報告では、パネル判断が破棄され、アメリカの制裁継続は違法でないという判断が下された。

(2) 遺伝子組み換え作物に関する事件

遺伝子組み換え作物をめぐっても、アメリカとECの間で紛争が起こる。ECは当初、遺伝子組み換え作物を承認していたが、安全性への懸念などから、1998年秋以降新規承認を凍結した。さらに一部の構成国が、承認済み産品の販売と輸入を禁止した。アメリカは、この措置によるヨーロッパへの輸出減少額が、トウモロコシだけで約3億ドル、農産物全体では40億ドルと主張した。そこで、これらの措置が不当だとして、アメリカ・カナダ・アルゼンチンはWTOに対しECを提訴し、2003年にパネルが設置された。

2004年5月、ECは遺伝子組み換え作物の販売の新規承認を再開したが、一部の構成国は承認済み産品の販売・輸入禁止をなおも続けていた。2006年に出されたパネルの判定において、ECが主張した予防原則は法の一般原則として認定されなかった。また、承認済み産品の販売・輸入禁止は違法と判断された。しかし、販売・輸入禁止措置は依然として続けられている。

予防原則を支持する側は、被害が起きてからでは遅いという理由から、科学的根拠が多少弱くても、国民の安全と健康を守るのにはこうした慎重さが必要であると主張する。だが、WTOにおいては、予防原則よりも自由貿易の原則が優先されている。こうした考え方の対立は、今後も大きな問題となるであろう。

(3) コーデックス食品規格委員会

コーデックス食品規格委員会は、FAO（国連食糧農業機関）とWTOの合同食品規格委員会である。食品添加物・汚染物質部会、食品表示部会、残留農

薬部会、食品輸出入検査認証システム部会等多くの部会からなり、各国におけるこれらの基準を国際的に統一する（ハーモナイゼイション）ことを目的とする。2017年8月現在、187カ国及び欧州連合（EU）が加盟している。

　ここでの決定は、強い影響力を持つ。なぜなら、ここで決定された基準よりも厳しい基準を適用している国は、緩い基準の国の食品を輸入できない。よって、緩い基準の国が、厳しい基準の国に対し、その基準が輸入障壁になっているとしてWTOに提訴し、厳しい基準の国が敗訴することが起こり得るからである。

　したがって、この委員会での決定は重要であるが、その基準策定は、各国の様々な圧力を受けている。しかも、コーデックス委員会の議論に参加できるのは、政府関係者だけでなく、企業、NGO、コンサルティング会社関係者であり、特に企業の参加率が高い。例えば、1991年の第19回総会において、アメリカからの参加者243人のうち、企業関係者が119人と、全体の49％を占めていた。企業のなかには、自社製品を世界で販売するために、緩い基準を採用させようとする傾向にあるものが少なくない。さらに、政府関係者も、自国企業の利害を反映して行動するときがある。こうして、各国の利害対立の結果が、ハーモナイゼイションの名の下に加盟国すべてに押し付けられることとなる。食糧の多くを輸入に依存する日本は、こうした問題に、他国以上に敏感になるべきであろう。

5　反ダンピング措置

　以上の問題に加え、今後の貿易摩擦の大きな焦点となり得るのは、反ダンピング措置である。ダンピングとは、ある国から他国へ輸出される産品が、輸入国内において、輸出国内におけるよりも低い価格で販売される、あるいは生産コストよりも低い価格で販売されることをいう。一般にこうした販売方法は、不当なものとみなされている。よって、ダンピングに対し国内産業を守るために、ダンピングされた商品に相殺関税（反ダンピング税）を課すのが、反ダンピング措置である。これは、GATT6条に認められた手段である。

　このように書くと、反ダンピング措置は当然の手段のように思える。ところが、ダンピングかどうかの判定は輸入国側が行うので、その判定が恣意的なことが少なくない。つまり、国内産業を保護するために敢えて反ダンピング措置

を利用しているのではないかと疑われるケースが続出しているのである。そこでウルグアイ・ラウンドでは、反ダンピング措置の発動に関する規律が強化された。

　それにもかかわらず、反ダンピング措置は減るどころか、逆に乱用される傾向にある。特にアメリカ国内では、1990年代後半、政府に対し反ダンピング措置の発動を求める提訴が相次いだ。日本からアメリカへの鉄鋼輸出の8割以上に関して反ダンピング措置の提訴がなされており、事実上日本を狙い撃ちにする形の提訴が行われたといってよいだろう。このうち熱延鋼板ダンピングなど4件では、アメリカ際貿易委員会（ITC）が米産業の被害を認める最終決定を下している。反ダンピング措置の発動を求める提訴がなされるだけで、アメリカ企業は輸入を控えるので、日本からの鉄鋼輸入は減少することとなる。実際、1999年度の日本からアメリカへの鉄鋼輸入は、前年比58.4％減となった。

　熱延鋼板ダンピングについては、1999年11月、日本がWTOに提訴した。一方アメリカは、日本が自国の鉄鋼市場を事実上閉鎖しながらWTOへ提訴したとみなして、不快感を示した。WTOのパネルは、アメリカの反ダンピング税率の算定が恣意的であるという日本の主張を一部認めた「部分勝訴」の最終報告書をまとめた。アメリカは上訴したが、上級委員会はアメリカの主張を再度退け、WTOにおいてこの判断が2003年8月に確定する。ところが、アメリカはその勧告を実施しなかったため、2008年1月、日本はWTOに対し、対抗措置の承認申請を行うに至っている。その後、2011年5月にアメリカは、反ダンピング措置の撤廃を決定した。

　またアメリカは、輸入品に関して、ごく一部の製品でもその製品の生産国における国内価格を下回る安値輸出が認められれば大幅な上乗せ関税を課すゼロイング方式を採用している。日本政府は、この制度はWTO協定違反であると主張して2004年11月にWTOに提訴し、2007年1月の上級委員会報告書で日本の主張が認められた。ところが、アメリカはこの制度を継続している。

　世界貿易の拡大とともに、ダンピングがこれまで以上に大きな問題となる可能性がある。反ダンピング措置の乱用を防ぐために、新ラウンドにて、規律強化のための議論が望まれる。

6　アメリカと各国の貿易摩擦

(1)　トランプ政権による関税の導入

2018年3月、アメリカのトランプ大統領は、鉄鋼とアルミニウムの輸入に関して追加関税を導入する大統領令に署名し、鉄鋼製品に25％、アルミニウム製品に10％の追加関税を課した。この措置をとるのは、輸入によって国内産業が弱体化しており、そのことがアメリカの安全保障を損なうためだとしている。

アメリカは、この措置について、すべての国からの輸入品を対象にするとしつつも、個別の国との話し合いによっては、その国からの輸入品に対して適用しない場合もあるとしている。つまり、その国がアメリカからの要望に応じて、アメリカからの輸入を増やす、輸入関税率を下げる、あるいは、アメリカへの輸出数量に規制を設けて輸出量を減らすなどをしたときには、アメリカはこの措置を適用しない。このように1つの財の輸入に関して国ごとに異なる関税率を適用するのは、WTOのルール違反である。

さらにトランプ政権は、中国からの輸入に関して、約1300品目に25％の追加関税を課すことを発表した。その理由を、中国政府が自国内に進出するアメリカ企業に技術移転を強いたり、高度な知的財産を持つアメリカ企業を中国企業が買収できるよう不正に促したりしているなどのためだとしている。

(2)　中国の反発

トランプ政権によるこうした措置に対し、外国は当然反発する。一部の国は、それへの報復措置として、米国から輸入する製品に対し関税を課す。

中国は4月、鉄鋼やアルミニウムの輸入を制限したことへの対抗措置として、アメリカ産の豚肉やワインなど計128品目に最大25％の関税を上乗せした。25％上乗せするのは豚肉とアルミニウムのスクラップなど8品目である。また、15％上乗せするのは、ワイン、ピスタチオやクルミなどナッツ類、マンゴーなどドライフルーツ、オレンジ、ブドウ、スイカなど果物、継ぎ目のない鋼管など120品目である。

さらに中国は、アメリカが中国製品約1300品目に25％の追加関税をかけると発表したことへの報復措置として、アメリカ産の農産物、自動車、飛行機な

ど計106品目に25％の追加関税をかけると発表した。農産物には、大豆、牛肉、綿花、トウモロコシなどが含まれる。特に大豆は、アメリカの輸出量の6割が中国向けであるため、アメリカの農家への影響が大きい。中国が大豆を選んだ理由は、有力な大豆産地のアイオワ州、オハイオ州、ミシガン州などが、共和党と民主党の支持率が拮抗しており、よって11月の中間選挙の行方を左右する地域だからであろう。つまり、それらの州の有権者が損害をこうむる状態になれば、中間選挙でその州の共和党候補者が不利になるだろうから、トランプ大統領はその状態を解消するべく、中国との妥協をせざるを得なくなるという計算がある。

　その後、アメリカと中国は交渉を行い、5月中旬、アメリカが中国製品約1300品目に25％の追加関税を課すことと、それへ中国が報復措置をとることを棚上げするのに合意した。これは、中国がアメリカから農産物やエネルギーを大量に輸入するなどを約束したことによる。このことが示すように、中国にとって、アメリカは巨大な市場であるためアメリカへの輸出を制限されるのは避けたいという思いが強く、よってアメリカがそのことを利用して圧力をかけると、中国でさえもその圧力をはねのけるのは容易でないのである。

　こうして米中の貿易摩擦はいったん収束したかと思われた。ところが6月中旬、アメリカは突然態度を変え、中国製品に対し、知的財産権の侵害を理由に7月より制裁関税を課すことを発表した。そして7月6日より、340億ドル相当の中国製品（818品目）について、従来の関税に25％の関税を上乗せする追加関税を発動した。

　中国はこれに反発し、すぐさま報復としてアメリカからの輸入品に関税を課した。その内容は、アメリカと同額の340億ドル相当の輸入品（545品目）にアメリカと同率の25％の追加関税を課すものであった。

　するとアメリカは8月、新たに160億ドル相当の中国製品について追加関税を課した。そして中国も同額の追加関税を課した。

　さらに9月、トランプ大統領は、2000億ドル（約22兆円）相当の中国製品の輸入に対し10％の追加関税の措置を講じた。一方、中国は報復措置として、600億ドル相当のアメリカ製品に5〜10％の追加関税を課した。こうして、この争いがしばらく続く様相を見せている。

(3) EUの反発

　上述の鉄鋼とアルミニウムの輸入への追加関税について、アメリカは、EU、カナダ、メキシコへの適用を延期し、それらの国との間で協議を行ってきたが、合意に達しなかった。そのためアメリカ政府は、EU、カナダ、メキシコに対し6月より鉄鋼・アルミニウムの輸入品に対する追加関税を導入すると発表した。

　これに対しEUは、WTOに対し提訴するとともに、28億ユーロ規模のアメリカ製品に対する報復関税を実施した。EUがWTOに提出したリストによると、報復関税の対象には、鉄鋼・アルミ製品のほか、トウモロコシ、オレンジジュース、オートバイのハーレーダビッドソン、バーボンウイスキーなど、共和党の有力議員の地元産品が多数含まれる。これは、共和党有力議員の地元を狙い撃ちすることで、彼らがトランプ政権に対し圧色をかけることを狙ったものである。

　このEUの措置に対し、トランプ大統領が反発した。彼は、EUからアメリカが輸入する自動車に対し20%の関税を課すことを示唆した。

　だが、アメリカに対する報復関税を実施する国は増加しつつある。7月上旬の時点でEU、カナダ、メキシコ、トルコが実施したほか、いくつかの国がその実施を予定あるいは検討している。

　一方でアメリカは、5月下旬、新たに乗用車やトラック、自動車部品を対象に、安全保障上の理由により輸入関税率を上昇させることを検討し始めた。アメリカでの報道によると、現行2.5%の乗用車関税に加えて、最大25%の追加関税を課す案が出ている。日本は2017年に174万台の自動車を輸出している。もし自動車の関税率が引き上げられれば、日本や各国の自動車メーカーは、大きな打撃を受けることとなる。

　日本はそれを避けたい。そこで安倍首相は、9月の日米首脳会談においてトランプ大統領に対し、日本がアメリカから輸入する農産物に対する関税率の引き下げを提案した。つまり、工業の利益を守るために農業が利用されたのである。

(4) 貿易摩擦のアメリカへの影響

　こうしてアメリカと各国の間の貿易摩擦は激化し、互いに輸入品への関税を課す状態になっている。輸入する側の企業にとって、関税が高くなることは、

輸入品の価格が上昇するので、部品や材料の費用が上昇することを意味する。これはその企業の経営を悪化させる。また輸入品を購入する消費者にとって、輸入品の価格が上昇することは好ましくない。一方、輸出する側の企業も、関税が高くなることで、外国での販売価格が上昇し、よって輸出量が減る。これもその企業の経営を悪化させる。

　すでにその影響がはっきりと顕われている。6月下旬、アメリカのくぎ製造業者のミッドコンチネントネイル社は輸入コストが膨らんで経営危機に陥り、中西部ミズーリ州の工場で60人を一時解雇した。これは、アメリカ国内において上記のような措置が取られることが予想されたために、くぎの原材料となる鉄鋼価格が昨年以降上昇していたためである。また、ハーレーダビッドソン社は、EU向けの輸出を止め、EU域内での生産へと切り替えることを発表した。これは、EUが報復措置として二輪車の輸入関税を6％から31％へ上昇させたため、EUへの輸出の際の関税額がオートバイ1台当たり2200ドル（約24万円）上昇したことと、トランプ政権による鉄鋼とアルミニウムへの輸入関税によってアメリカ国内での原材料調達コストが上昇したことによる。こうして、国内生産を縮小せざるを得なくなる企業が出始めた。

　さらに、アメリカでの大豆価格は、中国が報復関税を実施することで輸出が減って国内供給が増えるとの見通しから、2018年5月下旬から7月初めまでの間に価格が20％近く下落した。つまり、アメリカによる関税は、それが始まる前からアメリカ国内の農家の経営を大きく悪化させていたのである。

　したがって、アメリカにとって、関税によりいくつかの製品について国内産業の保護の効果はあるものの、企業や消費者へ与える悪影響も大きく、経済を混乱させることとなる。アメリカ国内からはすでに反発が出ている。例えば、アイオワ州の農家でつくるアイオワ大豆協会は、「米中貿易戦争は大豆農家に偏った打撃を与える」との声明を出している。

　なお、アメリカだけでなく、貿易相手国も同様に、輸出が減り、また輸入品価格が上昇することで、経済が混乱する。こうしたアメリカと貿易相手国の双方の状況について、国際通貨基金（IMF）のラガルド専務理事は2018年3月、ワシントンポスト紙が主催したインタビューにおいて、「歴史上、貿易戦争において勝者は誰もいないということを、私たちは見てきた」と述べている。

(5) トランプ政権の狙い

　トランプ政権は、おそらく、こうしたことをある程度は想定していたのであろう。つまり、アメリカと各国の報復合戦により、アメリカの一部の企業や農家が悪影響を受けるのは想定内のことである。トランプ政権の狙いは、この報復合戦によって貿易相手国の経済が悪化した結果、その国が譲歩して、アメリカの製品への輸入を拡大する、あるいはアメリカ製品への関税率を引き下げることを約束するのを待っているのだと思われる。したがって、アメリカと貿易相手国のどちらが先に折れるかという我慢比べ的な状況となっている。

　アメリカの景気が悪化しなければ、失業者はさほど増えることはなく、また経済全体の売り上げも減らない。よって、アメリカ国内において、トランプ政権への批判はさほど大きくならない。そのため、この状態を続けられる。逆に、景気が悪化すれば、トランプ政権は外国と早急に妥協せざるを得ない。したがって、アメリカの景気が良いかどうかが、アメリカがこの状況をいつまで我慢できるかを大きく左右する。

　2016年において、アメリカのGDPは、世界全体の総付加価値額の15.6%を占めている。これほどにアメリカ市場が巨大であるため、日本を含め多くの国が、アメリカへの輸出に大きく依存している。一方で、アメリカの貿易依存度はさほど高くない。このようにアメリカよりも相手国の方が貿易への依存度が大きい分、アメリカと貿易相手国が互いに輸入を制限したとき、相手国の方が経済的な打撃も大きい。そのため、アメリカよりも先に譲歩せざるを得なくなる可能性が高い。アメリカは、こうした点を計算した上で報復合戦を始めたのであろう。

(6) アメリカの保護主義的政策の論理とその意図

　とはいえ、この政策はアメリカ経済の混乱を伴うので、トランプ政権にとっては大きな賭けである。トランプ政権はなぜそこまでしてこの政策をとろうとするのか。この問題を考えてみよう。

　第1に、トランプ政権は以前から、アメリカが、中国、日本、ドイツなどとの間に巨額の貿易赤字があることを問題にしていた。つまり、それらの国は、アメリカに財を大量に輸出しているのに、その輸出額に比べて輸入額が小さいから、アメリカからの輸入をもっと増やすべきという主張である。例えば日米間では、2017年の財貿易において、日本からアメリカへの輸出は約15兆円、

輸入は約8兆円なので、アメリカの対日貿易赤字は約7兆円である。また対中貿易赤字は、その5倍以上となる3759億ドルに達している。これらをトランプ大統領は強く批判している。

だが、2国間の貿易額が均等化しなければならないという論理には、学術的な根拠がない。つまり、2国間の貿易額が均等化しないからといって不公平というわけでない。また、アメリカはオーストラリアに対しては貿易黒字だが、それについて問題にしているわけではない。よってトランプ政権は、身勝手な論理に基づいて自国が不利な状況に置かれていると主張し、その状況を変えようとしていると思われる。

日本からアメリカへ輸出する品目のうち、最も大きい比率を占めるのは自動車である。自動車は、2017年における日本からアメリカへの輸出額の30.2%を占める。よって、対日貿易赤字を理由に、日本からの自動車の輸入に高い関税をかけて輸入量を減らせば、結果的にアメリカ国内で生産された自動車の売り上げが増える。すなわち、アメリカ国内に工場を持つ、日本、アメリカ、あるいはヨーロッパなどの自動車メーカーの生産が拡大する。こうしてトランプ政権は、貿易赤字という問題を利用して、アメリカの雇用を増やし、またアメリカの景気を良くすることを狙っているのである。

第2に、トランプ政権が自動車の輸入を問題にしている背景には、自動車の輸入関税率に関して、アメリカでは2.5%であるのに、ヨーロッパが10%と、ヨーロッパの方が高いことがある。第2節で論じたように、1つの財に関して、関税率が各国ごとに異なることはよく起こる。よって、ある国が、高い関税率を課して自国の自動車産業を保護し、同時に低い関税率の国へ自動車を輸出することは、WTOのルール上は問題ない。だが、トランプ大統領は、関税率の低い国からすれば不公平であると考えているようである。

(7) ハイテク分野における覇権争い

第3に、アメリカが中国製品に関税を課すのは、ハイテク分野における中国の成長を阻止することがその狙いの1つであると思われる。アメリカが7〜8月に実施した計500億ドル相当の中国製品への追加関税に関して、制裁の対象となる主な品目は、自動車、ロボット、航空機、情報通信関連機器、産業機械、化学製品、鉄鋼製品、鉄道車両などである。これらは、中国企業が強い技術力を持つ、あるいは、今後その技術力を高めていくと予想される分野である。ま

た中国政府は2015年より、「中国製造2025（メイド・イン・チャイナ2025）」という産業政策を実施し、次世代情報通信や新エネルギー車など10の重点分野を指定して、補助金など手厚い支援で技術の国産化を目指している。そして2049年の中華人民共和国建国100周年までに世界の製造大国としての地位を築くことを目標に掲げている。アメリカは、こうした動きを阻止するために、中国製品がアメリカ市場に入りにくくして中国企業のビジネスを妨げるともに、アメリカ市場においてアメリカ企業の競争相手を減らしてアメリカ企業がビジネスをしやすい環境を作りその技術開発を促進させようとしている可能性がある。さらに、中国に進出した外資系企業に対し、中国政府が技術移転を強要している。そこでアメリカは、そうした強制的な技術移転をやめさせるために、中国に圧力をかけようとしていると思われる。

　アメリカには、ハイテク分野における中国の台頭への危機感がある。2017年11月にアメリカ議会の超党派の諮問機関が作成した対中調査報告書は、アメリカと中国が競い合う9分野について、その優劣を評価した。その結果は、アメリカが優勢を保つのはバイオテクノロジーなど4分野であり、人工知能（AI）など3分野はアメリカと中国が肩を並べ、2分野は中国が先行すると結論づけた。

　さらに、トランプ政権は、中国のハイテク企業の台頭が、国家ぐるみの支援を受けた不公正競争によるものと考えている。ナバロ大統領補佐官が中心となって2018年6月にまとめた報告書によれば、中国の軍隊である人民解放軍は産業スパイやサイバー攻撃を行い、そして中国政府は、中国に進出した外資系企業に対して技術移転の強要をしている。よってその報告書は、「中国の経済的な侵略は米国経済だけでなく、世界中のイノベーションを生むシステムを脅威にさらしている」と批判した。

　また、データなどを送る通信網設備において、中国企業である華為技術（ファーウェイ）と中興通訊（ZTE）の2社の世界シェアは、2011年の15%から、2016年には4割超へと急拡大した。2社の強みは、最先端技術に加えて低価格であり、その低価格は中国政府からの資金援助によって可能となっている。しかも、「通信インフラに関わる企業が自ら敷設した通信網から情報を抜き取るのは簡単。中国2社がシェアの半分を握れば、世界の情報の半分が彼らの手中に入る」（日系大手通信企業幹部）という意見もある。[2]

　これに加えて、先端技術は、軍事面でも重要である。アメリカは、人工知能

(AI) や機械学習などの分野において、米国で開発された最先端技術が中国の手に渡り、軍事技術への転用されることを懸念する。アメリカの共和党関係者は、「AIは中国が欲しがる最先端技術の1つで、軍事利用の可能性をはらんでいる。こうした技術は非常に新しいため、わが国の輸出管理態勢ではまだどのように捕捉すれば良いかが判然としていない。それが今の安全保障上の制限にある抜け穴を通じて技術が流出している一因だ」と述べている。

このように、アメリカと中国は、ハイテク分野において覇権を争う状態にある。それゆえ今回の報復合戦は、トランプ政権にとって、単に中国との貿易赤字を削減するといった次元を超えたものになっている。だからこそ、報復によってアメリカ経済が混乱しても、この争いを続けているのである。

(8) 鉄鋼製品の追加関税の背景

第4に、鉄鋼に関しても、中国政府の補助金によって中国企業の生産量が拡大し、それが世界価格の低下に影響を及ぼしている。図12-3 にあるように、2000年から2016年までに、世界の鉄鋼の生産能力は2.3倍になっている。つ

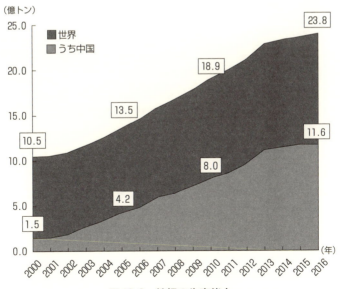

図12-3　鉄鋼の生産能力

（出所）OECD Steelmaking Capacity Database より筆者作成。

まり、1.3倍にあたる13.34億トンの生産能力が増加した。このうち、中国生産能力の増加分は10.15億トンである。よって世界の生産能力の増加のうち、中国の占める割合は76％である。それゆえ、中国が世界の生産能力の増加を生み出したと言ってよい。

中国の鉄鋼業には、中国の中央・地方政府から多額の補助金が支給されているため、経営的に赤字であっても操業が可能となる［渡邉 2017］。その結果、赤字企業が退出せず、中国では過剰な生産能力が存在しているため、生産量が拡大したのである。

こうした急激な生産量の増加と、特に中国からの低価格の輸出は、鉄鋼製品の世界市場における価格低下をもたらした。それが大きな原因となり、アメリカの鉄鋼メーカーの経営悪化が悪化したのである。

トランプ大統領の支持者のなかには、鉄鋼メーカーに勤めている人や、そうした鉄鋼メーカーが多く存在する地域の人が多く存在する。そしてトランプ大統領は、アメリカ全体の利益よりも、自分の支持者の利益を優先して政策を決定する傾向にある。このことが、アメリカが鉄鋼製品の追加関税を決めた背景にある。

(9) 貿易摩擦の世界貿易への影響

次に、世界貿易への影響を考えてみよう。アメリカの保護主義的政策と、それに対する他国の報復の動きは、自由貿易の流れを反転させ、保護貿易の流れを強める可能性がある。その結果、世界の貿易額は減少することとなる。これは、世界全体の景気に悪影響を与えることは間違いない。

本章の冒頭で述べたようなブロック経済が今後形成される可能性は低い。そうであっても、戦間期に保護貿易が貿易縮小をもたらし各国の経済が打撃を受け、そして戦後の世界経済において自由貿易が経済成長を推進した歴史を鑑みれば、こうした保護貿易の流れを避けるべきである。

また、中国の鉄鋼企業のように、多額の補助金を受ける企業が市場に存在しているということは、世界市場において公正な競争環境が整っていないことを意味する。この問題を解決するために、本来アメリカがすべきことは、一方的に関税を課すことではなく、WTO加盟国に公正な競争条件を実現するよう各国と協力することである。

(10) 日本への影響

　米中間の貿易の減少は、アメリカと中国だけでなく、日本にも直接的な悪影響をもたらす。現在多くの日本企業が、直接投資によってアジア諸国に子会社・関連会社を設立し、そこへ機械や部品を輸出するとともに、そこで完成品を生産して日本、アメリカ、ヨーロッパなどへ輸出している。この結果、対アジア貿易は、日本の貿易額の大きな比率を占めている。よって、中国からアメリカへの輸出品の中には、日本企業の製品や、日本企業の部品を使った製品が多数含まれている。これらの輸出が減少することとなる。

　さらに、日本以外の多くの企業も、日本の製品を使い、中国で生産している。その典型例が、Apple 社の iPhone である。2012 年 9 月に発売された iPhone 5 には約 1000 個の部品が使われていたが、そのうちの半数以上は日本製である。村田製作所の製造したコンデンサーが 400 個以上使用されているほか、TDK とロームが製造した電力コイルとトランジスタ、シャープ製のディスプレイ、ソニー製のカメラ用センサーとリチウムイオン、ルネサス製の半導体も用いられている。[4] iPhone の組み立ては、電子機器受託製造サービス（EMS：Electronics Manufacturing Service）で世界最大手の台湾の鴻海精密工業と、同じく台湾のペガトロン社が、中国に持つ工場で行われている。こうして作られた iPhone が世界中へ輸出されているのである。

　以上のような日本とアジア諸国の貿易構造は、**図 12-4** のように表すことができる。日本・NIEs（Newly Industrializing Economies：韓国・台湾・香港・

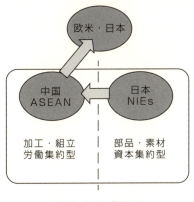

図 12-4　三角貿易

（出所）経済産業省編［2007：第 2-2-19 図］。

シンガポールの4カ国・地域）において生産された高付加価値の部品・加工品が、中国・ASEANにおいて組み立てられて、日本、アメリカ、ヨーロッパへ輸出される。これは三角貿易と呼ばれる。

かつての日本の産業構造は、フルセット型産業構造と呼ばれた。これは、すべての産業が日本国内にそろっているという意味である。つまり、極端な言い方をすれば、石油、石炭、鉄鉱石などの原材料さえ輸入すれば、あとは日本国内ですべて作ることができた。この結果、日本の貿易構造は、原材料を輸入し、それを加工して製品を輸出するという加工貿易の特色をもっていた。しかし現在では、生産過程における各段階が別々の国で行われる分業体制であるグローバル・バリュー・チェーンを利用した生産が増えてくる。したがって、日本にとって、アジア規模、あるいは世界規模でモノづくりを考えるべき時代となっている。しかも今後、日本企業は、少子高齢化により国内での高い需要拡大が見込めないため、生産も販売も世界に依存する傾向をさらに強めることが予想される。それゆえ、米中間の貿易の減少や、世界経済の成長率の停滞は、日本経済に大きな悪影響を与えるのである。さらに、中国から部品を輸入しアメリカ国内で組み立てている企業も、米中貿易摩擦により、中国以外からの部品調達を早急に迫られることとなる。

このように考えると、WTOが率先して自由貿易を推進することは日本にとって重要であると言える。よって、今後もWTOが大きな役割を果たすことは期待されている。ただし、その際には、自由貿易によって多大な被害を受ける経済的弱者に対する配慮を伴うことが必要である。また、環境や食の安全性への配慮も必要である。つまり、自由貿易が絶対的に正しい政策ということではなく、経済全体の安定と発展を実現するという目的に基づいて自由貿易を推進していくことが問われているのである。

コラム　WTOへの反対運動で大混乱となったシアトル

1999年、アメリカ合衆国ワシントン州シアトルにて、WTOの閣僚会議が開かれた。これは、WTOに加盟する各国の大臣などが集まる会議であり、会議の初日である11月30日、開会式を開催する予定であった。ところが、開会式の会場の周辺では、10万人ものデモ隊がWTOへの反対運動を繰り広げ、その一部は警察と衝突した。警察はそうしたデモ隊に対し、催涙ガスやゴム弾などで鎮圧しようとした

が、デモ隊が強く抵抗したため、多数の逮捕者を出した。また、街頭に居座った群衆などにより、交通が遮断された。さらに、スターバックスコーヒーやマクドナルドの店舗が破壊されるなど、デモの一部は暴動と化した。この結果市街地は大混乱し、開会式は中止となった。

　反対運動に集まった人たちは様々であった。アメリカの労働組合である労働総同盟・産別会議（AFL-CIO）などが組織し、正式に許可を受けた労働者のデモも存在していた。また、消費者運動や環境保護運動などの市民団体もいた。さらに、海外から来た労働組合や市民団体もあった。これに加えて、資本主義体制そのものに反対するアナキスト（無政府主義者）たちも、世界中から集まっていた。

　彼らがそこで反対運動を行った理由も様々であった。労働組合は、WTO交渉によって、輸入関税が引き下げられることで輸入品の国内販売価格が低下し、その影響で自らが生産する製品の市場価格が低下する、あるいは生産量が減少することを心配している。それにより、賃金の上昇が妨げられる、あるいは雇用が失われるからである。一方、市民団体は、WTO交渉によって、その国では従来認められていなかった食品添加物が認可されて食の安全が損なわれる、発展途上国の劣悪な労働環境で児童によって生産された製品が輸入されることで児童労働が増加する、環境破壊を伴って生産された財の輸入が拡大することで環境破壊が進む、安価な農産物の輸入が拡大して国内農業が打撃を受けるなどといったことに反対している。そしてアナキストは、WTOを、資本主義において多国籍企業の活動を活発化させるための手段と考えている。このように、反対運動に参加した人々の主張はバラバラであるが、反WTOという点で一致していたのである。

　ここから分かるように、経済のグローバル化は、人々の生活を左右しかねない重大な問題である。だからこそ、これだけ多数の人がシアトルに集まったのである。それぞれの主張がどれだけ正しいかについては議論があるにせよ、多くの人々が経済のグローバル化に対する憤りを覚えているということを、すべての人が真摯に受け止めなくてはならない。

注
1）1993年に欧州連合（EU）が創設されるが、その経済的側面を論じるときはECと呼ぶのが一般的である。
2）『日本経済新聞』2018年7月2日。
3）ロイターの記事：「米政府、中国のハイテク企業投資を監視強化　AIなど軍事転用を懸念」2017年6月14日、ニューズウィーク日本版ウェブサイト（https://www.

newsweekjapan.jp/stories/world/2017/06/ai-15.php、2018年7月4日閲覧）。

4）"Study finds the iPhone 5 is Japanese, in parts" Asahi Shimbun Asia & Japan Watch、2012年10月6日（http://ajw.asahi.com/article/sci_tech/technology/AJ201210060045、2014年4月11日閲覧）。

参考文献
（日本語文献）
経済産業省編［2007］『通商白書2007』ぎょうせい。
渡邉真理子［2017］「中国鉄鋼産業における過剰生産能力問題と補助金——ソフトな予算制約の存在の検証——」RIETI Discussion Paper Series, 17-J-058.
（欧文献）
Kindleberger, C. P. [1973] *The World in Depression 1929-1939*, London : Allen Lane The Penguin Press（石崎昭彦・木村一朗訳『大不況の世界 一九二九——一九三九』東京大学出版会、1982年）.

索　引

〈ア　行〉

アップル　2,3,6,243
移住労働者派遣保護庁　83
EUからの離脱　193
受入れプロセス透明化の原則　175,179
LG電子　3
円高　8,9,47,49,71-73
円安　46
OJT（On the Job Training）　107,110,133
オフショア開発　30-43
オフショアリング　127,143
　　部分的——　143,144
　　包括的——　142-145

〈カ　行〉

外国人犯罪　182,183
金型　128
関税及び貿易に関する一般協定（GATT）
　　12,67,224-232
技能実習　169,170,184-187
共通農業政策（CAP）　211,212,219
極右政党　191,199
極右の台頭　199
均等待遇の原則　175,177,181,186
空洞化　127
クォータ　174
グリーンカード制度　196,198
グロービッシュ（Globish）　119
経済連携協定（EPA）　74,83
研修生　138
高度化　135,138
国際通貨基金（IMF）　13,161,162,237
雇用許可制　170-172,174-177,179-181,184-187
困窮都市地区　197

〈サ　行〉

先物売り　155

サムスン電子　6,160
三角貿易　244
シェンゲン協定　209
社会コスト　99
社会的共通資本　78,80
社会的ダンピング　211,218
社会統合　200-204
　　——政策　200-203
社会保障ツーリズム　200
終身雇用　110
周辺技術　137
自由貿易　5,242
食料安全保障　65,66,78
食料自給率　64-66
ジョブ型雇用　112
ジョブディスクリプション（職務記述書）
　　113
ジョブ・ローテーション　139-142
自立化　135,138
人工知能（AI）　17,241
人材育成　141
人材採用　138
スキル偏向的技術進歩　4
スティーガー　18
スティグリッツ　13,20
制度賃金　86
世界銀行　13,170,178
世界貿易機関（WTO）　10,57,59,77,223-236,242-245
ゼノフォビア（外国人嫌悪）　203
ゼロ時間契約　218,220
潜在介護福祉士　88
選択的移民政策　198-200

〈タ　行〉

多能工　137,139-141
　　——化　139
多様性　102
短期ローテーションの原則　175-177,181

中興通訊（ZTE）　240
中国製造2025　240
TPP（環太平洋経済連携協定）　12,13,75,77
デマゴーグ（大衆扇動）　194
電子機器受託製造サービス（EMS）　243
トランプ，D.　2,238,240,242

〈ナ　行〉

2世・3世　194,197,201,204
年功序列制度　110
農業の多面的機能　78

〈ハ　行〉

排外主義　193-195
ハイコンテクスト　113,121,124
ビジネス・プロセス・アウトソーシング（BPO）　16,24-27
PDCA　123
華為技術（ファーウェイ）　240

不法滞在者　176,177,183,188
フラグメンテーション　127
ブレッドウィナーモデル　102
ポストされた労働者　210,219
ポピュリズム（大衆迎合主義）　194
ホフステード調査　124
ボランタリーセクター　201

〈マ・ヤ行〉

メンバーシップ型雇用　111
モジュール化　10
ユーロ　208
抑制的移民政策　201

〈ラ・ワ行〉

労働市場テスト　198
労働市場補完性の原則　174,175
ローコンテクスト　113,124
ローテーション方式　196
ワシントン・コンセンサス　13

《執筆者紹介》（執筆順、＊は編著者）

＊髙橋信弘（たかはし　のぶひろ）[序文、第1～4・8・11・12章]
　　奥付参照。

櫻井公人（さくらい　きみひと）[第1章]
　　1957年生まれ。京都大学大学院経済学研究科博士後期課程修了。現在、立教大学経済学部教授。
　　主要業績
　　『現代国際金融第3版――構図と解明――』（共編著）、法律文化社、2016年。
　　『1冊でわかる　新版グローバリゼーション』（共訳書）、岩波書店、2010年。
　　『グローバル化の政治経済学』（共編著）、晃洋書房、1998年。

安里和晃（あさと　わこう）[第5章]
　　1971年生まれ。龍谷大学大学院経済学研究科博士後期課程修了。現在、京都大学大学院文学研究科国際連携文化越境専攻准教授。
　　主要業績
　　『親密圏の労働と国際移動』（編著）、京都大学出版会、2018年。
　　"Welfare regime and labour migration policy for elderly care: new phase of social development in Taiwan", *Asia Pacific Journal of Social Work and Development*, Vol. 27, 211-223, 2017.

安部哲也（あべ　てつや）[第6章]
　　中央大学法学部法律学科卒業、BOND大学大学院経営管理学修士課程修了。現在、EQパートナーズ株式会社代表取締役社長、立教大学大学院ビジネスデザイン研究科特任教授。
　　主要業績
　　『課長の心得』総合法令出版、2017年。
　　『ビジネスデザインと経営学』（共著）、創成社、2016年。
　　WORLD-CLASS LEADERSHIP, World Scientific, 2012.
　　『ワールドクラスリーダーシップ』同友館、2009年。

徳丸宜穂（とくまる　のりお）[第7章]
　　1971年生まれ。京都大学大学院経済学研究科博士後期課程修了。現在、名古屋工業大学大学院工学研究科教授。
　　主要業績
　　『欧州統合と社会経済イノベーション』（共編著）、日本経済評論社、2017年。
　　『転換期のアジア資本主義』（共著）、藤原書店、2014年。

佐 野 孝 治（さの　こうじ）［第 9 章］
　1963 年生まれ。慶應義塾大学経済学研究科博士課程単位取得退学。現在、福島大学経済経営学類教授。
主要業績
『アジア共同体構想と地域協力の展開』（共著）、文眞堂、2018 年。
「韓国の『雇用許可制』にみる日本へのインプリケーション」『日本政策金融公庫論集』36、2017 年。
『グローバル災害復興論』（共編著）、中央経済社、2017 年。

天 瀬 光 二（あませ　みつじ）［第 10 章］
　1960 年生まれ。日本大学法学部政治経済学科卒業。現在、労働政策研究・研修機構　副所長。
主要業績
『諸外国における高度人材を中心とした外国人労働者受入れ政策——デンマーク、フランス、ドイツ、イギリス、EU、アメリカ、韓国、シンガポール比較調査——』（共著）、労働政策研究・研修機構、2013 年。
『欧州における外国人労働者受入れ制度と社会統合——独・仏・英・伊・蘭 5 ヵ国比較調査——』（共著）、労働政策研究・研修機構、2006 年。

豊　　嘉 哲（ゆたか　よしあき）［第 11 章］
　1973 年生まれ。京都大学大学院経済学研究科博士後期課程修了。現在、山口大学経済学部教授。
主要業績
『欧州統合と共通農業政策』芦書房、2016 年。
「EU における困窮者向け食料支援プログラムの改革について」『日本 EU 学会年報』34、2014 年。
「共通農業政策の非共通部分の拡大」『日本 EU 学会年報』32、2012 年。

《編著者紹介》

高橋 信弘（たかはし のぶひろ）

大阪市立大学商学部教授、日本国際経済学会理事、京都大学博士（経済学）。

1967年茨城県日立市生まれ。1991年京都大学農学部農学科卒業。京都大学大学院経済学研究科修士課程及び博士後期課程を経て、1998年大阪市立大学商学部専任講師。2002-3年ワシントン大学客員研究員、2009-11年カリフォルニア大学バークレー校客員研究員、2017年ハワイ大学マノア校短期研究員。

主要業績

Innovative ICT Industrial Architecture in East Asia: Offshoring of Japanese Firms and Challenges Faced by East Asian Economies（共編著、Springer、2017年）

『国際経済学入門――グローバル化と日本経済――』（ナカニシヤ出版、初版2009年、改訂第2版2015年）。

『産業内貿易の理論』（晃洋書房、2012年）。

"Intra-Industry Trade and National Entry Policy"（*Pacific Economic Review*、2006年）

S. フィッシャー他著『IMF 資本自由化論争』（共訳、岩波書店、1999年）。

グローバル化の光と影
――日本の経済と働き方はどう変わったのか――

2018年11月30日 初版第1刷発行	＊定価はカバーに
2020年3月25日 初版第2刷発行	表示してあります

編著者	高橋 信弘 ©
発行者	植田 実
印刷者	田中 雅博

発行所　株式会社　晃洋書房

〒615-0026　京都市右京区西院北矢掛町7番地
電話　075(312)0788番代
振替口座　01040-6-32280

装丁　野田和浩　　印刷・製本　創栄図書印刷（株）

ISBN978-4-7710-3120-3

JCOPY　〈㈳出版者著作権管理機構 委託出版物〉
本書の無断複写は著作権法上での例外を除き禁じられています。複写される場合は、そのつど事前に、㈳出版者著作権管理機構（電話 03-5244-5088、FAX 03-5244-5089、e-mail : info@jcopy.or.jp）の許諾を得てください。

斉藤 美彦・髙橋 亘 著
危機対応と出口への模索
―― イングランド銀行の戦略 ――

四六判 226 頁
本体 2,400 円（税別）

守屋 貴司 著
人材危機時代の日本の「グローバル人材」の育成とタレントマネジメント
―― 「見捨てられる日本・日本企業」からの脱却の処方箋 ――

A 5 判 230 頁
本体 3,000 円（税別）

姜 美香 著
外国人介護労働者の受入れと課題

A 5 判 218 頁
本体 3,600 円（税別）

李 澤建 著
新興国企業の成長戦略
―― 中国自動車産業が語る"持たざる者"の強み ――

A 5 判 268 頁
本体 4,400 円（税別）

本田 豊 著
食関連産業の経済分析

A 5 判 222 頁
本体 2,800 円（税別）

藤本 武士・大竹 敏次 編著
グローバル・ニッチトップ企業の国際比較

A 5 判 238 頁
本体 2,800 円（税別）

水野 正己・堀口 正 編著
世界に広がる農村生活改善
―― 日本から中国・アフリカ・中南米へ ――

A 5 判 212 頁
本体 2,600 円（税別）

山下 隆之 編著
人口移動の経済学
―― 人口流出の深層 ――

A 5 判 156 頁
本体 2,100 円（税別）

大西 勝明・小阪 隆秀・田村 八十一 編著
現代の産業・企業と地域経済
―― 持続可能な発展の追究 ――

A 5 判 262 頁
本体 2,900 円（税別）

―― 晃 洋 書 房 ――